日本語教育学の新潮流 38

省察的実践家としての
日本語教師の養成に関する研究
ケース学習による省察の分析から

鴈野 恵

Training of Japanese Language Teachers as Reflective Practitioners:
An Analysis of Student Reflections in Case Studies

First published 2025
Printed in Japan

All rights reserved
©Megumi Karino, 2025

Coco Publishing Co., Ltd.

ISBN 978-4-86676-080-3

目次

第1章 | 研究の背景と目的……… 1

 1.1 研究の背景……… 1

 1.2 研究の目的……… 5

 1.3 用語の定義……… 7
  （1）日本語教師・日本語教員……… 7
  （2）参加学生・履修生・学生……… 8
  （3）省察……… 9
  （4）ケース・メソッド課題／ケース・メソッド授業……… 11
  （5）ゲシュタルト……… 11
  （6）態度……… 11

 1.4 本書の構成と特色……… 12

第2章 | 日本語教師の職能に関する検討……… 15

 2.1 日本語教師に求められる職能の変遷……… 15

 2.2 「日本語教育人材の養成・研修の在り方について（報告）」（2019）とは何か……… 20

 2.3 日本語教員養成はどうあるべきか：省察との関連による考察……… 24

第3章 | 先行研究と本研究課題……… 31

 3.1 経験学習に関する先行研究の検討……… 31
  （1）具体的な経験（*Concrete experience*）……… 32
  （2）省察的な観察（*Reflective observation*）……… 33
  （3）抽象的な概念化（*Abstract conceptualization*）……… 34
  （4）能動的な試み（*Active experimentation*）……… 34

 3.2 省察的実践家に関する先行研究の検討……… 34

 3.3 残されている課題と本研究課題……… 38

第4章 | 研究手法：ケース・メソッドとリアリスティック・アプローチ……43

 4.1 省察を促す教育アプローチとしてのケース・メソッド授業……43

  4.1.1 ケース・メソッド授業とは……*43*

  4.1.2 ケース・メソッド授業の先行事例……*44*

  4.1.3 ケース・メソッド授業の効果と課題……*46*

 4.2 経験学習としてのリアリスティック・アプローチ……47

  4.2.1 コルトハーヘンにとってのゲシュタルトとは何か……*47*

  4.2.2 教師の省察の循環「ALACTモデル」……*49*

 4.3 本研究における「省察の深化」とは何か……53

第5章 | 調査の概要と調査協力者・調査方法……55

 5.1 調査の概要と調査協力者……55

  5.1.1 「態度」を涵養するケース・ライティング……*55*

  5.1.2 ケース・メソッド課題の概要……*61*

  5.1.3 調査協力者の属性構成……*63*

 5.2 調査方法と調査内容……64

 5.3 データ分析の枠組み……67

  5.3.1 対話の階層……*67*

  5.3.2 省察文と発話データの分析……*69*

   （1）ケース・メソッド課題において、どのようなケースが参加学生の省察を深めるか。（ケースの質に関する研究）……*69*

   （2）ケース・メソッド課題において、学生はどのような省察の過程をたどるか。（省察の質に関する研究）……*70*

第6章 | 実証的分析（1）：省察を深めるケースとは……73
   6.1　ケース・メソッド課題に対する参加学生の意識……73
      6.1.1　ケース・メソッド課題への姿勢……73
      6.1.2　ケース・メソッド課題の効果：参加学生の視点から……75
   6.2　ケース・メソッド課題における省察の観察……77
      6.2.1　対話セッションにおける省察の観察……78
         6.2.1.1　対話セッションにおける発話量……78
         6.2.1.2　対話セッションにおける対話の階層……81
      6.2.2　省察文における省察の観察……88
      6.2.3　対話セッション（他者との省察）と省察文（自己との省察）からみる省察深度とケース……90
   6.3　省察を深めるケース……95
      6.3.1　ケース3「職員室での談笑」の背景……95
      6.3.2　分析……96
      6.3.3　考察……98
         6.3.3.1　省察を深めるケースの特質とは……98
         6-3-3-2.　省察を深めるケースと「考え易いケース」の違いとは……99
   6.4　省察を深めにくいケース……100
      6.4.1　ケース6「何のために働くのか」の背景……100
      6.4.2　分析……103
      6.4.3　考察……105
   6.5　ケースの質によるポジショニング・マップ作成の試み……108
      6.5.1　ケースの質と参加学生の遠近……108
      6.5.2　残された課題：【無批判・無意識・無自覚の領域】……114
   6.6　実践に向けての提言：ケースの質という観点から……116
   6.7　まとめ……119

第7章 | 実証的分析（2）：参加学生の省察の様相………123

    7.2　谷口：リーダーシップを発揮した参加学生の省察………128
        7.2.1　谷口のバックグラウンド………128
        7.2.2　分析………129
            7.2.2.1　谷口の分析①
                ケース・メソッド課題への向き合い方………130
            7.2.2.2　谷口の分析②
                思考変容の低さ＝自己像を確認すること………131
            7.2.2.3　谷口の分析③
                視点の偏重：学習者の立場に寄り添いたい………135
            7.2.2.4　谷口の分析④　省察の過程………137
        7.2.3　谷口の省察に関する小括………139

    7.3　長田：分析型の参加学生の省察………142
        7.3.1　長田のバックグラウンド………142
        7.3.2　分析………144
            7.3.2.1　長田の分析①　ケース・メソッド課題への向き合い方
            ………144
            7.3.2.2　長田の分析②　参加学生との差の諸相………145
            7.3.2.3　長田の分析③　俯瞰的視野：日本語教育環境の問題点
            への視点移動………147
            7.3.2.4　長田の分析④　省察の過程………151
        7.3.3　長田の省察に関する小括………155

    7.4　発話量の少ない参加学生の省察………159

    7.5　実践に向けての提言：「参加学生の成長を支える」とは何か………161

    7.6　まとめ………164
        7.6.1　大学生ならではの省察と「今誰が弱い立場にあるのか」について
        ………164
        7.6.2　ゲシュタルトか俯瞰的視野か………166

第8章 | 本研究の結論と意義………171

 8.1 本研究の結論………171

 8.2 本研究の意義………173

 8.3 今後の課題………174

参考文献………176
巻末資料………185
謝辞………215
索引………217

第1章　研究の背景と目的

本研究は、日本語教師の熟達化を支える経験学習とその中軸をなす省察に関するものである。本章では、本研究の論に入るにあたり、筆者の実践者かつ、当事者としての問題意識を述べるとともに、問題の所在と本研究の目的を明確にする。

1.1　研究の背景

日本語教師はいかにして熟達した日本語教師になるのか。どのような状態になれば独り立ちした日本語教師、一人前の日本語教師、熟達日本語教師になったといえるのか。熟達とは、「仕事などの長い経験を通して、スキルや知識を獲得し、高いレベルのパフォーマンスを発揮する熟達者（expert）になる過程」を指す[1]（金井ほか、2012、p.4）。さらに、熟達は経験が下敷きになり、そこからスキルや知識を獲得することで成長をすると金井ほか（2012）は述べている。ここからわかることは、「経験」が鍵であることで、そこから熟達者にふさわしいスキルや知識を得ていくということであるが、ただ漫然と「経験」を積むだけで良いのだろうか。さらに、熟達した日本語教師という時、どのような像が浮かぶのか。それによっても「熟達者になった」と見做す基準は変わってくる。

自分自身の日本語教師として過ごした年月をふりかえると、現にそうした、何をもって熟達者になったのか、なっていないのか、またどのようにして熟達者になったか、なっていないのかということを示してくれる根拠は存在しなかった。その背景を考えてみると、同じ日本語教育でも従事している場によって、自分に要求される役割や職能が大きく異なり、変化していくためではないかと考える。

たとえば、日本語教師として駆け出しの時代、中堅の時代、日本語教員養成に本格的に取り組むようになりベテランの仲間入りをした時代、というように経年という軸と並行し、活動の場という軸が変わっていくことで、日本語教育観の変化と力量形成が促されたという自覚がある。

駆け出しの時代は、授業をいかに充実したものにするかということに集中していた。日本語教師の始まりは韓国の日本語学校で、学習者は社会人が中心であった。まだインターネットの普及以前であったため、日本語学校に送られてくる新聞を見て授業の内容を考える日々であった。1コマ50分をどう進めるかで頭がいっぱいで、授業中に時計ばかり見ていると学習者からクレームも受けた。現在ほど日韓関係が緊密ではなかった時代という背景もあり、大学を卒業したばかりの自分は日本語教育のことばかりか、韓国という国そのもの、ましてや韓国語についても何も知らない子どものようなものであった。留学経験もなく、国際交流の活動をしていたわけでもなかったため、韓国の日本語学習者の背景や現状の把握も不十分であったし、ましてや日本語教育の社会的意義といったところにまで意識が向かず、今思い出すと恥ずかしさでいっぱいになる。それでも、受け持ちの学習者は筆者を「先生」と呼び慕ってくれ、何とか日々の授業を行うことができていた。では、なぜその後も韓国で教える地域を変え、計5年半も日本語教師を続けることができたのであろうか。もちろん学習者や同僚・先輩教師たちの親切さや指導が第一であるが、自分自身のことで考えると、好奇心が挙げられる。海外に住むということは日常そのものが好奇心の対象となり、好奇心が満たされることの繰り返しである。日本にいては得られない刺激が日常に溢れている。具体的にはコミュニケーション方略の違いなどが挙げられるが、韓国では女子大学生が手を繋いで歩くのはふつうのことであった。これは日本では見られない光景であるため、多くの韓国人学習者に「なぜ日本の女の子は友達同士で手を繋がないのか」と尋ねられた。そして、それを授業でいっしょに考え、若者のスキンシップの違いが出発点で両国の友情観を考える授業に拡大していった。このように学習者の文化への好奇心を持ち続ける心構えや、学習者の持つ文化を尊重する心構えといったものが経験を通して備わっていった。これは、結果的には日本語教師としての「文化的多様性・社会性に対する態度」（文化庁文化審議会国語分

科会、2019）を醸成していったと考えることができるのではないだろうか。

　帰国後は、日本国内の日本語学校で非常勤講師として日本語を教えた。そこでは、居眠りばかりする学習者にどう声をかけたら良いのか頭を抱えた。居眠りをしてしまうのはアルバイトとの両立が問題で、こうした背景の学習者は韓国で教えていた時には受け持たなかったため、新しい悩みとなった。ただ共通していえたのは、学習目標に沿った授業内容の計画と実行、授業内での自身のふるまい、学習者一人ひとりの理解度に慎重になることといった、〈教室内〉にまつわることが中心であったことである。教える学習者や国が変わってもこの点は共通する。

　次に、マレーシアへ移り、現地の中学校で使用する、会話能力向上のための活動集を作成する仕事に関わった時期は、別の悩みへと変化した。主に、現地の同僚や上司との関係性が悩みの種となった。日本語教育の仕事は、教室内で日本語を教えるだけではなく、教材作成のメンバーとなり執筆に携わったり、実施したコースを検証したりといった、裏方の仕事もある。マレーシアではこの裏方の仕事が主な業務になり、そこでは同僚や上司との協働が教室内の仕事の時以上に重要になっていった。当然ながら教歴や各人の背景、属性から仕事への向き合い方、日本語教育観が異なることから、一筋縄ではいかぬことが通常という状況であった。

　さらに、別の視点でみると、社会情勢の変化に連動するように学習者側の変化も見られた。駆け出しの頃（2000年代初頭）の国内の日本語学習者（留学生）は、アルバイトに明け暮れ勉強がおろそかになることが問題になることが多かったのに対し、2010年を過ぎた頃から、留学生活への適応といったメンタル面が問題になることが増えた。文化の相違を起因とするコミュニケーション上の問題といったものではなく、衣食住の日常生活の適応といった、いわば移住期の「入口」にあるようなことが問題になるようになった。これが原因で勉強に身が入らず、担当者である筆者が臨床心理の専門家に助言を仰ぐことも増えていった。たとえば、日本では当たり前に食べられる、ほうれん草のおひたしといった冷たい総菜は、中国出身の学習者にとっては食文化の違いからどうしても受け入れられないものであるといったことである。かつてはすんなりと自国

との違いを受け入れていた留学生の姿があったが、近年は自国との違いに大きく戸惑い、体調を崩す留学生も次々と現れ、問題が顕在化するようになった。こうしたとき、日本語教師として、学習者の精神状態や置かれている状況を正確に把握し、対応することが求められることを実感する。

　日本語教師として教歴を積み気づいたことは、日本語教師は場数、すなわち教歴さえ積めば良い教師になることができ、どんな状況にも適切に対処できるわけではないということである。教師として時間とともに経験という引き出しを増やしたところで、別の新しい問題が生まれると、それに対峙せざるを得ない状況が現れることに身をもって気づいた。その際に、学習者に対して自分が行ってきたことは良かったのか、良かったとしたらそれはなぜか、自分自身は今後どのような日本語教師になりたいのか、自分が日本語教師として役割を果たすことで自分自身または社会全体にどのように貢献ができるのか、そしてそれは自分個人のキャリア形成やアイデンティティ形成にどう関連するだろうか、といったことを考えるようになった。それらは、自己や学習者という個への視点から、将来の展望・方向性、さらには社会全体への貢献、自己形成といった、いわば面へと考えが拡大するという様相であった。そしてその先に、自分自身の教育観や言語学習観といったものが形成されるようになった。

　本研究においては後述する文化庁文化審議会国語分科会（2019）の示した日本語教員の資質・能力にあるような能力記述文（表6、p.25を参照）[2]で示されるものとは別途、日本語教師としてどうありたいのか、それに向かい研鑽するという、いわば大きな枠の日本語教師像を求める省察の重要性に気づいた。このプロセスがあることにより、各日本語教師が省察力を身につけることができ、それが自分自身を支える力になると考えた。

　本研究における問題の所在は養成段階にある。一つは日本語教師がたどるキャリア形成の構造の問題に起因する。問題の所在を養成段階とした理由は、養成段階はまとまった時間が取れると同時に労力もかけることができるためである。慢性的な人手不足である日本語教育現場が多いなか、ひとたび教師として教壇に立ち始めると、メンター（養成講座教師）

の存在はなく、授業と業務に追われ、研修時間を取ることが難しい。省察力の基礎を養成段階で築いたうえで教師になることで、その後の自己研鑽力へと繋がることが考えられる。したがって、養成段階で日本語教師の省察力涵養の必要性から本研究の問題の所在を養成段階のものであるとする。また一つは、研究上の問題に起因する。文化庁文化審議会国語分科会（2019）は、日本語教師の資質・能力として「知識」「技能」「態度」の3項目を示しているにもかかわらず、日本語教師養成の場で「態度」を扱う科目は特化されておらず、研修の内容や方法の議論も不十分という指摘もある（宇佐美、2022）。日本語学習者に対し、十分な「知識」に基づき、適切な「技能」で実践を行ったとしても、日本語教師としての「態度」を備えていなければ完全であるとは言えない。よって、これまで扱われてこなかった「態度」を養成段階で扱うことを前提に考え、本研究ではこれを省察の対象をした。

日本語教育は、社会情勢に影響を受けやすく変化が著しい。また多様化も加速化している。そうしたなかで、日本語教師が成長し、それぞれの場で十全に力を発揮できるようになるにはどうすれば良いのか。さらに言えば、このことを養成段階でどこまで教授することができるのかといったところにある。

1.2 研究の目的

次に、本研究の目的について述べる。本研究の目的は、養成段階でいかに省察力を涵養できるかを明らかにすることである。本研究が基盤とする、後述のリアリスティック・アプローチは教師自身の実践を省察の対象とし、ALACTモデルによる省察を行い、教師の成長を促すといった考え方である。一方、本研究では、ケースという他者の体験を省察の対象とし、疑似体験によっても省察力を涵養することができるのかを検証する。これを明らかにすることで、省察的実践家としての日本語教師を養成する道筋をつくることができる。本研究により、日本語教師になった人が、学んだことを活かしながら、長く力強く教壇に立ち続けることのできる日本語教員養成とはどのようなものかを明らかにする。

日本語教師の年代に目を向けると、表1にあるように日本国内では20

代の割合はわずか5.4%にとどまる（文化庁国語課、2022）。このことはこの先の日本語教育全体を支える次世代の育成が十分ではないことを示す。

表1　国内の年代別日本語教師等の数（文化庁国語課、2022）

単位（人）

	10代	20代	30代	40代	50代	60代	70代以上	不明
日本語教師数	275 (0.6%)	2,380 (5.4%)	3,649 (8.3%)	6,755 (15.3%)	8,571 (19.5%)	9,625 (21.9%)	5,851 (13.3%)	6,924 (15.7%)

　若い世代が日本語教師という職業を選択し、当たり前にキャリアを積めるよう日本語教育界全体で考えていく必要がある。したがって、本研究の成果が大学生という若い世代のなかから日本語教師が輩出され、教師が自己研鑽を続けながら長く日本語教育に従事していくことを見据えた、養成課程のあり方の土台になることを目指す。日本語教員養成段階において自他との対話による省察活動がこれに寄与するという立場から、省察力涵養について検討を行う。

　筆者は11年前から大学において、日本語教員養成に従事してきたが、そこでは良いこともあれば負のできごともあった。2010年以降の留学生の増加から日本語教師の採用状況が良くなるという波に乗り、毎年卒業生の中から多くの日本語教師を輩出できるようになった。過去は、「日本語教師イコール狭き門」というイメージがあったが、日本語学校の経営改善の努力により専任講師の求人も増えていき、「希望し努力すれば就ける職」と認知されるようになってきた。その追い風で養成課程も活気づき、模擬授業や教壇実習の演習科目の熱意も年々高まった。しかしながら、看過できない負の面も際立つようになった。それは新卒採用者の離職である。丸1年間勤めた後、教壇を去ることにした卒業生が2名出た。その2名に話を聞いたところ、業務が多すぎて心身ともについていけなかったこと、上司の期待や要求に力不足で十分に応えられなかったことといった点が共通していた。反面、授業は好きだった、学生との関係性は良好であったという部分も共通していた。これらの要因は入職後の初任の日本語教師の研修制度のあり方が思いつくが、養成段階でこの部分を少しでも緩和できることがあるのではないだろうか。あるとすればそれは何か。この問題点について、小林ほか（2022）は日本語教師の

仕事の「面白くなさ」について新任日本語教師を対象に分析を行っている。「面白くなさ」の根源は、自分のなりたいと願う教師像から離れていく自己にあるとし、日本語教師の専門性である「常に学び続ける態度」（義永、2020）の重要性を指摘した。ただ、小林ほか（2022）における対象教師にしろ、離職した筆者の過去の学生にしろ、表面上は「日本語教師が合わないから辞めた人」であるが、内面を掘り下げることや、その後のキャリアを追跡し、その折々の内面を掘り下げることで、どのように乗り越えれば良いのかを模索するのは研究者の役割であるともいえる。

裏を返せば、2年目、3年目とキャリアを築く卒業生も多く存在している。どんな日本語教師も壁にぶつかることはあるが、それをどのように乗り越えているのだろうか。

本研究の動機は、これまで述べてきたように、日本語教員養成を経た日本語教師が健やかに力強くキャリアを重ねるための教育改善にある。では、養成履修生という学生の立場から、いかにして日本語教師になるのか。それらを支えるものの一つに省察力が考えられる。省察力とは、'reflection' という語で教育学のなかで長きに亘り扱われてきており、自己のあり様を見ることを通じ、自分がどのような自分なのかを熟考する過程であると捉えられよう。こうした自己のあり様を熟考できるという効力を持つ省察力があれば、現状を俯瞰し何が問題で、何を目指せばよいかがわかり、次のステップへと踏み出せることが考えられる。このことが日本語教師にとって必要な資質・能力の一つが省察であるといえる所以ではないだろうか。

本研究では、日本語教員養成の場で学生の省察力を育てることで、卒業後、適切な省察を経ながら長く日本語教育に従事することができる教師の輩出に繋がるという立場から研究を進める。

1.3 用語の定義

ここでは、本研究で用いる主要な用語について簡潔に定義、説明をする。

(1) 日本語教師・日本語教員
本研究は大学における日本語教員養成に関するものであるが、「日本

語教員」と「日本語教師」の明確な定義づけは関連研究や施策において見当たらない（沖2002、足立2012）。

　この教員か教師かといった呼称の分別について、百合田（2012）の考察を参照する。教員とは「学校職員のうち、直接教育に従事する職員の総称」であり、教師とは「学問や技芸を教授する人という字義に加え、尊敬される存在としての意味もある」と述べており、両者は「置換可能な同義語ではない」としている。

　日本語教育に目を戻すと、先述のとおり明確な定義づけはないものの、「日本語教育機関の告示基準」（2016）において「日本語教員」という語が用いられ、その資格として示された5つの条件[3]のうちいずれかを満たす者が「日本語教員」であると明記されている。脚注のイ～ホの5つの資格は、日本国内で在留資格「留学」が付される留学生に日本語を教える者という前提が書かれており、教える対象者を限定していることがわかる。

　一方で、「日本語教師」は広く一般的な用いられ方をしている。教える場が国内外を問わず、無償のボランティアによる地域日本語教室で教える者もここに含まれる。また、近年では在留資格「技能実習」の人たちへの日本語教育も日本語教師によるもので、新規入国後の講習もここに含まれる。これらには定められた養成課程での教育内容がない実情がある。ただし、それは何でもありということではなく、広く一般的であるぶん、百合田（2012）が述べた「教師」にあるように、資質や能力を伴うもので、単に教育機関の職員の区分を指す「教員」とは差異がある。

　本研究の研究対象者は日本語教員養成課程の学生であるものの、研究自体は課程（授業）と無関係に実証のために協力者を募るかたちで遂行した。このことから「日本語教師」のほうを用い、論を進めていくこととする。それに加え、本研究は制度や職務上の議論ではなく、自己に資質や能力を問い、研鑽を続ける存在という意味合いを含む、「教師」がそれに近いあり方であると考える。

（2）　参加学生・履修生・学生

　本研究では実証のための実験的セッションとしてケース・メソッド課題を行った（ケース・メソッド課題については以下（4）にて後述する）。この

実証のための実験的セッションに従事する10名の大学生の省察を分析した。その10名を「参加学生」とし、論を進める。

それに対し、「履修生」は日本語教員養成の科目を履修する者すべてを指す。また、「学生」はさらに一般的に不特定多数を指す。

（3）省察

「省察」は本研究の最も重要な概念である。そのため、第3章で詳細な検討を行う。

省察は、'reflection'の訳で、日本語による研究では、内省、リフレクションという語も用いられている。以下の図1および図2（p.10）は、教育学の分野の学術誌『教育学研究』（日本教育学会発行）、日本語教育の分野の学術誌『日本語教育』（日本語教育学会[4]発行）の掲載査読付き論文のうち、'reflection'をどの語で使用したかを整理したものである。2012年から2021年までの10年間で、教育学全般の分野では、「省察」が80.3%、「内省」、「リフレクション」がそれぞれ9.8%となっていた。一方、日本語教育の分野では「内省」が64.9%、「省察」が24.3%、「リフレクション」が10.8%であった。

図1および図2にあるように、reflectionに関する研究はこの10年間いくつかなされ、日本語教育の分野においては2018年頃、「内省」という訳語で研究がされていることがわかるが、教育学全体としては「内省」はそれほど多くはない。こうした背景から、本研究では、国内の訳語として浸透した「省察」を選択することとした。

もう一つの理由とし、本研究の枠組みとして依拠するショーン（1983/2007）の柳沢・三輪両氏による訳、コルトハーヘン（2001/2010）の武田氏の訳がいずれも「省察」を用いていることが挙げられる。両訳に準拠させるという意図から、本研究では「省察」を選択することとする。

「省察」そのものについては、デューイ、ショーン、メジローの流れがあり、これについては第3章の先行研究と本研究の課題の部分で検討を行っていくが、本研究の核となる部分は、教師の省察研究のコルトハーヘンに依拠する。

コルトハーヘンの考える「省察」とは、過去の経験に新しい経験が上乗せされ、2つを照合しながら、新しい価値観や持論を見出す、その次

の段階に新たな行為の選択肢が出現することである。コルトハーヘンは、リアリスティック・アプローチを提唱し、経験からの学びを理論に結びつけることで、教員養成での学びを実践に資するものにすることを

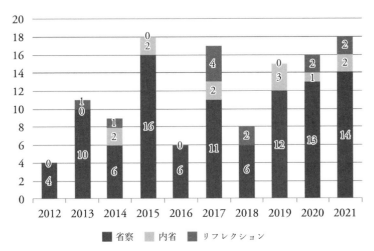

図1　学術誌『教育学研究』における省察・内省・リフレクションを含む研究論文数

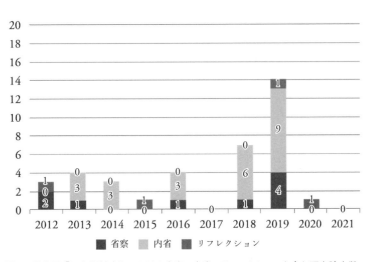

図2　学術誌『日本語教育』における省察・内省・リフレクションを含む研究論文数

目指した。コルトハーヘンのリアリスティック・アプローチとは、教師養成の場で、過去の研究にのみ頼るのではなく、実際に現場で起こっている現実と学生自身のゲシュタルト（過去の経験や自分自身を形作る価値観や行動の傾向）を重要視するという考え方である。

(4) ケース・メソッド課題／ケース・メソッド授業

本研究は、省察力を日本語教師に必要な資質・能力の一つと位置付けている。自己の経験から学び、省察を通し、自分の教育観を形成していく。そのことが教師の次の成長へつながるといった考え方である。しかしながら、日本語教員養成の場では、経験の質や量は限られてしまう。そこで、疑似体験の場をつくり出し、省察の機会を増やすことが手法として考えられる。疑似体験としての教育手法に、「ケース・メソッド授業」がある。ケース・メソッド授業は、主にビジネススクールで用いられている。髙木ほか（2010）によるケース・メソッド授業を成立させている基本条件は、「学ぶべきものを、教師の講義によって与えるのではなく、参加者が相互に討議することを通して、自分たちで作っていく」ことであるとしている。「教材はテキストではなくケース、主体は教師ではなく参加者、ゴールは既存の知識を獲得するのではなく、考え抜く能力や態度を獲得する」といった特徴がある（髙木2010, p.22）。ケースとは当該分野における具体的な事例、エピソードのことである。

本研究では「ケース・メソッド課題」という語で論を進める。理由は、本研究のために計画された実験群であるからであり、評価を伴う「授業」とは区別するためである。

(5) ゲシュタルト

「ゲシュタルト」とは、コルトハーヘン（2001/2010）の定義では、過去の類似する経験を基に、あるまとまったニーズ、考え、感情、価値観、意味づけと活動の傾向のことである。もともとはドイツ語で形や形状のことを指すが、本研究では「あり様（よう）」という表現が最も近い。

(6) 態度

本研究ではケース・メソッド課題を日本語教員の「態度」に関わる内

容で策定した。Allport (1935) は'attitude'を、体験を通じ体制化された準備状態と述べている。宇佐美 (2022) によれば態度の共通要素について、人の、ある対象に対する行動を決定づける傾向であるとしている。また好き・嫌いといった評価的判断と結びついており、一貫性・継続性があると分析している。以上の要素から「態度」とは個の内にあるもので、行動に顕われるもので、言語化したり、技術として他者に見せたりすることが難しいものであるという性質を持つことがわかる。

本研究では、2019年に発刊された「日本語教育人材の養成・研修の在り方について（報告）」の「態度」の項目に準拠するためここに挙げられた7項目に焦点を当てるが、その特質に関しては、体験が必要であること、それを通した個々人に内在する行動を決定づける傾向であると考える。

1.4 本書の構成と特色

本書は、省察力が日本語教師に欠かすことのできない職能であると捉え、養成段階でいかに省察力を涵養できるかを論じたものである。そのために、日本語教師の省察力涵養をケース・メソッド課題により試行し、ケースの質が参加学生の省察に与える影響およびケース・メソッド課題を通した参加学生の省察の特質の2つの点を解明していくことを研究課題としている。

本書は8章構成とした。

第1章において研究の出発点とし本研究を着手するにあたった筆者の実践から生じた関心と研究目的について述べる。また、本論文の全体像を示し、本研究の特色を改めて考察する。次に、第2章では、本研究の基底部である、日本語教師の職能に関する検討を行う。過去、日本語教師に必要な資質と能力の議論は行われてきたが、近年は日本語学習者の多様化と国内の在留外国人の増加に伴いさらに活性化してきた。そのなかでは、「省察する力」という文言がことさら注目をされるようになっている。続き、第3章では、「省察する力」という側面から、経験学習と省察的実践家に関する先行研究を概観したうえで、本研究における課題を2点示した。1つはケースの質に関する研究、またもう1つは参加学生の

省察の質についてである。第4章は、本研究の手法を述べる。本研究は、日本語教員養成課程の大学生の省察の様相を明らかにするため、ケース・メソッド課題に取り組んでもらい事前・事後省察文および対話セッションの内容を分析する。ケース・メソッド授業の先行事例や効果、また省察のモデルであるコルトハーヘンの「ALACTモデル」を概観する。第5章では、調査概要を整理するとともに、本研究の核となる6つのケースを提示する。ケース・ライティングのプロセスにおけるケース収集についても詳述した。

　第6章と第7章は、2つの研究課題に答えるかたちで構成した。前者はどのようなケースが参加学生の省察を深めるのかという問いに対する実証的分析である。省察の深まりの指標を発話数（異なり語数）と本研究で設定をした対話の階層により決定した。後者はケース・メソッド課題に従事する参加学生の省察の分析で、10名の参加学生のなかから谷口と長田（両者仮名）の2名を取り上げる。

　第8章は総合考察として、研究課題の結果に対する考察を行う。そして、最後に本研究の結論と意義を改めて示し、同時に限界と今後の課題についても言及する。

　なお、第1章から第5章、および第6章の第1節は、日本語教育学会春季大会（2021）にて「日本語教員の『態度』を身につけるケース学習とは―受講生のアンケートによる検討―」という題目で口頭発表を行ったものを加筆修正したものである。第7章の長田の分析は、『日本語教育研究』第59号（2022）に掲載された「養成段階で日本語教員としての『態度』はいかに涵養できるか―ケース・メソッド授業による実践の分析―」を加筆修正したものである。

　本研究は、第一に日本語教育研究の日本語教師養成、日本語教育に加え、教師教育全般における教師の省察に関する研究分野に位置付けられる。そして、日本語教師としての省察力を日本語教師の職能として位置付け、経験学習理論[5]を用いて、ケース・メソッド課題を通して省察力涵養を論じる点に特色がある。

　また、教室内では涵養が困難とされる「態度」に着目し、ケース・メソッド課題を設計した点も特色であると考える。参照枠としての文化庁文化審議会国語分科会（2019）の「日本語教員の資質・能力（報告）」の内

容をどのように研修と結びつけるべきかといった考究を行った点も本研究の特色であるとみなすことができよう。

注 [1] 熟達化によって、素早く、正確な遂行ができるようになる。この段階では、手続き化された知識（スキル）は自動化しているとともに、構造化された、原理に基づく領域的な知識を持っている。したがって、熟達化の進行によって、適切に状況を把握し、自己調整によって、柔軟な行動ができるようになってくる（金井ほか、2012、p.4）。

[2] 能力記述文とは、『新・はじめての日本語教育　基本用語事典』(2019) によれば、can-do statementsのことで、それぞれのレベルでできることを記述したものである。「ヨーロッパ共通参照枠（CEFR）では、言語学習の段階であるA1、A2、B1、B2、C1、C2の6段階のそれぞれ5つの技能について、『～ができる』という能力記述文（can-do statements）で具体的に示している」(p.302) とある。文化庁文化審議会国語分科会（2019）の示したものは、日本語教師の能力をリスト化したものと捉えることができる。

[3] 5つの条件とは、全ての教員が、次のいずれかに該当する者であることとされている。
　　イ　大学（短期大学を除く。以下この号において同じ。）又は大学院において日本語教育に関する教育課程を履修して所定の単位を修得し、かつ、当該大学を卒業し又は当該大学院の課程を修了した者
　　ロ　大学又は大学院において日本語教育に関する科目の単位を26単位以上修得し、かつ、当該大学を卒業し又は当該大学院の課程を修了した者
　　ハ　公益財団法人日本国際教育支援協会が実施する日本語教育能力検定試験に合格した者
　　ニ　学士の学位を有し、かつ、日本語教育に関する研修であって適当と認められるものを420単位時間以上受講し、これを修了した者
　　ホ　その他イからニまでに掲げる者と同等以上の能力があると認められる者

[4] 会員数は約4,000名

[5] D.Kolb（1984）が示したモデルで、自分の経験を通し、その経験を次に活かすためのプロセスを重視する。

第2章 日本語教師の職能に関する検討

　本研究は日本語教員養成について扱ったものである。日本語教員養成ではどのような教育内容がふさわしいのか、また日本語教師はどのような資質を持っていることが望ましいのだろうか。日本語教師に求められる職能は社会情勢に影響を受けながら、文化庁が主体となる政策と学術研究のなかの言説という2つの柱で同時並行的に刻々変遷を遂げてきた。第2章では、日本語教師の職能に関する過去からの言説を整理したうえで、本研究における立場を明らかにする。

2.1 日本語教師に求められる職能の変遷

　日本語教師の職能がこれほど議論となり、また広がりを見せるのは、いわゆる一般の小学校や中学校の教師と違い、学習指導要領がないことが前提にあるのではないか。小学校や中学校では学習指導要領という指針があることにより教師像もある程度規定されていく部分がある。ところが、日本語教師には共通の指針がないため、研究者による議論が活発化することが推察される。日本語教師と同じ語学教師という性質から、一例とし中学校の英語教師を取り上げ、表2（p.16）に相違を簡潔にまとめることで、日本語教師の立場の特質を探る。

　表2に示すとおり、日本語教育は、学習指導要領がないことや日本語母語話者の日本語教師養成学生（以下、養成学生）は日本語学習者としての経験がないことから、日本語教師像のモデルや核となるものが定まらないという大きな特徴を持つ。その証左に、筆者の実践で起こったことに限定されるが、留学生を中心とする非母語話者の養成学生は過去の日本語教師をモデルにした模擬授業を行う。そのため模擬授業の質が母語

話者の養成学生より高いことは日常的である。よって、モデルを持つか否かは養成学生に影響を与えていることが予想される。

表2の［教授内容の指針］を持たないことで、「日本語教師とはかくあるべき」といった日本語教師像のばらつきが大きくなる。たとえば、日本語教育界で時折耳にする、海外で教歴を積んでも、国内の採用においてそれはカウントされないといったことも大きくはここに起因するのではないだろうか。「海外の実践では母語話者の日本語教師はコミュニケーションのモデルもしくはパートナー」とみなされ、国内では「各試験に向け指導をする言語知識を伝達する者」とみなされるといった、偏見も含んだ、一部の見方があることは無視できない。これらはあくまでもイメージに過ぎず、それぞれの実践の場でどのような職能を要すかについては非常に幅広いというのが現状である。

表2　日本語教師と英語教師（中学校）の相違

	日本語教師	英語教師（中学校）
［教授内容］	日本語を母語としない学習者に対し、日本語習得を目的に授業が組まれる	英語を母語としない学習者に対し、英語習得を目的に授業が組まれる
［資格］	なし。ただし、国内の法務省告示校の日本語学校の教員は、以下の条件のうちいずれかを満たす ・日本語教育能力検定試験[1]合格 ・学士の学位、文化庁認定の日本語教師養成講座（420時間）修了 ・大学、大学院で主専攻または副専攻の修了	都道府県の教育委員会が発行する教員免許状
［教師が教える内容の学習者としての経験］	日本語を母語とする養成学生は日本語学習者としての経験を持たない	経験あり
［教授内容の指針］	なし	学習指導要領

ただ、このように日本語教師の職能に関する検討は、野放しにされてきたのではなく、むしろ社会情勢を軸に盛んに行われてきた。戦後の主な検討の場は、文化庁が主体となる施策および学術研究のなかの言説との二つの柱において展開されてきた。

施策における議論は、1976年の日本語教育推進対策調査会による報告書「日本語教員に必要な資質・能力とその向上策について」に始まり、

社会情勢と関連しながら変遷を重ねた。具体的には、留学生10万人計画、地域日本語事業、2000年代はEPA（経済連携協定）に基づく看護師・介護福祉士受入事業[2]、そして2010年以降は外国人児童生徒の総合的な学習支援事業と続く。これらを受け日本語学習者の背景の多様化が急速に進んだ。さらに、それらと連動するように、日本語教員が備えるべき資質・能力が1970年代当時は言語知識であったものが、「日本語教育のための教員養成について」（文化庁2000）では、国際感覚や人間性、情熱といったものも強調され始めた。このように日本語教師は、深い知識を備え教室内で日本語を教える存在にとどまらず、国際的な場における教育者としての専門性と人間性が求められるようになった。

一方、学術研究のなかで、横溝（2000）は教師とはトレーニングされる存在ではなく、みずから成長する存在であることを示し、そのためには内省が必要不可欠であると述べている。そして、近年、奥田（2010）は教育現状のメタ認知や教育の未来に対するビジョンを立案できるといった教室内の実践にとどまらない、俯瞰する視点の獲得について言及をしている。つまり、日本語や日本文化に対する知識や教壇での実践力以外にも、日本語教師としての心構えや物事を深く考える省察力、教育の未来に対するビジョンを同僚と協力し構築する力といったものも日本語教師としての資質・能力として認知されるようになったとみることができる。

令和に入ると、文化審議会国語分科会（2019）が日本語教育人材に求められる資質・能力を知識・技能・態度の三つに分類し提示しており、この分類は長きに亘る学術研究の言説とある程度の合致をみることができる。たとえば、「日本語教師【養成】に求められる資質・能力」として、「自らの授業をはじめとする教育活動を振り返り、改善を図ることができる」、「日本語教育に関する専門性とその社会的意義について自覚と情熱を有し、自身の実践を客観的に振り返り、常に学び続けようとする」といった文言があることからも施策と学術研究がある程度の合致をしていることがわかる。

古屋ほか（2018）では、日本語教師の専門性を考えるための基礎資料とすることを目的とし、日本語教師の役割とあり方をめぐる言説の整理がなされている[3]。

表3 日本語教育に関する社会的な出来事と日本語教師の役割・あり方に関する言説の変遷 古屋ほか（2018、p.68）から転載

年代	年	社会的な出来事	言説
50年代	1954	国費留学生招致制度発足：東京外国語大学と大阪外国語大学に留学生別科（1年制）設置	
60年代	1960	東京外国語大学（文系）、千葉大学（理系）に留学生課程（3年制）設置	
70年代	1970	東京外国語大学付属日本語学校（1年制）設置	水谷（1974）a
	1972	日中国交正常化により中国残留邦人家族帰国 開始	小出（1987）a
	1975	ベトナム戦争終結によりインドシナ難民流出	
	1976	「日本語教員に必要な資質・能力とその向上策について」（日本語教育推進対策調査会） 刊行※	
80年代	1982	難民条約・難民議定書発効：インドシナ難民受け入れ 開始	足高・池上（1985）b
	1983	中曽根康弘内閣「留学生受入れ10万人計画」策定	中井（1985）d
	1984	中国帰国孤児（のちに中国帰国者）定着促進センター開設 第1回日本語能力試験実施	中井（1988）d 石井（1989）b
	1988	日本語教育能力検定試験 開始	金田（1989）a
90年代	1990	出入国管理及び難民認定法改正：在留資格「定住者」創設→日系人をはじめとするニューカマーの定住化	川岸（1990）c 中井・斎藤（1993）b 印道・岡野（1995）a 野山（1995）a 山田（1996）d 二通ほか（1998）c 横溝（2006）a
	1993	外国人技能実習制度創設	
00年代	2000	「日本語教育のための教員養成について」（文化庁）刊行※	青木（2001）b 才田（2003）c 青木（2006）b 春原（2006）d 池田・舘岡（2007）c 細川（2007）c 市嶋・長嶺（2008）b 丸山（2008）
	2002	日本留学試験 開始	
	2003	日本語教育能力検定試験 改定	
	2007	文化庁「生活者としての外国人」のための日本語教育 事業開始	
	2008	福田康夫内閣「留学生30万人計画」策定 日・インドネシア、日・フィリピン経済連携協定（EPA）発効→外国人看護師・介護福祉士候補者受入れ	
	2009	出入国管理及び難民認定法改正：在留資格「技能実習」創設、在留資格「留学」と「就学」の一本化	
10年代	2012	日・ベトナム経済連携協定（EPA）発効→外国人看護師・介護福祉士候補者受入れ	奥田（2010）c 神吉（2017）d
	2016	「日本語教育推進議員連盟」発足	
	2018	「日本語教育人材の養成・研修の在り方について（報告）」（文化庁文化審議会国語分科会） ※発刊	

a：学習を管理する　b：自律的な学習を支援する
c：相互学習の場を設計する　d：学習環境・システムを整備する
※印は筆者によるもので公的機関による日本語教員の資質関連の刊行を指す。

表3は、1950年代から2010年代までの約70年間を日本語教育に関する社会的な出来事という軸から、その言説を整理したものである。「言説」の部分はa～dで、「学習を管理する」、「自律的な学習を支援する」、「相互の学習の場を設計する」、「学習環境・システムを整備する」の四つに分類される。詳細は以下の表4に示す。

表4　日本語教師の役割とあり方をめぐる言説の四つのカテゴリ
　　　古屋ほか（2018、p.69）から転載

	日本語教師の役割	日本語教師のあり方
a. 学習を管理する	・効率的に日本語を習得させるために教える ・学習者の行動を管理する ・学習者のニーズやビリーフを把握する	・日本語と日本語教授に関する知識や能力 ・学習者の言語に関する知識や能力
b. 自律的な学習を支援する	・学習者の目的に合ったリソースを準備する ・学習者の相談に対応し、アドバイスをする ・学習者オートノミーを育てる	・学習者の学習目的を重視し、他分野の専門家と連携する態度 ・継続的・主体的に支援に関わる態度 ・教師オートノミー
c. 相互学習の場を設計する	・学習者同士あるいは学習者と日本人との間の相互学習が起きる場を設計する ・教師もいち参加者として学習に参加する	・活動の参加者を学習の主体として捉える態度・相互学習が起きる場を設計する能力 ・教師自身が多様な他者と協働し学び合う態度
d. 学習環境・システムを整備する	・教育機関におけるコーディネートを担う ・社会の変容を志向しつつ、日本人と学習者が互いに学び合えるような環境を構築する ・教育機関を取り巻く社会環境の構築に関与する	・教育の全体像が見通せる能力 ・日本語教育の社会的役割にもとづき自身の教育実践を構想できる能力 ・言語や教育、コミュニケーションに関する専門家として、地域コミュニティのデザインや言語政策に関わろうとする態度

　表3、表4からわかることは、1970年代はa.の「学習を管理する」に絞られ、その後の1980年代以降は、a.～d.が混ざり合いながら現れていることである。さらに2000年以降はこの研究の限りでは、a.の「学習を管理する」が消滅し、日本語教育の主体が学習者であることが色濃くなっていったことがわかる。
　以上のことから、日本語教師に求められる職能は日本語そのものを教える役割から時間とともに、徐々に広がりを見せたことがわかる。換言

すると、学習環境を整えることや学習者の自律性を醸成するといった学習方略に関連する周辺的な部分を担うことへと拡大していったということができる。

2.2 「日本語教育人材の養成・研修の在り方について（報告）」(2019) とは何か

在留外国人の増加に伴い、2019年6月28日に「日本語教育の推進に関する法律」（令和元年法律第48号）が公布・施行された（文化庁、2019）。この法律の目的は、「多様な文化を尊重した活力ある共生社会の実現・諸外国との交流の促進並びに友好関係の維持発展に寄与」である。この法律での日本語教育とは「外国人等が日本語を習得するために行われる教育その他の活動」と定義されている。

その内容に関する事項は次の6点である。太字、下線は筆者によるもので、本研究に関連が深い箇所である。

①日本語教育の機会の充実：
　　国内における日本語教育の機会の充実[4]
　　海外における日本語教育の充実[5]
②国民の理解と関心の増進
③**日本語教育の水準の維持向上等**：
　　日本語教育を行う機関における日本語教育の水準の維持向上
　　日本語教育に従事する者の能力および資質の向上等[6]
④教育課程の編成に係る指針の策定[7]
⑤日本語能力の評価[8]
⑥日本語教育に関する調査研究及び情報提供

日本語教員養成は上記の下線③に分類される。本研究で基盤の一つとする、文化審議会国語分科会（2019）による「日本語教育人材の養成・研修の在り方について（報告）」は「日本語教育の推進に関する法律」（令和元年法律第48号）の延長線上にある。

政策として日本語教員の職能が言語化もしくは規定されることは、初めてのことではなく、前項で概観したとおり社会的な出来事に連動し行

表5　「日本語教師【養成】に求められる資質・能力」より「態度」の部分の抜粋
文化庁文化審議会国語分科会（2019、p.20）

言語教育者としての態度	学習者に対する態度	多文化多様性・社会性に対する態度
(1) 日本語だけでなく多様な言語や文化に対して深い関心と鋭い言語感覚を持ち続けようとする。 (2) 日本語そのものの知識だけでなく、歴史、文化、社会事象等、言語と切り離せない要素を合わせて理解し、教育実践に活かそうとする。 (3) 日本語教育に関する専門性とその社会的意義についての自覚と情熱を有し、自身の実践を客観的に振り返り、常に学び続けようとする。	(4) 言語・文化の相互尊重を前提とし、学習者の背景や現状を理解しようとする。 (5) 指導する立場であることや、多数派であることは、学習者にとって権威性を感じさせることを、常に自覚し、自身のものの見方を問い直そうとする。	(6) 異なる文化や価値観に対する興味関心と広い受容力・柔軟性を持ち、多様な関係者と連携・協力しようとする。 (7) 日本社会・文化の伝統を大切にしつつ、学習者の言語・文化の多様性を尊重しようとする。

われてきた。すべてが文化庁等の国の機関から発刊されたもので、主なもので、1976年の「日本語教員に必要な資質・能力とその向上策について」、2000年の「日本語教育のための教員養成について」があり、そして最新のものとして2019年に「日本語教育人材の養成・研修の在り方について」（文化審議会国語分科会、2019）が発表されている。

　直近の文化審議会国語分科会（2019）では、日本語教師が備えるべき資質・能力を「知識」「技能」「態度」に大別がされている。さらに、その資質・能力は、日本語教員としての活動分野[9]や役割[10]・段階[11]に応じて整理がされている[12]。表6 (p.25)に一例とし、「日本語教師【養成】に求められる資質・能力」を掲載する。

　本研究では、「知識」「技能」「態度」のうち、「態度」に着目し、表5に示す。

　表5のとおり、「態度」は3つに大別される。まず、「言語教育者としての態度」があり、日本語と自己、実践と自己といった立場から設定されている。まずは自らが他でもないことば（ここでは日本語）の教師であること、そのことばに対して常に鋭い感覚を持ち実践の研鑽にあたることが求められると読み取れる。次に、「学習者に対する態度」があり、異

なる文化とことばを持つ学習者との関係性（多文化環境の日本語教育ならではのもの）と教師と学習者という力関係が生じる関係性（教育全般に該当、普遍的なもの）とが挙げられている。最後に、「多文化多様性・社会性に対する態度」があり、同僚や学習者の持つ文化を尊重する国際感覚がこれにあたる。この3つの軸は、それぞれの境界が曖昧で、互いに明確に分類することが難しい部分もあるのではないかと考える。たとえば、(2)「歴史や文化を教授活動に活かす」には、(7)「相互の言語・文化の尊重」は切り離せず、どちらか単独にみることはできない。また、これと同様に末尾に付した表の上位概念である知識・技能・態度も、枠組みを超えたり、重複したりといったことが考えられる。

　また、表5の「態度」(7項目)は「知識」(11項目)と「技能」(10項目)と並列されているが、「態度」のみの大きな特徴が文末表現に現れている。「態度」はすべて「ようとする」で統一されており、養成段階で「態度」涵養を完了するというより、養成学生の意識付けをするようにという読み取ることができる。そして、「態度」のなかにある「続ける」という表現にも着目したい。(1)「日本語だけでなく多様な言語や文化に対して深い関心と鋭い言語感覚を持ち続けようとする」、(3)「(略)…自身の実践を客観的に振り返り、常に学び続けようとする」という2つの項目には「続ける」という表現が用いられている。このことから、養成段階で身につくことが最終ゴールではなく、持続力、継続力を持った資質・能力として「態度」が捉えられていることがわかる。

　一方で、表6を参照すると、「知識」はすべて「知識を持っている」で統一され、自己という入れ物に知識を入れていくかのような表現、「技能」は「…することができる」(5項目)または「…能力を持っている」(5項目)で統一され、「知識」同様に自己に技能を備えていくかのような表現となっている。「知識」と「技能」の能力記述文の共通点は、獲得するというニュアンスをもたせていることである。他方、「態度」はこれらと比すると、「…ようとする」としたことで、養成段階では不完全であっても、将来に亘り研鑽を継続することが強調されている。「知識」や「技能」を入れ物に詰め、取り揃えていくことに対し、「態度」は継続的、意志的であるといえる。将来を見据えながら、能力記述文にあるような自己であることを絶えず目指す教師たれといったことが読み取れる。こう

した学び続ける教師であることは、長く教師を続けるうえで必要な資質・能力の一つであることは疑いがない。

しかしながら、「鋭い言語感覚を持ち続けること」や「常に学び続けること」は日本語教師自身がそのように意識するだけでおのずとできるものなのであろうか。おのずとできる教師もいるだろうが、当然、そうではない教師もいるということが考えられる。そのため、「鋭い言語感覚を持ち続けること」を意識するための道筋が必要になってくる。

そして、榊原ほか（2018）は小学校教員を対象とした教員の職能開発の省察の整理をしたところ、教師の省察の対象はほとんどが授業実践であった[13]ことを明らかにしている。この研究によれば、教師としての心構えである「態度」涵養を目的とした省察は行われてこなかったという結果が示されている。

そこで本研究では、これまで実践において扱われてこなかった日本語教師の「態度」涵養に着目した。日本語教師として必要な職能は省察力であるという立場から、省察の対象を「態度」に置くこととする。その理由は2つある。

第一に、過去の研究および実践の場においてもケース・メソッド授業を以って日本語教師の「態度」の涵養の試みを行った先行事例が管見の限りないからという、前例のなさが理由としてある。

第二に、日本語教師に求められる職能の変遷を整理すると、「態度」の重要性が近年になるほど重要視されているということがわかったためである。日本語学習者に対し、十分な「知識」に基づき、適切な「技能」

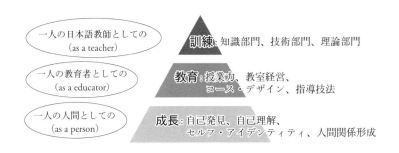

図3　日本語教師の力量・専門性　縫部（2010）から筆者が作図

で実践を行ったとしても、日本語教師としての「態度」を備えていなければ完全であるとは言えない。「態度」とは、「知識」と「技能」の土台となる包括的な要素である。同様に、縫部（2010）は海外の日本語学習者が求める日本語教師の力量と専門性を調査し、図3（p.23）のように層構造を成していると述べた。

最下層である土台には「成長」する力があり、教師の「人間として」の側面があるという考え方である。その上に「教育」する力が続き、最上部に「訓練」をする力がある。さらに、日本語教師が備えておくべき力量と専門性を「目標達成能力（performance function）」と「集団維持機能（maintenance function）」に大別し、双方を総合的に身につける必要性を打ち出した。前者は専門的知識・技能、授業実践能力を指し、後者は教室経営の力量、カウンセリング・マインド[14]を指す。縫部（2010）は馴染みの薄いカウンセリング・マインドの重要性を指摘し、教員養成の根底に「哲学・世界観」と「教育観」が横たわっている（p.13）としている。縫部（2010）の「成長」の部分や、カウンセリング・マインドは、本研究の「態度」に該当すると分別ができる。表4を含む、これら一連の日本語教師に求められる職能の研究により、「態度」の土台としての包括的役割が見えてくる。よって、本研究では、日本語教師の土台の役割を果たす「態度」を省察の対象とする。

2.3　日本語教員養成はどうあるべきか：省察との関連による考察

本章ではここまでに日本語教師に求められる職能の変遷と最新の「日本語教育人材の養成・研修の在り方について（報告）」に対する検討を行った。

ここで疑問が生まれるのが、表4「日本語教師の役割とあり方をめぐる言説の四つのカテゴリ」（p.19）にあるような日本語教師の役割とあり方といったものは研究者により規定されるものなのであろうかということである。舘岡（2021）は「日本語教師たちは時代の要請に応えることに翻弄され、自身の専門性について考えたり議論したりすることを今まで十分にしてこなかった」（p.97）と指摘をしている。日本語教師の役割とあり方を規定するものの前提には、社会の要請という大きな枠組みがあ

表6 「日本語教育人材の養成・研修の在り方について（報告）」の一部（文化庁文化審議会国語分科会、2019）

	知識	技能	態度
日本語教師【養成】	【1 教育実践のための技能】 (1) 日本語教育プログラムのコースデザイン・カリキュラムデザインを踏まえ、目的・目標に沿った授業を計画することができる。 (2) 学習者の日本語能力等に応じて教育内容・教授方法を選択することができる。 (3) 学んだ知識を教育現場で実践に活用できる能力を持っている。 【2 学習者の学ぶ力を促進する技能】 (4) 学習者に応じた教具・教材を活用又は作成し、教育実践に生かすことができる。 (5) 学習者に対する実践的なコミュニケーション能力・異文化間コミュニケーション能力を持っている。 (6) 授業や教材等を分析する能力があり、自らの授業をはじめとする教育活動を振り返り、改善を図ることができる。 (7) 学習者の日本語学習上の問題を解決するために学習者の能力を適切に評価し指導する能力を持っている。 (8) 学習者が多様なリソースを活用できる教育実践を行う能力を持っている。 (9) 学習者の理解に応じて日本語を分かりやすくコントロールする能力を持っている。 【3 社会とつながる力を育てる技能】 (10) 学習者が日本語を使うことにより社会につながることを意識し、それを教育実践に生かすことができる。 (11) 国や地方公共団体の多文化共生及び国際協力、日本語教育施策に関する知識を持っている。	【1 教育実践のための技能】 (1) 日本語教育プログラムのコースデザイン・カリキュラムデザインを踏まえ、目的・目標に沿った授業を計画することができる。 (2) 学習者の日本語能力等に応じて教育内容・教授方法を選択することができる。 (3) 学んだ知識を教育現場で実践に活用できる能力を持っている。 (4) 学習者に応じた教具・教材を活用又は作成し、教育実践に生かすことができる。 (5) 学習者に対する実践的なコミュニケーション能力・異文化間コミュニケーション能力を持っている。 (6) 授業や教材等を分析する能力があり、自らの授業をはじめとする教育活動を振り返り、改善を図ることができる。 【2 学習者の学ぶ力を促進する技能】 (7) 学習者の日本語学習上の問題を解決するために学習者の能力を適切に評価し指導する能力を持っている。 (8) 学習者が多様なリソースを活用できる教育実践を行う能力を持っている。 (9) 学習者の理解に応じて日本語を分かりやすくコントロールする能力を持っている。 【3 社会とつながる力を育てる技能】 (10) 学習者が日本語を使うことにより社会につながることを意識し、それを教育実践に生かすことができる。	【1 言語教育者としての態度】 (1) 日本語だけでなく多様な言語や文化に対して深い関心と鋭い言語感覚を持ち続けようとする。 (2) 言語そのものの知識だけでなく、歴史、文化、社会事象等、言語と切り離せない要素を合わせて理解し、教育実践に生かそうとする。 (3) 日本語教育に関する専門性とその社会的意義についての自覚と情熱を持ち、自身の実践を客観的に振り返り、常に学び続けようとする。 【2 学習者に対する態度】 (4) 言語・文化の相互尊重を前提とし、学習者の背景に対する理解を示すことや、多様性を指導する立場であることに権威性を感じさせる立場ではなく、学習者にとって多数派であっても、自身のものの見方を問い直そうとする。 【3 文化多様性・社会に対する態度】 (6) 異なる文化や価値観に対する興味関心と広い受容力、連携・協力しようとする。 (7) 日本社会・文化の伝統を大切にしつつ、学習者社会の言語・文化の多様性を尊重しようとする。

第2章 日本語教師の職能に関する検討

り、それが日本語教育に関連する社会的な出来事と連動していることは先行研究と諸施策とにより確認できる。しかしながら、実際は個としての日本語教師が目の前の学習者と向き合う時には、それぞれ異なる状況、背景、そして問題点といったものが縦糸と横糸のように絡み合うのが現状ではないだろうか。

表7　教師の熟達化（波多野 2001）

	定義
ⅰ）定型的熟達者	定型的なスキルを素早く正確に自動化された形で実行できる。しかし、新規の状況にはうまく対処できないことがある
ⅱ）適応的熟達者	身につけた手続きを柔軟に適応的に利用でき、以下の3要素を有す： ①手続きとその対象を理解する概念的知識 ②手続き的知識と概念的知識の結束性 ③自分の現状をモニターし、さらに高次を目指すメタ認知
ⅲ）創造的熟達者	すべての人が到達する段階ではないが、より経験を重ね、状況に応じた新たな手順や知識を創造できる（ごく一部の教師のみ到達が可能）

　教師の熟達化について整理し定義づけた波多野（2001）の研究を引用することで、教師の省察力の必要性を検討したい。波多野（2001）による教師の熟達化を表7に整理した。ここでは、教師の熟達度ごとに、短時間に最適な方法を選択できる実践者を適応的熟達者とし、定型的熟達者と区別した。

　波多野（2001）の教師の熟達化研究を教育実践の現場で考えた場合、「定型的熟達者」とは、定められた教材を用い、ある程度決められた授業計画に基づき、過不足なく授業が進行できる状態を指す。善し悪しはあるが、もっともオーソドックスな方法による活動で授業を構成し、複数の教師間で均質な授業となることが望まれよう。ただ、クラスの学習者間の理解度の差への対応、学習者の個別のパーソナリティによる活動への態度の差、想定外の質問といった状況などへの対処を首尾よくこなせることは範囲とされていない。

　次に、「適応的熟達者」という段階に入ると、柔軟性やメタ認知といった、俯瞰する眼の獲得に関連する資質が出現する。授業を過不足なく展開することはもちろん、とっさの状況に対し、それまでの実践経験で身につけた手続きを適材適所で活用することができる教師となる。

最後の「創造的熟達者」には、一部の教師のみが至るとされている。この段階の教師は、自身の経験からさらに新しい方法を生み出せる者となり、教材や練習方法、教授法の開発といったところへ踏み出せると考えられる。波多野（2010）はこうした教師の熟達化において省察が不可欠であると述べている。

　日本語教育においても、教師の省察の重要性が指摘されている。日本語教育において省察の概念を本格的に取り入れたのは、岡崎・岡崎（1997）である。岡崎・岡崎（1997：p.10）は「指導者によるトレーニングによって教授能力を獲得し、教師としての専門性の獲得・向上を図るのではなく、実践―観察―改善のサイクルを実習生（現職）が主体的に担うことによって教師としての専門性を自ら高めていく」と指摘し、日本語教育における教師養成観が「教師のトレーニング」から「教師の成長」へと転換していった。その流れを受けて、横溝（2000）がアクションリサーチの概念を紹介した。アクションリサーチとは、教師が自己成長のために自ら行動（action）を計画して実施し、その行動の結果を観察して、その結果に基づいて内省するといったもので、横溝（2000）はその重要性を主張した。横溝（2000）はアクションリサーチを実施するうえで陥りやすい問題として、深い内省を軽視することを挙げた。教師がみずからの実践を内省することで次の行動に結びつけることにのみ固執し、その過程である内省を疎かにすることは教師の成長の後退という危険さえはらむと述べている。

　ここまで見た日本語教師の資質・能力に関する施策と、日本語教師の熟達化・成長をめぐる言説に共通しているのは、日本語教師にとって省察が重要であり、日本語教師に省察する力が求められている、という点である。すなわち、日本語教員養成における到達目標とは何かという問いに対して、省察力という一つの解が見えてくる。

　文化庁文化審議会国語分科会（2019）といった参照枠の扱いについても舘岡（2021:p.98）は、「動態的な能力を一時的に止めて記述したもの」とし、その限界に触れ、例示として参照すべきものとしている。日本語教師の専門性とは、「外側から規定されるのではなく、自身が「日本語教師であることはどういうことなのか」と日本語教師としての存在の意義を自身の内から問うこと、さらに日本語教員養成を「やり方そのものを学

ぶのではなく、やり方を生み出すプロセスを学ぶ」（p.102）場であることを示している。

そこで舘岡（2019）は図4の「専門性の三位一体モデル」を提唱した。「専門性の三位一体モデル」の背景にある、求められる日本語教師の力量とは、「どんな日本語教育を実現するのかといった自身の理念（日本語教育観）とどんな特徴をもったフィールド（ことばの教育現場）なのかといったフィールドの固有性との間で最適な方法を編成し実現できること」（p.104）である。「フィールド」とは実践の場で、「方法」とは教室内で展開する教育方法を指す。それを下支えするのが、「理念」である。図4を見ると、「理念」だけはどのフィールドであっても変わることがない。つまり、上記の「日本語教師であることはどういうことなのか」にあたるのではないだろうか。

ただ、こうした教師が個々の日本語教育観を作り上げていくことが専門性であるとすれば、そのためには何をすべきか。単に実践を積み重ねること、またはフィールドに合わせた実践を重ねていくことだけが日本語教育観を作り上げていくことの実現に繋がるのであろうか。

本研究では、そこに適切な省察を経ることで、各日本語教師が日本語教育観を育てることができると考える。そして、日本語教師が省察することの意味と意義は個々のなかにあるという立場をとり、舘岡（2019）、舘岡（2021）に起点を求めることにする。

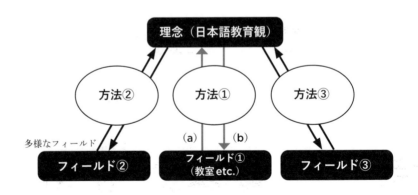

図4　専門性の三位一体モデル（舘岡 2019, p.170）

注 [1] 日本語教育能力検定試験は、「日本語教員となるために学習している方、日本語教育に携わっている方に必要とされる知識・能力を検定することを目的」としている。実施機関は公益財団法人日本国際教育支援協会で、1986年に第1回が実施された。(「日本語教育能力検定試験」Webサイト　http://www.jees.or.jp/jltct/)
[2] EPA（経済連携協定）に基づく看護師・介護福祉士受入事業とは、EPAの発効により、インドネシア（2008年度開始）、フィリピン（2009年度開始）、ベトナム（2014年度開始）から、看護師や介護福祉士の国家資格を目指す候補者の受入れる事業のことである。一定の要件（母国の看護師資格など）を満たす外国人が、日本の国家資格の取得を目的とすることを条件とし、一定の要件を満たす病院・介護施設において就労・研修することを特例的に認めるものである。滞在期間は看護3年、介護4年となっている。（公益社団法人国際厚生事業団、2022）
[3] 分析に用いられた資料は、次のものであった。日本語教育の主な学術誌（『日本語教育』、『日本語教育論集　世界の日本語教育』、『日本語教育論集』）から93本、その学術誌の参考文献表に記載されている雑誌等から26本、2017年までに刊行された日本語教育関連書籍から44冊。
[4] 幼児・児童・生徒等、留学生、被用者等、難民に対する日本語教育、地域日本語教育を指す。
[5] 外国人等に対する日本語教育、海外在留邦人・移住者の子等に対する日本語教育を指す。
[6] 日本語教師の資質・能力を証明する資格に制度設計等を指す
[7] 「日本語教育の参照枠」の検討・作成等を指す。主には「JF日本語教育スタンダード」の提供。
[8] 「日本語能力の判定基準」の検討・作成を指す。主には「日本語能力試験」や「国際交流基金日本語基礎テスト」の実施。
[9] 生活者としての外国人、留学生、児童生徒等の3つである。
[10] 日本語教師、日本語教育コーディネーター、日本語学習支援者の3つである。
[11] 日本語教師の段階は、養成、初任、中堅の3つである。日本語教育コーディネーターと日本語学習支援者には段階は設けられていない。
[12] 西原（2019）は文化庁（2019）を受け、日本語教師の公的認証（アククレディーション）をめぐる論考をしている。論考のなかでは、各段階（「養成」、「初任」、「中堅」、「コーディネーター」）での評価の方法がいまだ確立していない点を指摘している。
[13] 榊原ほか（2018）は小学校教員を対象とした教員の職能開発の省察の整理をした。84本の文献について、その主体、対象、方法に則し

分類した。その結果、省察の対象は「自分の授業」（82件）、「実践・行為」「子ども」（各22件）、方法は「1人で考える」（56件）、「他者と話す」（34件）であった。

[14] 縫部（2010）の示すカウンセリング・マインドとは「他者への配慮と人間形成のための援助」（p. 9）を指す。

第3章 先行研究と本研究課題

　本章では、経験学習と省察的実践家に関する研究の概観を行う。本研究では経験を通じた学びと伝統的教育観との相違を整理することを足掛かりにし、経験学習に不可欠とされる省察を教師の省察へと焦点を絞って論じる。

　最後に、残された課題を整理するとともに、本研究における研究課題を提示する。

　なお、本章では上記、経験学習と省察的実践家の先行研究を概観するが、本研究はケース・メソッド、リアリスティック・アプローチの概念も基底に据えている。ケース・メソッドとリアリスティック・アプローチは、研究手法にもまたがる概念であることから、次章の第4章にて詳述することとする。

3.1 経験学習に関する先行研究の検討

　不聞不若聞之
　聞之不若見之
　見之不若知之
　知之不若行之
　學至於行之而止矣　　『荀子[1]』
　（聞かざるはこれを聞くに若かず、これを聞くはこれを見るに若かず、これを見るはこれを知るに若かず、これを知るはこれを行うに若かず。学はこれを行うに至りてやむ。）

上記は荀子による経験による学びの価値についてのものである。荀子によると「聞く」＜「見る」＜「知る」＜「行う」であり、学びとは実践に至って初めて完結するということであり、この考え方は紀元前の古くからあったことがわかる。本研究においても同様の考え方であるが、行うことで学ぶことがあるとすれば、それをどのように学ぶのが適切であろうか。この問いに対し、本研究では一つの手法として、ケース・メソッド授業による実践を通し、履修生の省察について検討することとした。

　ケース・メソッド授業は、経験学習理論に基づく。経験学習はジョン・デューイ[2]の思想が出発点であると考えられる。デューイは従来の伝統的な教育観である抽象的概念や記号を個体内部に蓄積することが学習といったことへのアンチテーゼとして、学習は経験と省察であると述べた。デューイ（1916/1975）は、日常の直接経験をもとにした、インフォーマルかつ偶発的な学習を重要視し、なすことによって学ぶ（Learning by Doing）と表現した。佐々木（2021）はなすことによって学ぶに関する論考をし、旧来のleaning by teaching、つまり教師・教科書・学校中心の教育の対局にあることを整理し、初等教育と中等教育の「特別活動」の現状とを関連づけ考察をした。さらにデューイは、「コペルニクス的転回」というメタファーにより、教師と子どもの関係性を説明した。伝統的な教育は重力の中心が教師や教科書のほうにある。そうではなく、子どもが重力の中心（太陽）であり、その周辺に諸々の営みが組織されることを示した。あたかも天動説から地動説（コペルニクス）への大転換をするように発想を変える必要性を唱えた。

　そうしたデューイ（1916/1975）の思想をより実務に根差したものとして、サイクルモデルを構築したのがKolb（1984）となる。Kolb（1984）はショーン（1983/2007）の「省察的実践家」と影響を与え合いながら広く実践家に受け入れられるようになった。以下の図5はコルブの「経験学習モデル」である。

　以下にKolbによる経験学習モデルを概観する。Kolbは漫然と経験をするのではなく、循環型の思考で経験を概念化することを示した。

(1)　具体的な経験（Concrete experience）
　具体的経験とは、学習者が環境（他者や人工物）に働きかけることで

引き起こされる相互作用を指す。経験とは、学習者と環境の相互作用でそれ以上でもそれ以下のものでもない、価値の有無は問わないものとしている。

(2) 省察的な観察（*Reflective observation*）

具体的経験を経たあとの段階は、省察的な観察である。省察的な観察に関する中原（2013）の考察では、ある個人がいったん実践・事業・仕事現場を離れ、自らの行為・経験・出来事の意味を、俯瞰的な観点、多様な観点から振り返ること、意味づけることである。ここで特徴的なものは、離れること、俯瞰的であることで、実践を

では、何を振り返るかについてメジロー（1991/2012）の議論によれば、「ある状況下・出来事のもとにおける、個人の行動・ふるまい」と「ある個人が存在している前提・状況、あるいは個人が存在している前提・状況・文脈に作動している権力や社会的関係」との2つのレベルがある。後者は「批判的省察（Critical Reflection）」という、より深い省察であると捉えられており、メジローはこれを重要視する。たとえば、教師が取ったとっさの判断により、実践を進めることがあるが、そのとっさの判断であっても、過去の経験により見出したものに裏付けされている。それに対し、なぜそのように判断したのか、なぜそのような行動をとったのかという根拠や自己のなかにある前提は何だったのかを改めて考えるこ

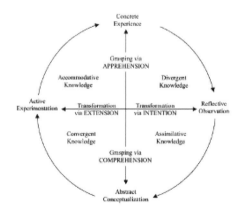

図5　経験学習のプロセス（*Kolb 1984, p.42* からの転載）

とが「批判的省察」と述べている。

(3) 抽象的な概念化（Abstract conceptualization）
(1) と (2) の段階では、具体的経験に対し、省察的な観察を行う。そのうえで、経験を一般化、概念化、抽象化し、他の状況でも応用可能な知識、ルール、スキーマを構築する。

(4) 能動的な試み（Active experimentation）
最終段階では、形成された抽象概念をもとに次の行動に移す。経験学習サイクルでは、(3) の抽象的な概念化で終わるのではなく、次の段階として試みてこそ、真に獲得されるという考え方である。

3.2 省察的実践家に関する先行研究の検討

本研究では日本語教師が備えるべき資質・能力の一つで重要なものは、省察力であるという立場をとる。ここでは教師の省察の必要性に関する先行研究を検討する。

最初に省察についての研究を行ったのがデューイである。デューイ (1916/1975) は既有の知識や経験を新しい経験と結びつけて学習していくこと、経験をもとに知識を獲得していくことの重要性について述べている。以下は、これを受けたショーン、メジローの省察の定義である。

教師の省察研究は、ショーン (1983/2007) において、プロフェッショナル（専門職）の専門性を技術的合理性（technical rationality）（ショーン、1983/2007, p.21）とするのではなく、省察的実践（reflective practice）（ショーン、1983/2007, p.185）とすると述べたところから始まる。技術的合理性とは、科学理論や科学技術を厳密に適用させ、科学を道具のように使い問題解決をすることである。それに対し、省察的実践とは、実践のなかで自分の行為を洞察する意識を働かせることができ、なおかつその行為が有効なものとなるといったものである。本著では、「実践者が不確実性と不安定さ、固有性のある状況や、価値観の葛藤が生じている状況に適切に対応する際の「わざ（artistry）」の中心は、行為のなかの省察というプロセスの中にある」としながら、「実践者は考えることと行動とを分離

表8　デューイとショーン、メジローによる省察の概念

	省察の定義	省察の過程
デューイ (1916/1975)	教師自らの直接経験を重視し、信念や価値、既存の知識について積極的に、持続的に一貫して注意深く考えること。そしてこの熟考のために、即興的行動を一時的に停止して思考すること	問題提起→手段・目的の分析→その分析の検証　問題提起→手段・目的分→その分析の検証
ショーン (1983/2007)	新しく直面した不確実な問題状況に対処し、状況を変容させるべく、状況との対話をしながら行動していく	さまざまなつながりのなかで行為に意味を与え、構造化していくことによって、問題に対処するという過程を連続的に行う。
メジロー (1991/2012)	行動に繋げたり、問題解決に用いる方略や手順の有効性を再評価するため、自己の信念の正統性を検討すること。自己の信念とは、過去の経験で形成された無意識、無自覚のものである。	「内容の省察」、「過程の省察」、「前提（premise）の省察」の三種類で省察を捉えた。内容や過程の省察を行いながら、意味パースペクティブ（それまでの物事の解釈の枠組み）が変容する。その際に、歪んだ前提を認識することが必要である

せず、決断の方法を推論し、あとでその決断を行為へと変換する」（ショーン1983/2007、p.71）とされた。技術的合理性が「ある特定の固定的な技術を持つこと」であることに対し、省察的実践は「省察を行うことで変化を伴う状況に対応すること」である（ショーン1983/2007、p.187）。

　これを日本語教育実践の文脈で考えると、日本語学習者像のいかんにかかわらず、日本語習得に有効と思われる一般化された方法で授業を遂行することから、多様化する日本語学習者像に合わせ、適切な方法をその時、その場面で見出しながら実践を行うことに置き換えられる。教える対象が留学生なのか、特定の職業を持つ人なのか、外国人児童生徒等なのかといった日本語学習者の立場や学習目的といった大きな枠組み、属性にとらわれず、目の前の学習者を注意深く観察する必要がある。同じ学習者であっても状況が変われば、学習者自身が変化していく。つまり、置かれている状況は不確実性と不安定さをはらんでおり、教師はそれに対し省察を行うことで推論を繰り返すことが重要であると解釈できる。

　次に、メジロー（1990）の研究について概観する。メジローの一連の省察研究では、変容的学習理論（transformative learning theory）が提唱されてい

る。変容的学習理論とは、教師が自分の教育概念にある信念や期待に影響する前提（premises）を捉え直し、自己が拠り所とする前提を洗練させていく学習過程のことである。過去の経験をもとに人が成長する過程で無意識に受け入れてきた前提を捉え直すことで認識構造を転換させること、ひいては学習者の生き方、行動、態度といった人格に関わる部分までを検討するのが変容的学習理論である。

そのほかの教師の省察に関する研究においてVan Manen（1991）は、授業は偶発的で流動的で刻一刻と状況は変化し、ときには即座の対応を求められることを指摘した。村井（2015）はショーンとVan Manenは省察の時間軸の違いを指し、教育の現場は「即座の対応が求められ、それに失敗すると深刻な結果を招くことになる状況」とし、Van Manenの事例[3]を村井による和訳で挙げた（村井2015：179[4]）。この事例から、村井（2015）は「もし教師が、この生徒のうちにある「自分なりに努力して作り上げ、満足している」という気持ちを察し、その努力に報いる言葉かけや身振りを示していたとしたら、この二人の関係性と生徒の自己肯定感は善い方向に向かっていたと思われる」（p.179）としている。この事例に類似することは、教師であればだれしも経験すると思われるほどありふれた出来事であるが、双方に良い結末にすることができるか、またはこの事例のように生徒を傷つけてしまうか、さらに傷つけたことにも気づかない結末か、それらは教師の即座の対応にかかっている。

さらに、村井（2015）によると、Van Manen（1991）は教師が省察力を獲得する先にあるものとし、教育的タクト（pedagogical tact）を掲げた。教育的タクトとは、「どうすれば良いかわからないときにどうするか知る」（p.179）とし、たとえば学習者の身振りや表情といった間接的な手がかりから内面を解釈する敏感さや、情況を教育学的理解にもとづき最善策を即時に感知する能力を指す。教師が省察力を身につける意義は教育的タクトという技を身につけることにつながると解釈することができる。こうした概念こそ、変化の著しい日本語教育の現場で教師に求められる力量であることは間違いないのではないだろうか。教師が省察的実践家たること、教育的タクトを身につけることに対する重要性は認められるが、それをどのように実現すればよいだろうか。

日本語教育に絞り目を向けると、小澤ほか（2006）がベテラン日本語教

師と新人日本語教師各10名の実践的思考の比較を行う研究がある。実践的思考とは、教授活動に関する実践知を用いた思考のことで、ベテランは個別の項目を授業の目的の中に位置付け捉え直す「思考の文脈化」を行っていることがわかった。ベテランは常に授業の目的に沿った指摘を行う特徴がみられた。他方で、新人はビデオに出る教師を自分と重ねる視点が多く、自分と異なる教授観に対して価値判断を保留する様子も見られた。この研究では、ベテランは俯瞰的に捉え、新人は良いものや自分と異なるものを取り入れたいという姿勢を持つことが明らかになっており、日本語教師は熟達化にともない、事象の捉え方が変化していくことを示唆する。

　また、香月（2022）の研究が本研究と同じく、日本語教師の省察を取り扱っている。香月（2022）は、日本語教師の省察を分析するという目的で、2名の日本語教師に自分自身の実践の記録を読んでもらい、それにインタビューの形式で語りを引き出した。その「語り」を現象学的に分析している。2名の日本語教師は各自の出来事、経験から教師の専門性とは何かについて考えを巡らせた。そのような「実践の経験を読む」という経験が自他理解への新たな視点をもたらすことを明らかにした。この研究の意義は、「実践の経験を読む」というプロセスを、次章の「4-2. 経験学習としてのリアリスティック・アプローチ」にて詳述する、コルトハーヘン（2001/2010）の「ALACTモデル」と「学びの3段階モデル」に組み込むことによって、より有効なモデルとして構築した点である。「ALACTモデル」と「学びの3段階モデル」で示されている省察的実践のプロセスは「普段意識されないような言語化が難しい行為を省察する」という段階を含んでいた。それを可能にするものが現象学的な分析の記述であることが理論的枠組みの検討から導かれたとされている。自分自身の実践を改めて読むことで、それまで意識してこなかったことに目を向けることになり、ゲシュタルトの喚起を強く促すことができる。この考え方と手法は、本研究と近接的であるとともに、理論的枠組みにリアリスティック・アプローチにおける「ALACTモデル」を省察のプロセスと位置付けた点は同じであると考える。

　しかしながら、香月（2022）は、すでに教師になった人（教師教育）の研究となり、本研究の関心の教員養成課程の履修生（教員養成）の研究と

は異なる。また、本研究では省察のプロセスに対話セッションを取り入れている点も相違点であるといえる。本研究における対話セッションについては、5-1-2.にて詳述するが、本ケース・メソッド課題では、各ケースで約25分間を2回という話し合いの時間を設定した。事前・事後省察の作文を通して自己との対話を行うことと、対話セッションを通して他者との対話を行うという、コミュニケーションの出来事としては対極をなしながらも、一方でどちらも対話をするという共通点はあり、この往還が深い省察をもたらすと考えた。

　それ以外にも、香月（2022）はリアリスティック・アプローチの「ALACTモデル」を現象学的に記述する試みを行っているが、後述する「8つの問い」といった具体的な介入は行っておらず、事象を「ALACTモデル」という枠組みで分析するということにとどまっているとも考えられる。一方、本研究では、先行研究の整理から省察力を身につけさせるためには「ALACTモデル」が有効であるとまず結論付けたうえで研究方法を設計した。この点が先の研究との相違と特徴であるといえる。

　以上のことから本研究では、第4章で詳述する、コルトハーヘン（2001/2010）のリアリスティック・アプローチの有用性を検討したうえで、これを援用することで省察のプロセスを設計する。手法としてはケース・メソッド授業を行うことで、参加学生の省察力の涵養を試み、そこでの参加学生の作文データおよび対話セッションの逐語録、フォローアップインタビューを分析対象とする。

3.3 ｜ 残されている課題と本研究課題

　前節では、日本語教師に求められる資質・能力に関する研究、省察的実践家のあり方に関する研究、省察力を涵養する経験学習の効力に関する研究において、明らかになっている点を整理してきた。

　一方、残された課題としては次の2点がある。

　1点目は、教師を目指す学生の省察の特質に関して実証的な研究が行われているわけではない点である。日本語教師に必要な省察力をどのように身につけるか、その過程である省察の特質を明らかにすることで日本語教員養成のあり方の検討材料を提供することができる。

2点目は、本研究では手法としてケース・メソッド[5]を採用するが、どのようなケース[6]が省察を後押しするのか、または反対に省察をすぐには促進しないケースはどのようなものかといった点である。これを明らかにすることで、学生の省察力涵養の実践への貢献が見込める。
　これらの教師としての省察力涵養の研究デザインとして課題も残されている。教師の省察力涵養の研究において、省察の対象が実践に限定されている点である。学生自身が行った日本語の授業実践（模擬授業や教育実習）の記録、もしくは他者の授業実践を見ることで省察を行う研究が散見される（岩田ほか、2010；小泉、2020；杉山、2012；田井ほか、2018；中川ほか、2017；長嶺ほか、2019；渡辺ほか、2017）。
　日本語教育に限定すると、池田（2006）、池田ほか（2008）、池田ほか（2021）、鷹野（2016；2018）、鷹野ほか（2021）、文野（2010）、があり、いずれも実践が省察の対象ととなっている。鷹野ほか（2021）は、日本語教員養成課程において計6回の実践をティーチング・ポートフォリオ[7]により2年間の記録を分析した。ここではティーチング・ポートフォリオを省察ツールと位置付けた。2年間の成果物を履修生自身が通時的にみることで、自分の実践を省察することができる。鷹野ほか（2021）の結果は、実践の前半部分（1回目、2回目）は自己評価が高く、実践後に一定の満足を感じていたが、中間部分で海外実習も入ることで、自己評価が著しく下がる。そして、最終部分ではそれがやや回復し自己評価は「V字」を描くが、回復は前半部分ほどではなかったといった変化が確認された。このことは、履修生はティーチング・ポートフォリオをみることで、自分の成果と課題を知ることができること、実践を重ねるほど自己評価が厳しくなっていくことを示している。それと同時に省察ツールの重要性も示しているといえる。しかし、本研究は教師としての心構え、すなわち「態度」をどう身につけるのかという部分に焦点を当てており、これに関しては授業実践で省察することは難しい。
　そこで本研究では、日本語教員養成課程の履修生を対象とするケース・メソッド課題を試みる。本研究の参加学生10名がケース（実際の出来事が記述された事例）を読むことを通し日本語教員としての疑似体験をする。疑似体験を通して、参加学生がどのような省察を行うかを明らかにし、日本語教員養成課程における省察力涵養の実践に還元させたいと考

える。
　以上の先行研究の検討から本研究では、以下の2点を研究課題とする。

〈研究課題〉
　（1）ケース・メソッド課題において、どのようなケースが参加学生の省察を深めるか。［ケースの質に関する研究］
　（2）ケース・メソッド課題において、参加学生はどのような省察の過程をたどるか。［省察の質に関する研究］

　さらに、本研究におけるケース・メソッド課題を実践と捉え、省察力涵養のためのケース・メソッド授業の方法論に関しても最後に提言を行う。

注　[1]　荀子、紀元前300年ごろの中国の思想家、儒学者／金谷治訳注（1961）『荀子（上）』岩波文庫
　　[2]　John Dewy、1859-1952　アメリカの思想家、教育学者。
　　[3]　「美術の課題に最後の一筆を入れた。自分の作品を評価するまなざしを注ぎながら、私はとうとう完成したという安堵で満たされていた。そして私は、かすかなプライドに似た感覚が沸き起こってきたことに気づいた。なかなかよくできている！　私は期待しながら、ゆっくりと教室のなかを見回っている美術の教師の方を向いた。彼女に出来上がった作品を見せるのが不安だった。教師はゆっくりと私の机に近づき、気もそぞろな感じで「とてもよいわ」と言った。それだけだった。そして彼女は、私のものよりももっともっと複雑でもっと美しい作品を作ろうとしている他の生徒の方へ注意を向けた。「とてもいいって？」私は胸がいっぱいになり、恥ずかしくて真っ赤になった。教師の言葉に不意をつかれたのだ。私が教師にコメントを求めたとき、私の作品についてなにか肯定的なことをまずは言ってくれるだろうと密かに期待していた。彼女が無関心さを口に出すとは思っていなかった。私は息を抑えて椅子に沈み込んだ。彼女の短いコメントによって私は突然失望の淵へと落とされ、落胆した。私はむかっ腹を立てて、泣き出したくなった。私の努力に対する彼女の曖昧な肯定が、却下として私をひりひりと痛めつけた。彼女の仕草によって私は葛藤と陰気へと追いやられた。教師が私の一所懸命の作業と適度な完成を「見」なかったという事実によって私は、や

	る気をくじかれ、どうすることもできなくなってしまった。これ以上何ができるんだろう？教師が私の友達に話しかけているのを、ものすごく離れたところのように見ていた。まるで、私は何かを見逃してしまったようだ。私は教師から注意を払われる価値がないかのようだ。私は、教師と、そして自分の友人達から完全に手の届かないところにいると感じた」（村井、2015: p.179）
［4］	注4にて詳細を引用する目的は、教師の省察のなかにある揺らぎを漏らすことなく表明することである。
［5］	ケース・メソッド授業は、ビジネススクールといった経営実務家教育のなかで用いられる手法で、「教材の資料（実際の出来事が記述された数ページの事例、つまりケースのこと）をもとに行う。学生たちはケースから考えられる問題についてさまざまな角度から意見を出し、ディスカッションをする」ものである（バーンズほか 1994/2010）。
［6］	ケース・メソッド授業で用いられる当該分野における具体的な事例、エピソード。
［7］	ティーチング・ポートフォリオは、日本語教員としての力量形成と評価を目的としたファイルを指す（鷹野ほか2018）。その内容は、模擬授業で用いた成果物およびフィードバック関連資料、省察作文である。学生がポートフォリオを用いて自身の学習過程を通時的にふりかえることで省察が促される（セルディン1997/2007）。

第4章 研究手法：ケース・メソッドとリアリスティック・アプローチ

研究は、ケース・メソッド授業において省察を促進するケースの質、省察活動に従事する参加学生の思考変容過程という2点を解明していくことを課題としている。日本語教員養成において、ケース・メソッド授業の手法により省察を促した先行研究は現在のところ見当たらない。本研究では、本章で詳述する、「教師の態度（attitude）は経験によってしか培われない」という立場から、ケース・メソッド授業の手法を採用する。

これにより、第4章では本研究の方法であるケース・メソッド授業と省察の枠組みであるリアリスティック・アプローチについて整理を行っていくこととする。

なお、本研究が依拠する経験学習と省察的実践家の研究は先の第3章で整理を行ったが、本章のケース・メソッド授業とリアリスティック・アプローチも同様に本研究が依拠する概念である。よって、本章も先行研究としての位置づけも一部担うことを付言する。

4.1 省察を促す教育アプローチとしてのケース・メソッド授業

4.1.1 ケース・メソッド授業とは

ケース・メソッド授業は、ビジネススクールといった経営実務家教育のなかで用いられる手法で、「教材の資料（実際の出来事が記述された数ページの事例、つまりケースのこと）をもとに行う。学生たちはケースから考えられる問題についてさまざまな角度から意見を出し、ディスカッションをする」ものである（バーンズほか1994/2010）。

髙木（2001）は日本国内の経営大学院といった文脈からケース・メソッ

ド授業を論じており、ケース・メソッド授業は'case method of instruction'の和訳で、教育プロセスとしては、個人予習、グループ討議、クラス討議から成るとしている。髙木（2001）からケース・メソッド授業の効果を概観する。まず、講義方式やテキスト中心の授業よりも学生の興味を引き起こすことが容易で、自発的学習意欲を喚起する。次に、疑似体験ではあるが「経験」のなかで概念を使用することから、それらを自分のものにできる。さらに、既存の概念を記憶するだけの学習より、将来の多様な問題に対して概念を応用できるようになる、などである。以上のことは、ケース・メソッド授業は、日本語教師としての省察力はもちろんのこと、「態度」、換言すると心構えの獲得にもつながると考える。

　Allport（1935）は'attitude'を、体験を通じ体制化された準備状態としている。「態度」とは体験を通じて培われるものと捉えると、日本語教員養成の文脈では、たとえば教壇実習を含むインターンシップ、海外留学、または国内の留学生との交流が考えられる。そこで起きる様々な経験、なかでもコンフリクト場面でどう対応するかを熟考し、時に失敗を経験することが学習に繋がる。デューイは教師の省察という文脈において、体験に対し、様々な側面から様々な光を当てながら対象を見つめ、重要な視点を見落とすことがないようにすることを強調している。こうした経験と思考の往還の場は、固定された時間と場所でなされる授業にとどまらず、教室外での学習機会の提供が理想となる。しかしながら、すべての養成課程履修生への機会提供が困難であることはもとより、2020年からの新型コロナウイルス拡大による影響で一層それが難しくなったことからも、ケース・メソッド授業の有用性はあるといえるのではないだろうか。

4.1.2　ケース・メソッド授業の先行事例

　ケース・メソッドを用いた授業の先行事例として2つ概観する。

　1つは、教職課程という文脈で、川野（2019）では教職課程においてその実践が教材となっている。表9にその内容を列挙する。

　川野（2019）のケース・メソッド授業は、学校現場で起こりうるコンフリクト場面を中心に、問題の所在を学生に明らかにさせ、自分ならどういう対応をするかを考えさせる内容である。川野（2019）の実践内の大

表9 「道徳教育指導法(初等・中等)」の授業内容(川野、2019)

	授業内容(ケース名)
1	ケース・メソッド授業に関する説明
2	学級活動と道徳
3	道徳の資料
4	道徳の指導過程
5	道徳の指導のあり方
6	道徳の発問
7	指導案の書き方の説明
8	指導案作成のグループ協議と作成
9	作成した指導案の発表
10	言語活動と道徳
11	道徳と体験活動
12	補充・深化・統合と道徳性
13	道徳教育と道徳の時間
14	道徳教育推進教師の役割
15	道徳指導案作成の試験

　学生のレポートやディスカッションでの発言内容も触れられており、ケース・メソッド授業の有用性が主張されている。教育実習に出る前の教職課程の学生にとって、教科教育の実践以外の活動や道徳教育といったものはケース・メソッドのような具体的事例を通し考えることは現場のイメージを与えることができ、望ましい授業方法の一つであるといえる。養成課程の段階で一度疑似体験をしておくことで、職場への移行がスムーズに行えることが考えられる。

　また1つは、表10(p.47)は金ほか(2020)による教材である『「異文化」トラブル解決のヒント！　日本人も外国人もケース学習で学ぼう　ビジネスコミュニケーション』の目次抜粋である。金ほか(2022)によって日本語非母語話者対象のビジネス日本語教育の分野からケース・メソッド授業が教材化されている。日本語非母語話者が日本国内の企業で働くこと、日本人社員と協働することは珍しくなくなっているが、相互のコンフリクト場面はそのぶん多くなっていることが考えられる。離職を防ぎ、お互いがより良い状態で仕事を続けていくには、こうした言語(ここでは日本語である)の教育と同程度にコミュニケーションの教育が重要になってくる。金ほか(2020)の教材はそうしたトラブルを解決するヒントをもたらすという点で意義を認めることができる。

　ただし、この2つのようにケース・メソッドの、教授法として、ある

いは教材としての具体化はほかにも複数あるが、教育効果の検証や学生や日本語学習者の省察の特質に目を向けた詳細な研究は管見の限り見当たらない。したがって本研究では、このような教材を用いた教育を行う際の過程を記述する研究であると位置付けたい。

4.1.3 ケース・メソッド授業の効果と課題

髙木（2001）はハーバード大学での実践と自身の慶應義塾大学ビジネススクールでの実践を対比させたところ、ハーバード大学のほうが発言数が多く、発言内容にいっそうの論理性を持たせる傾向があることを発見した[1]。髙木（2001）はこのことをもとに、以下のケース・メソッドの教育効果を列挙している。

> ①講義形式やテキスト中心の授業よりも学生の興味を引き起こすことが容易である。それゆえ、学生に対し、自発的な学習意欲を喚起し、経営に関する学習と思考を刺激する。
> ②学生に、現実問題の解決という「経験」のなかで概念や考え方を使用させることによって、それらを自らのものとさせられる。
> ③状況を評価したり、概念を応用したりする技能を育成する。
> ④ケース・メソッドによる人々との相互作用が、経営の人間的側面の理解にとって有効な準備であることを認識させる。
> ⑤既存概念の応用と同時に、新しい概念を展開する方法をも身につけることができる。

ここからわかることは、ケース・メソッド授業の良さとは、学生に能動的に課題に関わらせ、主体性と応用スキルの習得に繋げられることに集約される。ただ、ケース・メソッド授業の良さについては、髙木（2001）の実践は実証的に分析されたものではない。

そこで、佐野（2003）は髙木の授業実践（慶応義塾大学ビジネススクール、略称をKBS）を分析することで、ケース・メソッド授業の効果を検証した。髙木の授業において、「クラス討議における教師の発問を中心とする発言を抽出し、それらの指導上の意図としていかなるものが考えられるかという視点から教師の発言をカテゴリ化することにより、授業で育成が

表10 『「異文化」トラブル解決のヒント！　日本人も外国人もケース学習で学ぼう　ビジネスコミュニケーション』目次抜粋（金ほか 2020）

	ケース名
Case1	せっかく日本語を勉強したのに
Case2	それって指示ですか
Case3	表情が見えない会議なんて
Case4	業務の効率化につながっていますか
Case5	ビジネスメールには必要ないのですか
Case6	理屈って何を書けばいいんですか
Case7	どうして仕事が進まないの

めざされている経営能力がいかなるものであるかを考察」（p.95）した。その結果、「経営者的発想に立ち、変化する情勢下での経営者としての対処の仕方を意思決定できること、それに必要な複雑な状況を正しく事実認識して柔軟に思考し、自らの意思を明確に主張するといったこと」（p.103）を学生が達成できていた。これは学生がケースの登場人物の発想に立つことができ、状況把握を正確に行うことで、その状況への対処法を選択できるということで、ケース・メソッド授業の有益性を示している。

　佐野（2003）と本研究の差は、経営学と日本語教育学という分野の違いはもとより、分析の対象が教員のふるまいと参加学生のふるまいという点である。特に、本研究では省察の主体である参加学生の省察の質、軌跡を問うことで、その本質を明らかにしていく。よって分析対象に根本的な違いが存在することを強調する。

4.2 経験学習としてのリアリスティック・アプローチ

4.2.1 コルトハーヘンにとってのゲシュタルトとは何か

　本研究はコルトハーヘン（2001/2010）のALACTモデルによる省察サイクルに依拠する。ここでは、リアリスティック・アプローチの整理を行う。

　教員養成では、教本に従い、教師に必要な知識と技能を身につけていくが、教本にあるのは一般論や研究に裏打ちされた理論が中心となる。しかし、そうした教本に書かれた内容はすべての教育の場にあてはまる処方薬となり得ない。なぜなら、学習者の属性と背景は千差万別であ

り、その日の体調やそれまでの状況といった大小の積み重ねで、場は作られていく。よって、教本に書かれたとおりでは立ち行かないことも多くある。こうしたことから、本研究における研究デザインにおいても経験学習理論を基盤とする。なかでも教師教育研究分野における、コルトハーヘン（2001/2010）による「リアリスティック・アプローチ」の知見に依拠する。コルトハーヘン（2001/2010）では、教師教育プログラムを終えた初任教師たちが教育現場に出た時に、移行に対するショックを経験し葛藤する姿を目の当たりにし[2]、教師教育をより現実感を持たせるもの、リアリスティックにしようという目標が生まれたと述べられている。

リアリスティック・アプローチとは、教師養成の場で、過去の研究による理論のみに頼るのではなく、実際に現場で起こっている現実と学生自身のゲシュタルト（過去の経験や自分自身を形作る価値観や行動の傾向）を重要視するという考え方である。それにより学生が自分事として教育を捉えるようになるとコルトハーヘンは考えた。

コルトハーヘン（2001/2010）は省察を「人は自身がすでに獲得した知識や、今までに積み重ねた経験を振り返り、それらをなんとか新しい構造にまとめあげ」(p.215)ることとしている。コルトハーヘンは最も重要なこととして、「授業のリアリティには理性的な意思決定よりも多くのことが絡んでいるという事実を受け入れること」と説明した。参考書にあるような理論ではなく、大切なのは「心象」や「熱」と表現した。

コルトハーヘンは、学びとはゲシュタルト形成であるとしている。代表的な例としては「幼児期や学校での重要な他者との出会いといった過去の経験の結果」がゲシュタルトを形成する。具体的には、「個人がもつニーズ、関心、価値観、意味づけ、好み、感情、行動の傾向を集合体として、ひとつの分離することの出来ない全体に統一する事柄」(p.51)を指す。教室における教師のふるまいは、「感情、ロールモデル、価値観などはすべて、無意識的に、あるいは部分的に意識的な仕方」により形成される。コルトハーヘンがゲシュタルトという語を好むのは「ゲシュタルトセラピーで用いられるように、心の像というよりは、特定の場面に結びつけながらその人の過去の経験を全体として示すことができるから」(p.276)と自身で述べている。

ではここで、日本語教育という文脈においてのゲシュタルトの例につ

いて例を挙げる。若手教師によく見られる、一人称が「先生」であること、たとえば「今から先生が言いますから、よく聞いてください」という場合の「先生」である。一人称の「先生」は、教育実習の場面で、「無意識で無意図的」に出現する。なぜ自分を「わたし」ではなく「先生」と言うのかという質問に対しては、「教師とはそうするものだから」と答えるか、もしくは「過去の自分の先生がそのようにしていたから」という「過去の類似する経験」を引き合いに説明をするだろう。これは「無意識で無意図的」であり、これがゲシュタルトによるものであると考えることができる。一人称の「先生」以外にも、このような「無意識で無意図的」なふるまいは他にいくつもある。この「無意識で無意図的」なふるまいに光をあて、新しい経験との照合をすることで、各教師が自分の教育観を形成していくことが省察であると捉える。本研究が「リアリスティック・アプローチ」とそれを支える「ALACTモデル」に依拠する理由は、こうした教本の知識を超え、教師各自が自身の経験にもとづき教育観を形成していくことが重要であると考えたためである。

4.2.2 教師の省察の循環「ALACT モデル」

この「リアリスティック・アプローチ」とは、実践に埋め込まれている貴重かつ重要なエッセンスを、省察を通じて抜き出し、それをもとに理論を獲得していく、という考え方である。コルトハーヘンは、5つの局面を持つ循環型の省察プロセス「ALACTモデル」(図6、p.50) を示した。「ALACT」は、「Action」、「Looking Back on the Action」、「Awareness of Essential Aspects」「Creative alternative methods of Action」、「Trial」の5つの段階の頭文字をとっている。

5つの局面は以下のような段階となっている：

1　行為 (Action)：コンフリクト場面に遭遇する
2　行為の振り返り (Looking Back on the Action)：「8つの問い」を足場架けに、関係者各々の立場（ここではケースの各登場人物）で考察する。偏りなく考えるようする。自分の経験をふりかえると同時に自分の信念や望みに目を向ける

3 本質的な諸相への気づき（Awareness of Essential Aspects）：複数散らばっていた事柄を整理し抽出する
4 行為の選択肢の拡大（Creating alternative methods of Action：自分はどうするかといった行為の選択肢を再構築する
5 試す（Trial）：再構築した選択肢を試すことで次段階に向かう

さらに、コルトハーヘンは学術上の知識（公式の知識）を〈大文字の理論〉と呼び、主観と結びつけながら理解される知識や理論を〈大文字の理論〉と呼んだ。

ALACTモデルによる省察段階を経ることで、それまで漫然と正しいと考えていた学術上の知識を自分のものへと変え、小文字の理論と昇華させる。これはいわば自身の教育観や持論の形成に至るプロセスといえ、そのためには自分自身を真に納得させなければ「本質的な諸相への気づき」へは到達しない。そのためには深い省察がおのずと必要となってくる。

同時にコルトハーヘン（2001/2010）は教師の介入の必要性も明言している。「第3局面において、より理論的な要素の必要性が浮かび上がり、そうした要素は指導者によってもたらされ」(p.54)るとしている。ただやみ雲に考えてみましょうと突き放すことが省察ではないということがここからより明確になってくる。

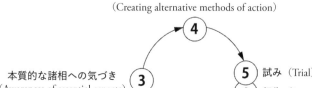

図6 ALACTモデル（コルトハーヘン 2001/2010, p.54）

Kolb（1984）の経験学習理論とコルトハーヘン（2001/2010）のリアリスティック・アプローチは、経験を重視し、経験を振り返りながら専門性を獲得していくといった部分は共通する。ただ、相違点は、コルトハーヘンが振り返りの段階に主観、換言するとゲシュタルトが軸にあることを前提としている部分である。コルトハーヘンの指すゲシュタルトについて、以下に詳述を引用する。太字・下線は筆者によるものである。

　　ゲシュタルト形成とは、ある状況が、過去の類似する経験を基に、あるまとまったニーズ、考え、感情、価値観、意味づけと活動の傾向を生み出すプロセスです。ゲシュタルトとは、その状況の中に**ある特定の、その人のニーズ**を満たすような、現実に意味を持つ特徴によって惹き起こされます。ゲシュタルトは惹き起こされる際、過去の似た経験をした時の感情を伴います。一般にゲシュタルトは無意識で無意図的に作用します。言語はゲシュタルト形成の上で、あまり大きな役割を果たしていません。人々は、**自分たちにとって自明**と思われる言葉を使うだけです。（p.200）

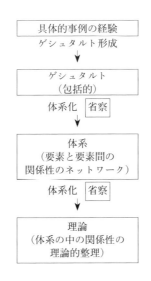

図7　学びのプロセスの各局面（コルトハーヘン 2001/2010, p.216）

上記のゲシュタルト形成の引用で着目すべきは、太字・下線で示した「**ある特定の、その人のニーズ**」と「**自分たちにとって自明**」の部分である。過去の類似する経験とは、その人の内にしかなく、その人だけのものである。もし似た状況はあっても、完全に同じ状況ということは厳密にはありえない。したがって、その人だけが直面した特定の状況であり、その人やそこにかかわる人のニーズのみを満たすものであるし、その人の感情がそこには付随する。そして、そうした状況やニーズ、感情を他者に語るときは、「言語」は「あまり大きな役割を果たさない」のである。聞き手はそれを完全に理解することはできず、その「言葉」は当人にのみ「自明」のものになるのである。ゲシュタルトとは、そのように個の内に閉ざされており、他者と共有しようとすれば、そのことばは不完全なものになってしまう。さらに、人の言動、一挙手一投足はゲシュタルトが下支えしているという立場から、省察の際にはこのような過去の経験を感情や望みを含め、丁寧に触れていく必要がある。こうした立場からALACTモデルは生まれたのであろう。以下（図8, 9、表11）に改めて詳述する。

　本研究においては、前述のとおり、日本語教師としての「態度」を身につけるためには経験が不可欠という立場から、疑似体験の場を作りだし、省察を促すことで学生自身に日本語教員としての「態度」を取り込

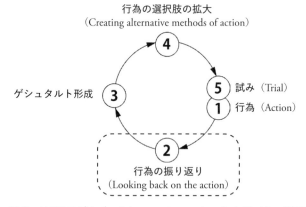

図8　ALACTモデル（コルトハーヘン 2001/2010）に基づき、筆者加筆

表11 「8つの問い」（コルトハーヘン 2001/2010, p.293）

問い	氷山モデルとの対応
（わたし／学習者）は何をしたかったのか？	行動（doing）
（わたし／学習者）何を考えていたのか？	思考（thinking）
（わたし／学習者）はどう感じたのか？	感情（feeling）
（わたし／学習者）はどうしたかったのか？	望み（wanting）

行動（doing）

思考（thinking）

感情（feeling）

望み（wanting）

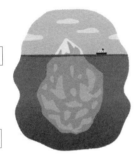

◆ 見えている部分：教師の言動
◆ 見えていない部分：ゲシュタルト
過去の類似する経験をもとに、あるまとまったニーズ、考えなどと活動の傾向を生み出す（p.200）

図9 コルトハーヘン（2001/2010）の氷山モデル（筆者による作図）

ませることを目指す。その際、教師の経験学習である、コルトハーヘンのリアリスティック・アプローチに依拠し授業策定を行う。具体的には、参加学生に対し、ケースごとに「8つの問い」の問いかけを行うことで教師の行動を支えるゲシュタルト部に光をあて、省察を促すことを試みることとする。

4.3 本研究における「省察の深化」とは何か

参加学生の「省察が深まった」とはどのようなことを指すのか。ここでは改めて省察という概念の整理を行い、本研究における「省察の深化」について提示することとしたい。では、参加学生の省察が深まったことを、何をもって判断することができるだろうか。

図6（p.50）にコルトハーヘン（2001/2010）のALACTモデルを示した。第3局面である「本質的な諸相への気づき」とは、複数散らばった事柄を整理し抽出することとされ、「具体的な感情や思考、ニーズ、行為について注意深く考察」（p.134）することを指す。また、「リアリスティック

な教師教育は、文献に書かれた学ぶことや教えることについての客観的な理論よりも、むしろ実習生の経験やゲシュタルトを原点」(p.55) とすることが述べられている。ここで重要になるのは、省察者のゲシュタルトが原点になることである。経験に対し、学生は漫然と考えるのではなく、自分の過去の経験やふだんからの考え方、ここでは特に教育観と学習観にあたるものが省察を通して呼び起こすことが鍵となる。リアリスティックな教師教育とは、学生が眼前の経験との往還を繰り返しながら、自分なりの新しい教育観と学習観の再構築をかなえることである。

反対に言えば、図8 (p.52) の点線部「避けるべき短絡」(筆者による加筆) がないことを指す。これは、第2局面の「行為の振り返り」の際、ゲシュタルトへの想起やアクセスなしに、「次からはこのように行動しよう」というように背景や理由もないまま短絡的に行為を決定することである。「避けるべき短絡」を防ぐためには、ゲシュタルトの想起が不可欠であるといえる。

以上のことから、本研究における省察が深まる要件を以下のように設定し、分析の基準とする。

参加学生が省察を深めた状態とは、ケースを読むことを通し、自身の**感情や思考、ニーズに対して注意深く考える過程**があった状態であるとする。その感情や思考、ニーズはゲシュタルトに起因する。なおかつ、そのケースを通し、新たな**自分なりの理論にたどり着いた状態**が省察を深めた状態であると判断する。

注 [1] 髙木 (2001)「訳者はしがき vii」より。
[2] 「多くの研究が、教育実習生は養成期間に習った理論の多くを実践しないことを示しています。さらに、初任の教師は、ひとたび学校現場に勤めると、そのための予備知識を十分には備えていないような多くの問題状況に直面し、狼狽してしまうことがよくあります。教育実習生の多くは、初任の教師として大学での教師教育から実際に教師として授業を行う立場へ移行しなければならない時期を、精神的な起伏の大きい、面倒な時期と感じています。」(コルトハーヘン 2001/2010、p.36)

第5章 調査の概要と調査協力者・調査方法

　本研究の研究デザインはケース・メソッドが大きな柱となっている。10名の参加学生を募り、6つのケースを準備し、6か月にわたりケース・メソッド課題を行った。そこでの参加学生のふるまいを分析対象データとする。

　第5章ではケース・メソッド課題を行うためのケース・ライティングのプロセス、実際の6か月の参加学生とのセッションの概要について詳述する。

5.1　調査の概要と調査協力者

5.1.1　「態度」を涵養するケース・ライティング

　ケース・ライティングにあたり、日本語学校勤務の初任教師4名に、現場でのコンフリクトの場面の聞き取り調査を行った。養成段階を終えた直後の教師、すなわち新任教師に限定し、コンフリクト場面を聞き出し、ケースを作成することとした。そうすることで、よりリアリスティックな事例を提示することができ、本研究の基盤にあるリアリスティック・アプローチに近いものとなると考えた。調査概要を以下に示す。

・調査対象者…日本語学校勤務の新任教師、日本語教師歴が全員2年未満、20代
・調査時期…2020年7月
・調査方法…Microsoft Forms 利用
「あなたが日本語教師をするうえで対応に悩んだできごとを①〜③それぞれで書いてください。」
①学習者同士の摩擦、②学習者と自分自身の摩擦、③自分自身の現場での葛藤

　この要領で得られた「日本語教師をするうえで対応に悩んだできご

と」をもとにケース・ライティングを行った。その際、本研究では、齋藤ほか（2013）によるチェックシートを参照し行った。齋藤ほか（2013）はケース・メソッド教育を発展させることを目的に、良質なケース・ライティングのためのチェックシートを開発した。以下が、その抜粋である。

（1）教育課題を含んだ学習テーマであること
・学習者の価値観を問うテーマ（教育観、子ども観）
・学校教育の課題に適したテーマ
　　（明確、喫緊、学習者や授業者の興味を喚起するテーマ）
（2）物語性があること
・多様な登場人物（複数の人物）
・登場人物の心情（属性、心情）
・意思決定場面の存在（意思決定場面が対立構造）
・物語性（臨場感、スピード感、多様な場面展開）
（3）アセスメントがあること
・子どものアセスメント（子どもの心身、社会、生活といった面の情報）
・集団のアセスメント（集団の人間関係、状況）
（4）連携に関する情報があること
・連携に関わる情報（学校関係者、保護者、地域関係者、社会背景）

　　　　　　　　　　　　　　　齋藤ほか（2013）をもとに作成

　ケース1「日本の女性は媚びている？」で考えると、（1）においては一方向的な見方を貫くAさんの思考を「媚びている」という表現で示した。ただ、一般論としてルッキズムに傾く日本の若者という現代日本事情はあることは事実で、その一端をケースに取り入れた。（2）の「対立構造」という点を示すためにAさんにどう対応するか悩む「わたし」の心情を反映するようなせりふを入れた。ただ、Aさんの属性は「20代女性」にのみとどめ、出身などを伏せることで先入観を排除するようした。よって、（3）の部分も同じ側面でケース1においては含めなかった。また、（4）に関しては、ケース1では不要と考え、含めていない。こうした4つの観点を軸にしながら、各500字程度のケースを6つ作成した。

その際に、新任日本語教師から得たコンフリクト場面を文化審議会国語分科会（2019）の「日本語教師の資質・能力【態度】」（表5）との照合のうえ、上記の（1）〜（4）の要素を網羅させるよう配した。いずれも日本語教師歴1年の「わたし」を主体（主人公）とするケースである。ケース題目を以下の表内に示す。

表12 本研究にて作成した6つのケースと「日本語教師【養成】に求められる資質・能力」の「態度」部分の照合

言語教育者としての態度	学習者に対する態度	多文化多様性・社会性に対する態度
(1) 日本語だけでなく多様な言語や文化に対して深い関心と鋭い言語感覚を持ち続けようとする。	(4) 言語・文化の相互尊重を前提とし、学習者の背景や現状を理解しようとする。 ➡ケース2「疲れている学生」	(6) 異なる文化や価値観に対する興味関心と広い受容力・柔軟性を持ち、多様な関係者と連携・協力しようとする。 ➡ケース3「職員室での談笑」
(2) 日本語そのものの知識だけでなく、歴史、文化、社会事象等、言語と切り離せない要素を合わせて理解し、教育実践に活かそうとする。 ➡ケース1「日本の女性は媚びている？」	(5) 指導する立場であることや、多数派であることは、学習者にとって権威性を感じさせることを、常に自覚し、自身のものの見方を問い直そうとする。 ➡ケース5「主導権は誰にある？」	(7) 日本社会・文化の伝統を大切にしつつ、学習者の言語・文化の多様性を尊重しようとする。 ➡ケース4「ここは日本だから」
(3) 日本語教育に関する専門性とその社会的意義についての自覚と情熱を有し、自身の実践を客観的に振り返り、常に学び続けようとする。 ➡ケース6「何のために働くのか」		

「態度」部分で7項目が挙げられており、本研究ではそのうちの6項目を取り上げた。各ケースと各項目の関連を以下に詳述する。なお、下線部は表12内の文言である。

ケース1「日本の女性は媚びている？」は日本のジェンダー問題という社会事象を取り扱った。一方向的な見方をする学習者を登場させることで、参加学生の経験とそれまでの価値観を整理する道筋ができると考えた。ケース2「疲れている学生」はアルバイトと勉強の両立が難しく

なっている学習者を通し、学習者の置かれている背景や現状を理解することに繋げたいと考えた。ケース3「職員室での談笑」は自分とは一見相容れない言動をする同僚や先輩との関係から、多様な関係者と連携・協力する難しさと意味について考える場にしたいと考えた。ケース4「ここは日本だから」は、自国と日本の価値観の間で苦しむ人物を出すことで、多様性の尊重とは何かについて考える契機とした。ケース5「主導権はだれにある？」では、そもそも授業の方向性を決める者はだれなのかということに自覚的になるため、教師の権威性を象徴するような内容とした。最後に、ケース6「何のために働くのか」では、日常だけにしか目が向かず行き詰まりを感じる登場人物のケースから、自分の仕事の社会的意義や自身の実践を客観的に振り返ることの重要性を喚起したいと考えた。以上が「態度」の項目に沿わせたケースであるが、次に6つのケースを列挙する。

ケース1「日本の女性は媚びている？」

【登場人物】
●留学生のAさん（20代女性）●わたし（新任日本語教師。20代女性）

　自分の上級クラスで、日本での生活で気づいたことを書いて、発表するという授業を行いました。日本に来て驚いたことや、自国では知らなかったことを自由なテーマで発表するというものです。
　発表原稿の事前提出で、留学生のAさんが次のような内容を持ってきました。「日本の女子大学生は、毎日化粧をして着飾って大学に来る。それに対して、自分の国では女の子は大学でみんなスッピンだ。また、服装も楽なもので、Tシャツにジーンズが一般的。日本の女性を見ていると、大学に来るだけで着飾っており、それって男性に媚びているのではないかと感じる。女性雑誌もいつも"モテ・メイク"とか、"モテ・ファッション"ということばが踊り、異性にもてるのが第一のようだ。現に、自国の先生が、日本の女性は専業主婦願望があって、寿退社が一般的だと言っていた。専業主婦ができるぐらいの男性と結婚するには、容姿が大切と考え、だから日本の女性は男性に気に入られるようにしていると聞いた」。
　わたしはAさんの原稿に「たしかに、日本の女性はメイクが好きでおしゃれな人が多いかもしれない。しかし、わたしもそうだが、異性にもてたいというのは違うと思います」とコメントしました。Aさんはそれに対し、「自分がそう感じたからそう書いたのに認めてくれないのですか」という少し不服そうな反応でした。
　皆さんがわたしの立場（＝Aさんの担当教師）だったら、どうしますか。

ケース2「疲れている学生」

【登場人物】
●留学生のBさん（20代男性）　●わたし（新任日本語教師。20代女性）

　卒業後、すぐに専任講師として日本語を教えています。専任講師なので、担任を持っています。担当は来日2年目のクラスで、中級レベルに入った学生たちです。
　担任をしているクラスでは、授業を毎日1コマは必ず受け持っています。クラスのBさんはいつも寝ています。授業中、さりげなく起こしたりしますが、すぐにまた机に突っ伏して眠ってしまいます。
　新学期が始まって1か月たったころ、Bさんの授業態度が改善されないので、放課後に呼び出し、話をしました。Bさんの返答は、学費と生活費を稼ぐために、夜通しアルバイトをしていて、とても疲れているというものでした。わたしは「大変なのはよく理解できるが、いくら疲れていても、Bさんが今いちばんしなくてはならないことは勉強であるはずだ」と言いました。するとBさんは、「そうは言っても、お金は稼がないといけない。先生はこんなふうに苦労して勉強した経験がありますか。ないなら、理解できないでしょう。それに、卒業したら、絶対に入れる専門学校があるから、勉強はしなくても大丈夫だと先輩に言われた。だから問題ない」と反論しました。
　皆さんがわたしの立場（＝Bさんの担当教師）だったら、どうしますか。

ケース3「職員室での談笑」

【登場人物】
●わたし（新任日本語教師。20代女性）

　卒業後、すぐに市内の日本語学校で専任講師として働いています。今ちょうど半年経ちました。先輩や同僚の先生方との人間関係もうまくいっていますが、少し気になることがあります。それは、先生方が学生に子どものように接していることです。
　学生は来日後2年以内なので、日本語力もそれほど高くなく、また、お国柄か教師に対して距離が近いので、年齢より幼くみえるといえばそうかもしれません。しかし、成人している学生に対して大声で注意したり、登下校中の飲食を禁止したりすることは行き過ぎなのではないでしょうか。また、職員室では、学生のことを「あの子」と呼ぶことが多々あります。ひどいときは、失敗を話題にして笑ったりする雰囲気も常態化しており、違和感があります。たとえば、学生の日本語の間違いについてや、発音の悪さ、また服装についてが話題です。でも、先生方やスタッフと楽しく談笑している時、わたし自身、明るい気持ちなることは確かです。
　皆さんがわたしの立場だったら、どうしますか。

ケース4「ここは日本だから」

【登場人物】
●留学生のDさん（20代女性、既婚者、子どもあり）
●わたし（新任日本語教師。20代女性）

　わたしのクラスのDさんは同国の男性と結婚しており、子どもも1人いて、子育てをしながら日本語学校に通っています。Dさんは、クラスのなかでも自分の考えをはっきり堂々と言うタイプで、周りのクラスメイトからも信頼されています。
　Dさんがお子さんを通わせている保育園についてなのですが、そこは真冬の寒い日も指定の半ズボンを履くよう決まっているそうです。Dさんの国では体を冷やすことが健康にとても良くないと考えられているとのことで、長ズボンで登園させたいと強く思っています。また、自国の習慣で子どもにピアスをつけていることも何度も外すよう注意されていると言います。何度か園の先生に事情を相談してみても、ほかの子もみんなそう、決まりだからの一点張りで、「ここは日本だから日本の決まりに従わないと」とも言われたそうです。これでDさんはますます納得のいかない様子です。このことをDさんがある日職員室にやってきて、わたしに相談してきました。
　皆さんがわたしの立場（＝Dさんの担当教師）だったら、担任としてどうしますか。

ケース5「主導権は誰にある？」

【登場人物】
●わたし（新任日本語教師。20代女性）
●留学生のAさん（20代女性、勉強が遅れがち）　●留学生のBさん（20代女性）

　今のクラスを教え始めて半年を超えて、学生の様子もわかるようになってきました。学生の一人、Aさんは内向的な性格で日本語をあまり話そうとしません。またテストの成績も良くありません。Aさんは礼儀正しく、勉強がうまくいっていないことを引け目に感じるようで、面談でも済まなそうにします。授業内容を理解したか、つまずいていないか、机間巡視をする際、わたしはいつもAさんの席に行くようにしていました。時には、その場で解説をしていました。
　ある時、成績トップのBさんが「授業内容が易しすぎるので、クラスを替えてほしい」と申し出てきました。Bさんの言い分は、「先生は簡単な質問ばかりしておもしろくない、授業時間が退屈である」というものでした。自分は学費を支払っているから、それに見合う授業を受けたいと言います。自分の国ではこうした要求をすることは普通のことだと言います。
　クラス全体が伸びていける授業をするにはどうしたら良いのか悩んでいます。

ケース6「何のために働くのか」

【登場人物】
●わたし（新任日本語教師。20代女性）

　日本語教師になってもう1年半がたちました。昨年1年かけて、授業で使う教科書も一通り教えたので、2年目の今、改善点もおさえつつ、少し授業にも慣れてきたと思う瞬間も増えてきました。でも、それは教科書を流しているだけです。若いからと学生から珍しがられるのは最初だけで、10年目の先輩ベテラン教師の授業では寝ないのに、わたしの授業の時は学生がたくさん寝ています。また、日本語に対する深い視点も自分にはまったくついていなく、学生の質問にその場で、的確に答えられることのほうが少ないです。
　そんな折、たまたま見ていたテレビで、街行く人にインタビューをし「何のために働くのか」という内容をやっていました。それから、ふと自分は何のために働くのかと考え込むことが増えました。また、時々会う大学時代の友達と比べると、自分は持ち帰りの仕事も多いのに、お給料はそれほど良くないと感じます。かといって、自分で決めた仕事だし、今すぐ辞めるほど嫌ではありません。
　新聞を見れば、「日本は移民社会へ」「外国人の手を借り人材確保」「多文化共生」「多様性尊重」「児童生徒への日本語支援」など、自分の仕事に関係のありそうなことばが毎日目に入ります。とはいえ、それを見ても特に何もしていませんし、だれかとそういうことを話し合う機会もありません。どうすればもっと先輩のように輝いた教師になれるのでしょうか。ちょっと五月病のような気分です。

5.1.2　ケース・メソッド課題の概要

　本研究ではケース・メソッド課題を文化審議会国語分科会（2019）が示した、「日本語教師【養成】に求められる資質・能力」のうち「態度」（表5参照、p.21）の7項目に対応する各テーマで構成した。省察活動の形態は、対話（dialogue）を中軸に据え、その前後に作文を課すという流れで設計した。次の表13に「ケース・メソッド課題の概要」をまとめる。

表13　ケース・メソッド課題の概要

活動の趣旨	日本語教師としての心構え[1]を身につける。
参加学生	福岡県内の大学で日本語教育を学ぶ学生 日本語教員養成副専攻課程の履修者10名
期間	2020年8月～2021年1月 月1回の対話セッション×6クール実施
1クールの流れ	《自己との対話》事前作文 →《他者との対話》対話セッション（90分間） →《自己との対話》事後作文
実施手段	Microsoft Teamsを用いたビデオ会議

　本ケース・メソッド課題では自己との対話、他者との対話に力点を置

き、省察力涵養のための学習デザインを行った。自己／他者との対話を設定した背景は、髙木(2011)が示す、ケース・メソッド授業の教育プロセス（個人予習、グループ討議、クラス討議から成る）が基盤となっている。まずは自分1人でケースに向き合い自己と対話すること、次段階に同じテーマで他者と対話すること、最後は再び1人に戻り改めてケースに向き合うことというステップである。他者との対話は言うまでもなく重要であるが、自分1人で省察の道筋をたどることに重きを置いた。養成段階を終えると、自分1人になってしまう。同僚がいたとして、その後の長いキャリア形成では自分1人となる。したがって、まずは自分1人で省察を深める訓練をすることが重要であると考えた。

　自己との対話を目的とする事前作文・事後作文は先行研究に基づいた指針を据えた。コルトハーヘン(2001/2010)では、机上で学ぶ知識（大文字の理論）を経験と適切な省察を通し、持論（小文字の理論）に変えていくとき教師の成長があるとしている。コルトハーヘン(2001/2010)では、適切な省察の一助に、「8つの問い」（ケースに登場する教師や学習者の両視点で行為や感情を言語化）が提示されているが、本研究では「8つの問い」を事前作文の用紙、全6ケースに組み込んだ。参加学生は「わたし」という新任日本語教師のケースを読み、先述した「8つの問い」（表11参照、p.53）という、「わたし」および登場人物を主語とした、複数の視点で事象を捉える。コルトハーヘン(2001/2010)では、「8つの問い」に満遍なく答えていくことで、たとえば、自分の感情や相手の行動にばかり目が行くといった個々人の省察の癖を払拭することができるとされる。また、「8つの問い」は氷山モデルになぞらえられてあり、行動だけが目に見える部分（海上に出ている部分）で、行動とはその人の思考・感情・望みを裏付けるものとされる。他方、思考、感情、望みは目に見えない部分（海中にあり、最も底の部分が望み）である。本研究では、これらの点を意識化することも重要であると考えた。対話セッションは3〜4名のグループにわかれ実施した。グループ名を「Aグループ」「Bグループ」「Cグループ」とし、毎回どの参加学生がどのグループに入るかを指示した。1グループは3〜4名という編成である。参加学生は1回目と2回目は異なるグループに属し、メンバーも変わる。

　対話は、ケース・メソッド授業において必須であると考えられるが、

対話の起源はソクラテスの問答を真理探究のプロセスにある。これを哲学ならではの方法としたのがプラトンである。プラトンの対話（dialogos）とは、「正義とは何であるか」という倫理的な主題につき、その「何であるか」の真実・真理を知るための問答（dialektike）は説得を目指すあまり真実らしいことや真実そのものより優先させる弁論術や、ただことばじりを捉えて相手の矛盾をつくだけの討論技術とは区別される（教育思想史学会 2017）。本稿においても対話セッションという語で「対話」を用いるが、プラトンの概念と異なり、より具体的行為を指す。本稿における対話セッションとは、相手と単に協調的な会話をすることや、反対に自分の意見を押しつけ相手を言い負かすような会話をすることは対話に含めず、あくまで真理探究、すなわちケースに潜む本質に気づき自己と照らし合わせ、それを他者と共有する行為であることとする。

　次に、グループでの対話セッションについて具体的に述べる。対話セッションではアイスブレイクおよびまとめを含む90分のセッション（分析対象とするグループごとの対話は約25分間を2回）をビデオ会議利用にて実施した。初回であるケース1「日本の女性は媚びている？」では、受容的雰囲気づくりに留意すること、メンバーの意見と自分の意見を対照させること、それに加え、解決策を決めることが目的ではないといったことを伝達した。また対話セッション後、各グループの報告は実施していない。参加学生に対して、報告をしない代わりに、事後作文で対話の際の思考を文章化することで省察につなげるよう指示をした。対話セッションで話したことを他のグループに報告をしない理由は、自己との対話、他者との対話の比重を等しくすることを狙ってのものである。対話セッションに加え、さらに他のグループに内容の報告を行うことで、他者の影響が強くなりすぎることを回避したいという意図がある。

5.1.3　調査協力者の属性構成

　第3章で掲げた研究目的を遂行するため、ケース・メソッド課題を以下のように計画し、日本語教育を学ぶ学生に協力を募り実施をした。調査協力者は、2020年6月から1か月間募った。募集は、福岡県内の大学に所属する学生で日本語教員養成課程を履修している者という条件で行った。10名という募集枠に対し、期限までにちょうど人数に達した。調

査協力者に対しては謝金を支払い、アルバイトという形態とした。支払いの対象とした時間は、セッション参加日（1.5時間）および事前・事後作文に従事している時間（2時間）とし、1クール3.5時間として計算をした。アルバイトという形にすることで、責任を持ち最後まで協力することを促す意図があった。また、成績に影響しないことから点数に繋がるような意識を持つ必要もなく、ありのままの発言が引き出せることも期待した。

参加学生の属性を以下の表14に示す。10名の参加学生の共通点は大学で日本語教員養成副専攻課程の履修生であることのみで、海外留学経験や学内での国際交流活動の経験の有無といった海外志向かどうかという点では表14にあるとおり、大きくばらつきがある。

表14　参加学生の属性

参加学生（仮名）	学年	主専攻	留学・研修経験	国際交流活動の経験
川崎	4	日本語・日本文学	なし	無
中村	4	アジア文化	台湾1年	有
谷口	4	アジア文化	韓国1か月	有
長田	3	日本語・日本文学	アメリカ（短期）	有
宮本	3	日本語・日本文学	なし	無
重田	3	英語	なし	無
溝辺	3	英語	なし	有
中井	3	アジア文化	カナダ1か月	有
星	3	アジア文化	韓国1か月	有
大澤	2	日本語・日本文学	なし	無

ただ、調査時の2020年秋は新型コロナウイルスの初期段階で、自身の留学はもちろん交換留学生の帰国が相次ぐなど、身近な国際交流の機会が奪われている状況であった。そのうえで、この活動に有志として参加するということにおいては、日本語教育への関心が高いということで、これも共通点であるともいえる。

5.2　調査方法と調査内容

本研究では、授業ではなく、研究のために10名の参加学生に協力を仰ぐというものであった。そのため「ケース・メソッド課題」という用語

で論を進める[2]。ケース・メソッド課題実施において手順が3つある。まず、手順1はケース収集のため、日本語学校の教師へのコンフリクト場面の聞き取り調査を行った。手順2では、収集されたコンフリクト場面をもとに文化庁国語分科会(2019)の「日本語教員に求められる資質・能力【養成】」(表6参照、p.25)に適合させるかたちでケース・ライティングを行った。そして、手順3では参加学生が主体となるケース・メソッド課題を実施した。頻度は月に1度で、全部で6回行った。1つのケースで3グループを編成し、約25分間の対話セッションを2度、メンバーを入れ替えて行った。よって、1つのケースで6本の録画データが生成されるが、ケース4「ここは日本だから」においては変則的に2グループで実施した。その理由は、病欠等で3名が参加できなかったためで、3名と4名の2グループの編成とした。

手順1～3で収集された分析対象データは次のようにまとめられる。

1) 事前作文　　56本[3]
2) 事後作文　　56本[4]
3) 対話セッション　約25分／回×34本　　計　約14時間15分
4) 終了時インタビュー　30分／人×10名分　　計　5時間
5) 終了時アンケート調査

3)と4)は音声データとなり、すべて逐語録を作成し分析した。

対話セッションはオンライン会議(Microsoft Teams)で実施し、すべて録画をした。また、最終日には全体のふりかえりを筆者と1対1で30分間ずつ半構造化インタビューを行った。その各対話セッションの録画データの逐語録をExcelに作成した。また、事前・事後作文も各回で課し、合計112本[5]の作文となった。さらに、事後アンケートをMicrosoft Formsにて行った。

これらのデータを2つの研究課題別に分析を行っていく。図10(p.66)に本研究の手順を図で示す。

本研究は2つの研究課題を据えた。図10の左側、研究課題の「(1)ケース・メソッド課題において、どのようなケースが参加学生の省察を深めるか。:ケースの質に関する研究」では、5段階で分析を行う。第一段

階は対話の34回分の対話セッションの対話の階層を判断する。対話の階層については、次の節で詳述する。第二段階では事後アンケートをもとに参加学生のケース・メソッド課題全般に対する意識の分析を行う。次段階は、他者／自己という2軸の省察の形態によりそれぞれ観察を行う。第三段階は対話セッション、第四段階は省察文の観察である。そして、最後の第五段階は対話セッションと省察文の掛け合わせによる分析を行うことで研究課題（1）の結論をまとめる。

図10の右側、研究課題の（2）「ケース・メソッド課題において、学生はどのような省察の過程をたどるか。：省察の質に関する研究」でも5段階で分析を行う。第一段階は分析対象とする2名の参加学生を抽出するために発話量、対話の階層を検討する。第二段階は抽出された参加学生である谷口の対話セッションと省察文のデータを質的に分析する。そして、第三段階とし谷口の省察過程を図示する。第四段階以降も同様の手

```
手順1  ケース収集
対象：新任日本語教師（教歴2年以下）4名
          ↓
手順2  ケース・ライティング
◆各500字程度のエピソードとして整理する
◆全6ケース作成
          ↓
手順3  ケース・メソッド課題実施
◆全6クール：月1回実施
```

研究課題(1)	研究課題(2)
ケース・メソッド課題において、どのようなケースが参加学生の省察を深めるか。：ケースの質に関する研究	ケース・メソッド課題において、学生はどのような省察の過程をたどるか。：省察の質に関する研究
第一段階：34回分の対話の階層判定、分析	第一段階：2名の参加学生の抽出
第二段階：参加学生の意識の分析	第二段階：谷口の分析
第三段階：対話セッション（他者との省察）の観察	・対話セッションの観察 ・省察文の観察
第四段階：省察文（自己との省察）の観察	第三段階：谷口の省察過程の図示 第四段階：長田の分析
第五段階：対話セッションと省察文の掛け合わせによる分析	・対話セッションの観察 ・省察文の観察 第五段階：長田の省察過程の図示

図10　本研究の手順

順で、参加学生の長田の分析を行っていく。

5.3 データ分析の枠組み

5.3.1 対話の階層

本研究は省察を自己との省察と他者との省察に大別する。前者は省察文を書くことで、自分一人で省察を行う営みである。ケースを読み、事前省察として「8つの質問」に答えながら、満遍なく登場人物の置かれた立場を考察するとともに、自由作文では自分自身との対話を文章にする。後者は、対話セッションでケースについて話し合いをすることで、他者の話を聞き、考えを理解する営みである。

本研究は対話セッションでの参加学生のふるまいが対象データとなる。では、対話セッションにおいて、深い対話と浅い対話とはいかに評価するか。多田（2013）はグローバル化する社会における学校教育現場という場で、深い対話とは何かという問いに対し、「先人の見解に学び、現代社会の実相を視野に入れつつ」対話論を以下のように示した。

> 対話の目的は単に互いに情報を伝え合うのみでなく、通じ合い、響き合い、創り合うことにある。筆者の提唱する「共創型対話力」とは文字通り、参加者が協力して、より良い結果を希求していき、その過程で創造的な関係が構築でできる対話である。（多田 2013：p.13）

そのうえで、「皮相的、形式的な浅い対話は、むしろ当事者を傷つけ、不信感を生起させる」としている。また、多田（2013）では議論が絡み合い、知的世界が広がり、参加者が自尊心を高めていける深い対話（共創型）の要件として、表15（p.68）を提示している。

日本語教師には、ことばと文化の異なる日本語学習者と多様な背景を持つ関係者との協調がことさら求められる。そうした立場から以下の表15をみると、「自由度」の部分が特に重要になってくると考えられる。日本語教師という仕事の性質上、「自由度」の「深い対話」にある開明的、多様の尊重、異質の容認という項目は特に比重が高くなってくる。

本研究では6つのケースに対して、参加学生はグループで対話セッシ

表15　多田（2013）による浅い対話と深い対話の比較（p.15）より転載

	浅い対話	深い対話
主目的	・情報の共有 ・指示伝達	・英知の出し合いによる共創 ・通じ合いと響き合い
雰囲気	・閉鎖的 ・委縮、あきらめ	・受容的 ・知的興奮
状況	・儀礼的、保身的発言 ・既定の路線の議論	・自由闊達な意見 ・複雑性の交錯 ・躊躇と戸惑い等の容認
自由度	・閉鎖的 ・パターン化 ・異見の阻止	・開明的 ・多様の尊重 ・異質の容認
時間	・既定の時間の厳守 ・効率の重視	・議論の拡充の優先 ・沈黙や混沌の時間の活用
人間関係	・皮相的 ・形式的 ・権力構造の支配	・相互理解の深化 ・親和感の醸成 ・響感とイメージ力の重視
対話スキル	・形式的対話スキル ・話型と類型の重視	・対話を拡充するスキル ・多様な見解を引き出すスキル ・臨機応変の応答のスキル ・多様を統合し調整するスキル

表16　多田（2018）の対話ステージ（p.6）より転載

ステージ	参加学生の状況
1	●対話に参加する意識が希薄。傍観者的な態度をとる参加学生がいる。熟考のためではない、沈黙が長い。 ●自分の明確な考えを持つことができていない。 ●傍観者的な態度をする。
2	●発言力のある一部の学生が数多く発言しているが、理解してもらおうという意志は希薄。 ●自信がない学生は発言、表現をしない。 ●発言、表現をしない者も自分の考えがある。
3	●相互に伝え合うことができている。発言が少ない学生も順番が来れば意見を言う。 ●一定の結論が出ると、そこで終わってしまう。 ●少数意見の切り捨てや、結論を急ぐ集団思考・集団浅慮が見られる。和やかな場であることを維持するのが最優先になっている。
4	●全員が主体的参加態度。 ●多様な意見・感覚・体験が出され、議論が広がる。 ●各参加学生同士の意見は交差することはなく深まらない。
5	●全員が当事者意識、共創意識を持ち、多様な見解や対立などのずれを活かし、意見を分類し整理できる。 ●グループ内の解決策や持論にたどり着く。 ●新たな問いを発見し、次の段階に進む兆しがある。

ョンを行う。対話セッションのデータは1回が25分間で34本あり、計約14時間15分ある。これら34本の各セッションの質の評価を行うため評価基準を策定した。対話の実践を分析した多田（2013, 2018）の一連の研究に依拠し、表17（p.70）のように「対話の階層」とし構成した。「参加学生の状況」は多田（2018）の「対話のステージ」をもとに作成したが、ここでは、①参加者が各自にどの程度の意見を持っていたか、②対話に対する参加意識や態度はどのようなものであったか、③参加者が複数集まって行った対話の型はどのようなものであったかという観点があると考えた。

　そこで、本研究では、各観点がステージごとにどのように変化、発達するかを明確化し、次頁の表17にまとめた。この指針を用い、ケース・メソッド課題における対話セッションを評価する。対話の階層を可視化するべく、図11「本研究における対話の階層のイメージ」（p.70）にその概念を示した。

　本研究ではこれらの研究を手掛かりに、ケース・メソッド課題における参加学生の事前・事後省察文および対話セッションでの記述内容と発話内容を抽出し、日本語教員養成の学生の省察の在りようを明らかにする。

5.3.2　省察文と発話データの分析

　次に省察文および発話データ分析の手法について述べる。カテゴリ分析に代表されるように、参加学生のふるまいをカテゴリ化・コード化してカテゴリの頻度や変容パターンを量的に描き出す量的分析手法と、逐語録を分析の観点に基づき質的に解釈していく質的な分析方法とに大別される（柴田 2009）。本研究での分析はそれらを適時組み合わせる手法を採用する。研究課題別にみていくと、次のようになる。

(1) ケース・メソッド課題において、どのようなケースが参加学生の省察を深めるか。（ケースの質に関する研究）
  a. ケースごとの発話量を延べ語数で算出する（量的手法）
  b. ケースごとの対話の階層を算出し、比較、順位付けを行う（質的手法・量的手法）[6]

表17 本研究における対話の階層

対話の階層	意見の有無	参加意識・態度	対話の型
階層1	全員が意見を持たない	全員が傍観的態度	沈黙が多い
階層2	一部の学生には意見がある	自信の有無で参加意識と態度が二分する	一部の参加学生だけが話す偏りがある
階層3	全員意見がある	対応策や結論を急ぐ	全員が話しているが、良い雰囲気に拘り、結論を出すことが主目的の対話
階層4	意見の内容が多様化する	全員が主体的態度	交差的だが、深まりが不足する
階層5	全員で新たな問いを発見する	全員で新たな考えをつくり出そうとする共創意識がある	意見の分類、ずれを活かして持論にたどりつく

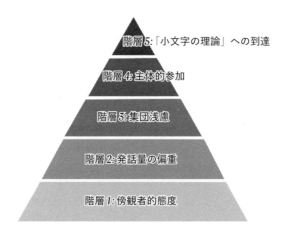

図11　本研究における対話の階層のイメージ

　　c. b.において抽出された省察深度の最も高いケース／低いケースで、各ケースにおける参加学生の事後省察文の解釈（質的手法）

(2)　ケース・メソッド課題において、学生はどのような省察の過程をたどるか。（省察の質に関する研究）
　　d. 参加学生ごとの発話量を延べ語数で算出する（量的手法）

e. 参加学生ごとの階層を算出する（質的手法・量的手法）
　　f. 抽出された2名の参加学生の事前・事後省察文、対話セッションにおける発話内容の解釈（質的手法）

　本研究のデータの取り扱いを量的研究と質的研究という観点で分別したものを図12に示す。

　2つの研究課題に共通するのは、初段階では量的手法を用いる点である。

　研究課題（1）では6つあるケースのうち、どのケースの省察深度が高かった（低かった）かを量的手法を用い抽出する。そのうえで次段階に、2つのケースにおける参加学生のふるまいの内実を質的手法にて記述し、それぞれの特質を明らかにしていく。

　研究課題（2）も同様で、10名の参加学生のケースへの向き合い方を発話量の延べ語数、対話セッションの階層の算出で選別を行う。次段階に、2人の参加学生のふるまいの内実を質的手法にて記述し、各人の省察の質の相違を明らかにしていく。

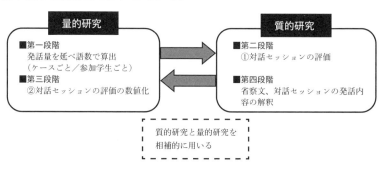

図12　本研究における量的研究と質的研究の取り扱い

注　[1]　参加学生に対しては「態度」という用語ではなく、「心構え」という表現を使用した。
　　[2]　先行研究概観や一般的事項の説明においては「ケース・メソッド授業」とする。
　　[3]　すべて回収した場合は60本である。未提出の参加学生があったため、事前作文はケース1は8本、ケース2、3、5は10本、ケース4、6は9本のみ回収できた。

[4]	すべて回収した場合は60本である。事前作文同様に未提出の参加学生があったため、ケース4は7本、ケース6は9本のみ回収できた。
[5]	各ケース2回の作文があるため、10名×12本で120本となるが、未提出の参加学生があり、112本となった。
[6]	「（質的手法・量的手法）」とした理由は、対話の階層の算出の方法にある。対話の階層の算出方法は、表17「本研究における対話の階層」をもとに決定するが、グループ内の参加学生の発話量の比率を考慮する。学生の発話量が著しく過多、過少であれば、対話の階層が下がるようした。（※グループが3名編成の場合、単純に1人あたり33.3%が均等な発話量とする。そのうち暫定的に半分を占めると過多とする。同様に考えると、グループが4名編成の場合は、3名の50%と同等は37.9%となるとし、この数値を目安とした。）この考え方は量的手法であるとし、対話セッションの逐語録を読み、表9の対話の階層の基準に照らし合わせ、対話の階層を決定する過程は質的手法であると考える。こうした理由から「（量的手法・質的手法）」という記載をした。

第6章 実証的分析（1）：省察を深めるケースとは

　第1章から第5章では本研究の背景と研究方法について述べてきた。第6章では研究課題（1）、第7章では研究課題（2）について扱う。
　第6章では、導入としてケース・メソッド課題に従事した参加学生10名がこの学習に対しどのような意識を持ったかを問う事後アンケート調査の結果を概観する。そのうえで、6つのケースのうち省察を深めるものはどのような内容であったかを分析し、研究課題（1）の答えを導き出す。

6.1　ケース・メソッド課題に対する参加学生の意識

　全6回のケース・メソッド課題終了後、参加学生の姿勢を問う事後アンケートを行った。アンケートはMicrosoft Formsを利用した。アンケートの質問は、「参加学生のケース・メソッド課題への姿勢」と「ケース・メソッド課題の効果：参加学生の視点から」という2つの側面で構成した。アンケートは選択式と記述式を組み合わせた。選択式（7件法）の質問と結果を表18 (p.74) に示す。記述式の回答は巻末資料にて掲載する。
　事後アンケート結果からいえるのは、ケース・メソッド課題は参加学生に高い満足度をもたらすこと、それに連動し、参加学生はケース・メソッド課題を大学の科目に取り入れることに対し肯定的であったという2点であった。その理由を始めとする背景等は、記述式の部分を中心に次で概観していく。

6.1.1　ケース・メソッド課題への姿勢

　ここでは、表18の①と②の理由に対する自由記述回答（「巻末資料」表

表18 事後アンケート：ケース・メソッド課題に関する質問と回答結果

区分	質問の意図	質問	平均	SD
参加学生のケース・メソッド課題への姿勢	積極性に関する自己評価	①6回を通して、あなたはディスカッションにどのぐらい積極的に参加しましたか。	5.7	14.76
	満足度	②活動全体は満足できるものでしたか。	6.6	15.66
ケース・メソッド課題の効果：参加学生の視点から	態度涵養に関する自己評価	③この活動に参加して、自分の日本語教師としての心構えが身についたと感じますか。	5.7	11.93
	省察力涵養に関する自己評価	④この活動に参加して、省察力がついたと感じますか。省察力とは、ものごとに対して自分一人で深く考える力のことです。	5.8	9.94
	大学での科目化の妥当性	⑤この活動を大学の授業の科目にするのはふさわしいと思いますか。	6.0	13.26

回答は7件法で、選択肢は以下のとおりであった。
7：非常にそう思う、6：かなりそう思う、5：ややそう思う、4：どちらでもない
3：あまりそう思わない、2：ほとんどそう思わない、1：まったくそう思わない

48、表50：pp.186-187）をもとに、参加学生のケース・メソッド課題への姿勢についてまとめる。アンケートから参加学生の姿勢として3点が見えてきた。

　第1点は、参加学生はケース・メソッド課題では、おおむね積極的に参加するよう努め、非常に満足感を得ていたという点で、情意面では大変上首尾であったことがわかる。「かなり積極的に参加した」と答えた重田は、「自分から意見を話したり、話題を振ってみたり、まだ話せていない人に話を振ってみたり」と他者との交流に意識を向け参加していたことが自由記述で述べられている。その一方で川崎は「ディスカッション中では話し始めが分からなかったり、相手の顔色を窺ってしまったりした」とも答えている。ただ共通することは、他者への視点が中心となっており、対話セッションがケース・メソッド課題の中心にあったことがうかがえる。

　第2点は、活動デザインについてである。ケース・メソッド課題のデザインが学びを促していたことが見えてきた。中井の意見で「授業だけでは、客観的にしか日本語教師に触れることができていない気がしたので、今回のように様々なあるあるをもとに、解決策や日本語教師の立ち回りを具体的に知ることができた」、宮本の「自分で考える時間と話し合

う時間と振り返りの時間という三段階に分けられて進められていたので考えをまとめやすい形だった」といった、活動の手順といったデザイン面が参加学生には新鮮に映ったと同時に、省察を促すステップになりえた可能性を示唆している。

　第3点は、印象に残った出来事に、意見が割れてしまった回のことを書いた参加学生が多かった点である。10名のうち6名がケース4「ここは日本だから」を挙げ、意見の相違が大きかったことを回想した。意見が割れたことを何とか打開しようと頭を抱える参加学生もあれば（谷口）、自分が考えつかなかった意見に触れることができたことをポジティブに捉える参加学生（溝辺、中井）もあった。ケース1「日本の女性は媚びている？」のように意見があまり割れることなく、和気あいあいと進む対話セッションもあった。反対に、ケース4のように「ある程度は園の規則に合わせたほうが良い。他の園児にも影響が出て規律が乱れてしまう」という意見と、長田を中心に「Dさん親子に譲歩すべき、説明不可能な規則は園全体で今すぐ辞めて良い」という意見が対立するケースがあった。後者のケースは参加学生のなかで答えが見つけられないまま終わった可能性が高い。こうした「答えが見つからなかったケース」こそが長い教師生活を重ね、さまざまな日本語学習者や実践経験を積みながら答えを探していくケースとなる。10名のうち6名が印象に残ったと答えるということは、参加学生にとっての課題として各自の内にケース4の内容が残されたものであるといえる。

　本研究は日本語教員養成課程の履修生の省察力涵養の教育プログラム構築を目指すものである。事後アンケートの結果で参加学生は情意的にはケース・メソッド課題をポジティブに捉えていることが明らかになった。

6.1.2　ケース・メソッド課題の効果：参加学生の視点から

　次に、参加学生の考える「ケース・メソッド課題の効果」について参加学生の視点からのケース・メソッド課題への効果として「態度」と「省察力」という点で考えていく。

　参加学生の視点からは日本語教師の「態度」、「省察力」が身についたと捉えられているだろうか。「態度」の点数の平均は5.7、「省察力」の点

数の平均は5.8とほぼ同じで「かなり身についた」に近かった。表18の③～⑤の理由に対する自由記述回答（「巻末資料」表53、表55、表57：p.189, 190, 191）をもとに、参加学生のケース・メソッド課題への姿勢についてまとめる。

　日本語教師としての「態度」が身についたかという問いに対する理由は、重田が「この話し合いをするまで日本語教師の悩みや問題点などは生徒の立場から想像できる部分でしかしていませんでしたが、今回の内容を読むと意外とこういったことで悩んでいるんだなと思ったり、先生の立場になって考えてみて初めて気づいたことがあったので勉強になりました」と書いており、「8つの質問」を主に、省察の道筋を示したことが功を奏している。また、宮本は「勉強や調べるだけでは分からない、知る機会の少ない現場の声を早めに知ることができて良かったと感じているから。（略）事前に知っていて心構えができるだけ対策が取ることが出来ると考える」ケース・メソッドという手法で、リアリスティック・アプローチに依拠するようデザインした活動であっただけあり、参加学生にとってはふだんの授業では知り得ないリアリスティック（現実的な）な問題に向き合うことができたことが、アンケートの記述から証明された。

　次に、「省察力」涵養に関してもケース・メソッドの効果を参加学生は実感していた。その理由に重田は「私は話し合いで他の人の意見を聞いて自分の考えを見つめ直すという方に力を入れていましたが、最初に自分の意見を考えておかないといけないので、そういう部分で省察力は以前より身についたと思います」と述べ、「自分一人で考えること」の大切さに気付くことができていた。この一人でまず答えを出してみるということの難しさに対する言及は中井もしている。「自分一人で考えること」は難しいからこそ、何度も繰り返すことで慣れやコツも体得し、達成感を得ていたのではないかと考える。

　その他、全体的な成果という点では、宮本は「講義で学ぶこととはまた違う視点で日本語教師がどのようなものなのかということを知ることができたと感じています。問題というだけあり、日本語教師の仕事で出てくるマイナスな部分を知り、自分がどう感じたかというのにも注目し内面を知ることができたと思います。とても楽しかったです」と書いて

いる。これはケース・メソッド課題が2つの成果を出したことがうかがえる。1つは「内面を知ることができた」とあるように省察力の涵養に資する活動デザインであったことである。もう1つは「日本語教師の仕事で出てくるマイナスな部分を知り」とあるように情報提供の場にもなっていたことがわかる。このことは、リアリスティック・アプローチの概念に合致する。日本語教育の現場で実際に起こった出来事から、省察を通して本質を見つけ、自分なりの行動の選択肢を決めたり、〈大文字の理論〉を獲得したりするプロセスで、まさにリアリスティック・アプローチにおける「ALACTモデル」の5つの局面（図6, p.50参照）を経ていたことが示されている。

　以上から、ケース・メソッド課題は参加学生の視点からは非常に有意義で、教育的効果の実感をもたらしていたことは明らかであった。

　しかしながら、事後アンケートのみからの結果であることから実感にとどまる。今後の課題としては、効果の測定をする手立てが必要になってくる。ただ、少なくとも、ケース・メソッド課題は、参加学生に情意面でポジティブな達成感を与え、自己評価における「態度」と「省察力」の涵養という効果という面でも良好な結果であったことがいえるのではないだろうか。

6.2　ケース・メソッド課題における省察の観察

　6.2では、第3章で設定した研究課題（1）を明らかにする。

> 研究課題（1）：ケースの質に関する研究
> ケース・メソッド課題において、どのようなケースが参加学生の省察を深めるか。

　本研究では4名の新任日本語教師にコンフリクト場面を記述してもらうという方法でケースを収集した。4名に共通することは、大学を卒業した後、そのまますぐに福岡県内日本語学校の日本語教師になったという点である。そのため他の仕事で得た経験や価値観を持たないということが言え、本研究の研究対象者である大学生と近い属性であるともみなすことができる。

　本節では、各ケースでの参加学生の省察の様相を対話セッション、事

前・事後の省察文の2つのデータを対象に分析する。そのうえで、両分析の結果から、各ケースの省察の深化に関し考察を行い、6つのケースのうち、省察深度が高いと思われたもの、低いと思われたものを、本節最後の6.2.3にて選定する。

6.2.1 対話セッションにおける省察の観察

ここでは対話セッションにおける省察深度について指針を示す。

対話セッションの観察を行ったところ、まずセッションごとに発話の多いグループとそうではないグループとがあることが目に付いた。また、ケースごとにもそうした発話量の多寡が観察された。さらに、決まった参加学生だけが多く発話したり、その反対にほとんど発話のない参加学生もいたりといった参加学生ごとの異なる状況が見られた。そして、各参加学生が比較的均等な発話量ではあるものの、各自が自分の準備した意見を出し合うのみで、参加学生間の意見の交わり合いといった流れになっていないセッションもあった。

このようにばらつきのある対話セッションの様相を可視化するべく、本研究では以下の2つの指針を立てることで対話セッションの質を明らかにしたいと考える。

> 指針1：参加学生の発話量を延べ語数により数え上げ、多寡を明らかにする。
> 指針2：「対話の階層」（第5章、表17参照）を立て、どの階層まで至ったかを示す。

6.2.1.1 対話セッションにおける発話量

まず、対話セッションにおいて、学生の省察の様相を発話量により分析を行う。全34本の対話セッションの逐語録（文字起こし）をExcelソフトに作成した。各参加学生の発話量を計測するため、逐語録をもとに延べ語数（token frequency）をKH Coderを用いカウントした。以下、表19に一覧としてまとめる。

ここでは、各参加学生の対話セッションにおける発話量、各ケースの発話量という2つのクロス集計を行った。

表19 参加学生の対話セッションにおける発話量（延べ語数）

	ケース1		ケース2		ケース3		ケース4		ケース5		ケース6		1回のセッションあたりの発話量（延べ語数）の平均	
	1	2	3	4	5	6	7	8	9	10	11	12	平均	標準偏差
川崎	766	131	700	267	755	397	963	858	656	661	703	1233	674.2	286.4
中村	2154	1207	795	1216	1490	1135			885	1848	1151	1195	1307.6	396.0
谷口	2228	2322	919	1152	1947	1410	1692	1961	1354	1167	2460	3221	1819.4	639.9
長田	1207	1214	1568	2420	2033	1740	1174	1925	662	1105	1482	1895	1535.4	469.6
宮本	557	675	494	459	2020	1407	829	670	532	635	1307	1222	900.6	463.0
重田	1284	763	1396	1151	1428	1445			567	1052	1159	1269	1151.4	275.0
溝辺	1204	626	1004	1369		911	1033	1571	1223	982	1312	1486	1156.5	264.1
中井	495	647	199	824	700	711	379	310	560	390	207	605	502.3	196.8
星	909	453	2003	1370	1547	464	1146	794	1250	1108	849	1073	1080.5	420.8
大澤	969	267	455	608	1337	640			591	1345			776.5	374.0

　まず、表19から各参加学生の対話セッションにおける発話量について考察する。参加学生10名は活発にセッションで意見を述べる者とそうではない者があったが、これはあくまでも印象に過ぎない。各参加学生の発話量を出すことで、そうした印象を検証することとする。参加学生の対話セッションでの発話量（延べ語数）を上記の表で示す。空欄は欠席をした回である。

　図13（p.80）に各参加学生の発話量（異なり語数）の平均を箱ひげ図にて示す。全体の平均発話量は1090.4語であった。全体に発話量（異なり語数）が多かったのは、4年生の谷口（平均：1819.4語／回）で、次が3年生の長田（平均：1535.4語／回）であった。一方、少なかったのは中井（平均：502.3語／回）で、谷口は中井の3.6倍の発話量という開きが見られた。したがって、発話量の多寡に大きな差があったことがわかる。発話量における上位群（平均を上回る）は、谷口、長田、中村、溝辺、重田であった。下位群としては、星、宮本、大澤、川崎であった。

　発話量の多寡は、筆者が対話セッションを観察する際に持った印象がそのまま反映されていた。活発に発言をする参加学生と、元来の控えめな性格からか受身の姿勢になったり、対話セッションの状況から萎縮し

てしまった表情を見せたりする参加学生とに分かれることがあった。それら「印象」は、発話量と明確に重なっている。

次に、各ケースと発話量について検討を行う。全6ケースを2回ずつ実施し、1回目と2回目はメンバーを入れ替えながら対話セッションを行った。全6ケースを観察したところ、ケースによって、活発に意見交換があるセッションとそうではないセッションがあることが明らかであった。また、ケースによって多角的に意見交換ができ充実していると感じさせるセッションがある一方で、空虚に同じ意見の繰り返しであったり、雑談に流れるセッションがあったりと、内容や質的にも差があることが「印象」として一目瞭然であった。

参加学生たちは話しやすいケースとそうでないケースとがあったと考えられ、表20に各ケースと発話量（全参加学生の合計）を示す。

表20から発話量の多かったケースは、ケース6「何のために働くのか」であった（参加学生の発話量の平均：1323.8語）。次がケース3「職員室での談笑」であった（参加学生の発話量の平均：1093.2語）。反対に、発話量の少なかったケースは、ケース5「主導権は誰にある？」であった（参加学生の発話量の平均：928.7語）。

一方で、発話量の多寡のみで対話セッションの充実度を決めることは

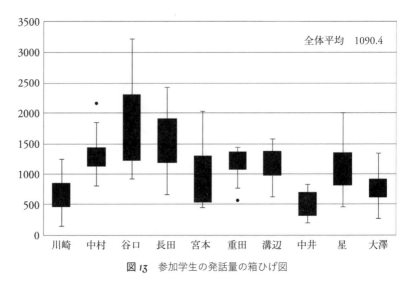

図13　参加学生の発話量の箱ひげ図

表20 ケースごとの対話の階層(平均)と発話量(平均)

	題目	対話の階層(平均)	発話量(平均)
1	日本の女性は媚びている?	3.67	1003.90
2	疲れている学生[5]	3.17	1018.45
3	職員室での談笑	4.17	1237.73
4	ここは日本だから	4.00	1093.21
5	主導権は誰にある?	3.50	928.65
6	何のために働くのか	3.00	1323.83

できない。発話量の多い対話セッションの録画データを観察したところ充実していたという「印象」は必ずしもない。たとえば、ケース6では、途切れなく発話が起きていたものの、複眼的に展開しているとは言いがたい構造の対話が見られた。そこで、対話セッションの充実度に関しては、次項にて対話の階層を設定することで、質的に点検を行っていくこととする。

6.2.1.2 対話セッションにおける対話の階層

ここでは、各参加学生の対話セッションにおける対話の階層について考察する。各参加学生という個による分析、各ケースというまとまりによる分析の2つの柱で論を進める。

まず、参加学生に焦点を当て、対話の階層の結果を概観する。対話セッションにおいては、対話が充実しているグループとそうではないグループで顕著に差が見られた。活発に自分の意見を述べ、それに触発され他の参加学生も意見を述べ、それまで考えなかったような視点の獲得があり、気付きを得たといった発言が出るグループも複数回現れた。

また、自身の過去の経験を引き合いに語り、ケースと経験を照合させることで対話を充実させている例も現れた。他方で、沈黙が続いたり、決まった参加学生だけが意見を出すだけの状況であったりすることもあった。

回によって、決まった参加学生が焦りを見せ長く発話権を取っている状況も見られた。最多では、ケース1(1回目)において谷口が3人編成で61.3%の発話の占有をすることになり、最小では、ケース2(2回目)で川崎が6.2%の発話にとどまった。これほどの偏りと開きはまれではあったが、そうした時は、対話の意義や充実の度合いが良くないのではない

表21　参加学生の各対話セッションにおける対話の階層

	ケース1		ケース2		ケース3		ケース4		ケース5		ケース6		平均
	1	2	3	4	5	6	7	8	9	10	11	12	
川崎	3	3	4	3	5	5	3	3	4	2	3	4	3.50
中村	5	3	3	4	5	4			3	2	3	3	3.50
谷口	4	4	3	4	4	5	5	5	3	4	3	2	3.83
長田	3	4	3	3	4	5	3	5	4	4	3	3	3.66
宮本	3	3	3	4	4	3	3	3	3	5	3	4	3.42
重田	5	3	4	4	4	4			4	5	3	3	3.90
溝辺	5	4	3	4	4	5	5	3	3	4	3	2	3.58
中井	4	3	3	2	4	3	5	3	4	2	3	4	3.33
星	4	3	2	4	3	5	5	5	3	4			3.42
大澤	3	4	3	2	5	5			3	5	3	2	3.50

全体の平均　3.56

かという観察の所感があった。

　表21に各参加学生の各対話セッションにおける対話の階層とその平均値を示す。

　ここで留意したい点は、これは参加学生が所属したグループの対話の階層を示すに過ぎず、参加学生本人一人で出した階層ではないことである。とはいえ、前述の対話セッションの充実を観察した際の印象と大きく差異がないことは付言する。このことは、対話セッションの充実（対話の階層）を押し上げる参加学生の資質が確かに存在したということではないだろうか。全体の対話の階層の平均は3.56であった。グループの対話の階層ではあるが、平均で対話の階層が高い水準であったのは、3年生の重田（平均：3.90）で、次が谷口（平均：3.83）であった。一方、低かったのは中井（平均：3.33）であった。中井は発話量も最も少ない結果であった。対話の階層における上位群（平均を上回る）は、重田、谷口、長田、溝辺であった。下位群としては、川崎、中村、大澤、宮本、星、中村であった。

　表22は、参加学生の発話量と対話の階層の平均をまとめたものである。平均値が示すとおり、発話回数が多い参加学生は対話の階層も上昇することが認められる。対話を共創するためには「まずは発言する」という行為により自分の意志を表明することから始まる。それを積極的に行うことで対話の充実、すなわち対話の階層が上昇することが見て取れる。

　ただし、例外は重田である。重田の発話量自体は、それほど多くはな

表22　参加学生の対話の階層と発話量

参加学生	対話の階層（平均）	発話量（平均）
川崎	3.50	674.2
中村	3.50	1307.6
谷口	3.83	1819.4
長田	3.66	1535.4
宮本	3.42	900.6
重田	3.90	1151.4
溝辺	3.58	1156.5
中井	3.33	502.3
星	3.42	1080.5
大澤	3.50	776.5

いものの対話の階層が最も高い。全セッション終了後のフォローアップインタビューにて「印象に残った参加者は」といった問いかけをしたところ、長田が重田の名前を挙げ、参加学生が話しやすくなるようなふるまいがあったことを語った。以下の重い話題とは、ケース3「職員室での談笑」でのことを指す。

> 重い話題の時、重田の一言で軽くなった。こういうのはだめなんじゃないかなとみんなが思っていた時に、重田が「でも実は、自分は言ってしまってるかもしれない」というカミングアウトで、確かにという流れになった。そこから、それはいけないことだよねと自分のこととして気づいた。そのあと、気をつけるためにはどうすればいいかという話にもなったから。
>
> （長田；フォローアップインタビュー（1）、2021年2月）

重田の取っていたふるまいは、近年注目される、「心理的安全性」という概念に該当する。「心理的安全性」は、1965年にシャインとベニスによって提唱された組織経営での概念である（Schein & Bennis、1965）。心理的安全性は組織の変容に不可欠なものであるとし、チームは対人関係でのリスクを取るのに安全であるという信念を共有している状態を指す（エドモンソン 2018/2021）[1]。ケース・メソッド課題において、図9「コルトハーヘンの氷山モデル」（p.53）では最も深い部分には望み、次に感情がある。こうした部分に光をあてながらケースに向き合うといった営み

において、自己の本当の望み感情に触れることは不可避である。「職員室での談笑」では学習者を子ども扱いしたり、本人がいないところでおもしろおかしく話題にしたりすることは100%悪いことであるとわかっていても、人間関係を振り返った時、だれもが経験をしたことがあることでもあるだろう。その経験を重田が「カミングアウト」することで、一同が一度自分事として受け止め、では、どうするのが良いのかというところに対話を運ぶことができたということであった。重田が意図的にこれを行ったかは確認が取れていないが、こうした心理的安全性を担保するようなふるまいは後続する対話、省察に良い影響をもたらすことが示唆された。

次に、6つのケースと対話の階層の関係について検討を行う。本研究では、グループ名を参加学生とともに「Aグループ」「Bグループ」「Cグループ」と名付け、メンバーの編成は筆者が事前に行い、当日に発表していた。

表23はグループごとに各回、対話の階層がどのようであったか、表20はケースごとの対話の階層を示したものである。これらを見ると、最も対話の階層が高かったのがケース3「職員室での談笑」で、対話セッション中の発話量も比較的多かった。反対に、対話の階層が低かったのはケース6「何のために働くのか」であった。ここでは発話量が最多であるが、筆者による観察では早い段階でケースに対する考察が終わり、関連するアルバイトの話などに逸れてしまうという状況が生じた。また、表64「ケース2 「疲れている学生」省察文」(p.203)に記載しているとおり、「正論に走る」といったことが見られた。ケース6は、なぜ日本語教師をしているか見失う主人公の吐露といった内容であるが、悩むばかりで行動できていないといった内容の意見を谷口、長田、溝辺が出しており、ではなぜそもそもそうなったのかといった視点を始めとする複眼的な観点で対話をする流れが作れていなかった。主人公「わたし」が悩みを抱え、しかし行動に移せず漫然と教師生活を送ることを否定することは片方の見方では正しいことである一方で、だれにも起こりうることで、簡単に行動に移せない人もいれば、同じ人間でも時期によっては思いどおりの選択ができなくなることも十分に考えられる。そうしたところへ話が広がらず、同じ正論が繰り返されているといった現象が見られたため、対話の階層の評価が低く出たと思われる。

表23　グループごとの対話の階層

	ケース1		ケース2		ケース3		ケース4		ケース5		ケース6	
（回目）	1	2	3	4	5	6	7	8	9	10	11	12
Aグループ	4	4	3	3	5	5	5	5	3	4	3	3
Bグループ	5	3	4	4	4				4	2	3	4
Cグループ	3	3	3	2	4	3	3	3	3	5	3	2

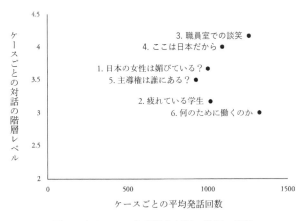

図14　各ケースの発話量と対話の階層の関係

　これらのことから、ケースごとに対話の階層を確認すると、参加学生が省察を深めやすかったものとそうではなかったものが明確に見えるようになった。同時に、ケースでたくさん発話があったからと言って、対話の階層も連動して上昇することはないことも明らかになった。
　以上のことから、対話セッションにおける省察の深度が高いと考えられるのは、発話量および対話の階層をもとにすると、順に以下のように結論づけたい。
　最後に、次ページに示すものは、各セッションの分析メモの一例となる[2]。どのような対話セッションであったかを記述することで、対話の階層といった単なる数値のみでは見えてこないセッションの様相を描くことを目的としている。下線を付したのは、各対話セッションのなかで特に目を引く部分や重要であると考えられる部分である。

表24 省察深度の高いケースの順位：対話セッションの分析

[省察深度]		
深い	ケース3	「職員室での談笑」
↑	ケース4	「ここは日本だから」
	ケース1	「日本の女性は媚びている？」
	ケース5	「主導権は誰にある？」
↓	ケース2	「疲れている学生」
浅い	ケース6	「何のために働くのか」

表25 対話セッションの分析メモ一例（ケース1「日本の女性は媚びている？」）

★印：50％以上（発話量過多[3]）、☆印：20％以下（発話量過少[4]）…3名の場合、
★印：38％以上（発話量過多）、☆印：15％以下（発話量過少）…4名の場合

1回目		Aグループ	Bグループ	Cグループ
	参加者	谷口・中井・星	中村・重田・溝辺	川崎・長田・宮本・大澤
	対話スキル	・1人1人意見を言うスタイル ・話題は広がった	・偏りなく全員話した	・1人1人意見を言うスタイル ・遠慮がち ・話題は広がっていない
	発話量	全体　6,015 　★谷口_61.5％ 　星_24.5％ 　☆中井_13.9％	全体　7,522 　中村_46.2％ 　重田_27.7％ 　溝辺_26.1％	全体　5,924 　長田_34.7％ 　大澤_27.2％ 　川崎_21.8％ 　宮本_16.2％
	流れ	1. 教師の言動に疑問 3. Aさんへの理解 4. 日本は「モテ」重視の風潮 5. 教師は否定するだけではなく、提案もしたほうがいい[5] 6. Aさんはなぜ日本の女性を悪く思うのかという疑問 7. 人が化粧をする理由 8. 教師の言動に傷ついた経験談 9. 異性にもてることについて	1. Aさんへの理解 2. 教師もAさんも価値観の違いを認め合った方が良い 3. 教師もAさんもオブラートに包んだ言い方をすることが必要 4. 人が化粧をする理由 5. 留学先の経験談（カナダ・台湾） 6. 学習者の情報収集の必要性 7. 自分が教師だったらどうするか 8. 日本や台湾の女性の立場	1. このケースは問題がない 2. 教師のことば選びの問題 3. Aさんのことば選びの問題 4. Aさんは特に偏見など持っていなかったのではないか 5. おしゃれは異性より同性の目線が気になる 6. 外国人の友達は出かけるときはおしゃれをしている

	観察メモ	・冒頭、星が口火を切った ・話す人が星と谷口に偏った ・話題はどんどん広がっていた。 ・留学生の友人の話を引き合いに出した。 ・なぜメイクをするのかといったことを自分に引き付け話し合った。学生目線 ・逆に、過去の自分の教師からの傷ついたフィードバックを回想し反面教師にするような発言があった。具体的な改善点を提示してほしかった等	・全員が良く話す。 ・留学経験者も複数名いたため、そこでの経験を引き合いに出す。 ・身近なテーマと感じたか、留学経験のない重田も饒舌。他の学生に影響を受けた？	・川崎が沈黙方 ・日本語・日本文学科だからか、ことば選びに注目していた ・長田が「問題ない」と口火を切ると、ことば選びという方向に全体が傾いた。長田に影響を受けたか？
	階層	階層4	階層5	階層3
2回目	参加者	谷口・長田・大澤	中村・宮本・中井	川崎・重田・溝辺・星
	対話スキル	谷口と長田の2人中心	話題は広がったが、ケースから逸れた。 中村が全体の半分を占めている	川崎以外が活発に話した 話題は広がったが、ケースから逸れることが少しあった
	発話量	全体　6,332 　★谷口_60.8% 　長田_31.9% 　☆大澤_7.2%	全体　3,771 　★中村_53.7% 　中井_28.4% 　☆宮本_17.9%	全体　3,251 　★重田_38.0% 　溝辺_32.1% 　星_22.9% 　☆川崎_7.0%
	流れ	1. 各人1回目のふりかえり 2. Aさんは日本人女性をひとくくりで考えている 3. Aさんの偏った見方に対し、教師が指摘より、学生同士で意見を出し合った方が気軽に話せる 4. メディアの強い影響力	1. 各人1回目のふりかえり 2. 自分の周囲はモテを意識している人はいない 3. どんな時に化粧をするか 4. 台湾留学時代、学校に行くのになぜ化粧をするのか聞かれたことがある	1. Aさんは誤解をしているとして、それをアドバイスという形でコメントしてみるのがいい 2. Aさんも教師もお互いの文化背景をあまり考えられていない 3. 恋愛や結婚において容姿はあまり関係ない 4. 課題の条件に、その国の人に直接話を聞くということを入れてみる
	観察メモ	・ふりかえりに時間が割かれたが、長く詳しく話すことで1回目のセッションの整理に役立っていた	・自分の周囲の化粧の事情について話し合った ・化粧そのものに対し、論がふくらんだ	・化粧という参加学生本人たちも身近で関心のある話題ということもあり、対話自体は盛り上がり、途切れな

第6章　実証的分析（Ⅰ）：省察を深めるケースとは

		・長田が谷口と対等に話そうという姿勢があった。相互の意見をくみ取る、反対に自分とは違う部分は何かを示せた ・大澤は自分に引き寄せ考えた	・「化粧とは」という話だけが深まり、ケース1のことに触れられなくなり、逸れていった ・ただ、身近なことなのでそれについては均等に話せていた	く話が続いた。容姿か性格か等 ・しかし、「Bグループ」同様、ケース1のことをどう考えるのかというところからは逸れる時間もあった
階層		階層4	階層3	階層3

6.2.2 省察文における省察の観察

これまで対話セッションにおける省察の深度を検討してきた。省察の型として対話セッションはいわば他者との省察であると考えられよう。一方で、省察文を書くことは自己との省察である。ケースに向き合い、コルトハーヘンの示した図9「コルトハーヘン（2001/2010）の氷山モデル」(p.53)の自己の「望み」「感情」「思考」と向き合う営みといえる。さらに言えば、ゲシュタルトを経ることがなければ省察の深化があると言えないという解釈ができる。ここでは事前省察文における省察深度について検討を行うが、省察文は対話セッションとは異なり、データ文字数を定量的に分析するのではなく、コルトハーヘンの氷山モデルと照らすことで省察の内実を探る。

分析対象を事前省察としたのは、ケース・メソッド課題の第一段階「自分一人で考える」で、他の参加学生の影響を受ける前の省察に限定したいという意図があった。研究課題（1）はケースの質を問うものであるため、対話セッション前の白紙の状態にある参加学生の省察を分析対象とすることが適当であると考えた。

以下に、省察文の深度を判別する指針を示す。

指針：事前省察文に現れるゲシュタルトをラベリングし、省察深度を検討する。

ラベリングは、参加学生が対話セッションに向け書いた事前省察文を「思考」「感情」「望み」という視点で行った。その際に、「思考」は過去の【経験】および自己の【信念】、「感情」はケースを読んで抱いた【感

情】、「望み」は日本語教師としてどうありたいか・あるべきと考えているかといった【望み】により下位分類した。省察文は、ケース1のみ表27（p.91）に一例として示す。表内の下線はゲシュタルトに関わる部分である。ケース2以降は巻末資料にて掲載した。

省察文も対話セッション同様、観察する際に参加学生により明確な差があった（図15）。上記のようなラベリングによりその差が可視化できるのではないだろうか。

まず、ゲシュタルト想起はケース1が多くみられた。ケース1は「日本の女性は媚びている？」という化粧やおしゃれといった大学生にとっては身近な内容であった[6]。また、ケース本文に化粧をする女性は男性に媚びているという箇所があるが、その女性が自分のような女性を指すと感じる参加学生も多いと思われ、他のケースより「感情」の部分が多くなっている。

次に、多かったものは、ケース3「職員室での談笑」であった。これは職員室で学習者の失敗を話題にして笑いものにするといったケースで、全参加学生がそれに対し断罪をしていた。「すごく嫌な気持ちになります。裏切られたような、複雑な気持ちと信頼までもなくなるかもしれません」（中井のケース3の省察文より）とあるように強い嫌悪感が並んで

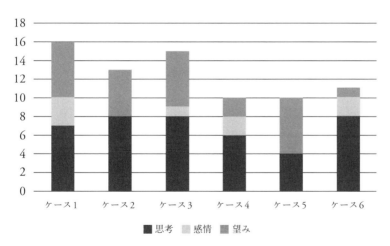

図15　省察文に現れた思考・感情・望み

いた。ただ、ケース・ライティングの段階で、一方的に教師が悪者というより、その先輩の姿に対し反発しながらも一体感も感じてしまう「わたし」の感覚もまたありふれたものである、と予想していたが、そうした省察文は見られなかった。唯一、「しかし、1点気になるのは違和感を覚えながらもこの新任教師は談笑中は明るい気持ちになると言っている点である。だとすると、どこか違和感を覚えながらも、教師たちが話題にあげる失敗などに共感できる部分があるのではないかと思ったため、それをうまく解決策についての話題などに持っていくことができれば、この談笑は有意義なものに少しでも変化するのではないかと考えた」（長田のケース3の省察文より）とあり、「わたし」の置かれている立場から来る複雑な心情に目を向ける記述は見られた。

6.2.3 対話セッション（他者との省察）と省察文（自己との省察）からみる省察深度とケース

これまで、「1　対話セッションにおける省察の観察」および「2　省察文における省察の観察」にて省察の深度を検討してきた。この2つを掛け合わせてみると、対話セッションにおける省察の深度が最も高かったと考えられるのがケース3「職員室での談笑」であった。また、ケース4「ここは日本だから」において充実した省察が多く見られた。特に、両者は「望み」という氷山の最も深い部分に対する刺激がなされていた。このことは、参加学生が、どのような日本語教師でいたいか・いるべきかということを考えさせる契機になっていたと受け止めることができる。

次は、対話セッションでは充実していたケース4「ここは日本だから」であるが、省察文で見た場合はそれほど充実度が高くはない。ところが、ケース4「ここは日本だから」は他のケースと異なり、事前の省察文において意見がにきれいに二分していたのが着目すべき部分である。表28（p.93）に二分した意見をまとめる。事前に一人で考える省察では、この表のように意見がきれいにわかれていた。参加学生は省察文を持参し、対話セッションに臨んだところ、自分と違う意見が次々に出てくる結果となった。そのため、他者の意見を聞き思考変容が著しく起こったケースとなった。

表26　省察深度の高いケースの順位：省察文の分析

省察深度		
深い	ケース1	「日本の女性は媚びている？」
↕	ケース3	「職員室での談笑」
	ケース2	「疲れている学生」
	ケース6	「何のために働くのか」
	ケース4	「ここは日本だから」
浅い	ケース5	「主導権は誰にある？」

表27　ケース1「日本の女性は媚びている？」省察文

川崎	今まで日本人女性が化粧をする理由を考えたことがなかったのですが、Aさんの発表原稿を読んで、学習者が文化の違いから、日本人女性は男性に媚びるために化粧をしていると感じてしまうのも無理はないと思いました。担当教師は、発表原稿の<u>内容を否定するのではなく</u>、<u>表現方法を変えるように指導</u>すれば、Aさんは不満を抱かずに済んだのではないかと思いました。今回の事例のように、学習者が母国との文化の違いから、日本の文化をある一面だけを見て判断してしまう可能性は低くないと思うので、学習者の気付きを大事にしながら、<u>日本文化を誤って捉えないように指導</u>していきたいです。 　また、学習者が社会に出ても円滑なコミュニケーションができるように、<u>聞き手のことを考えた表現の工夫</u>も教えなければならないと思いました。ただ聞かれたことを伝えればいいのではなく、聞き手の立場を考えって不快な思いをしない伝え方ができるのかなと指導したいです。
中村	<u>私も台湾に留学に言っていた時に、何度もこの化粧や服装について、日本以外の国の友達によく聞かれました。私もこのことについて、よく知らなかったので何でだろうね？と言ってごまかしていました。台湾では、化粧もあまりしないし、授業に行くときにはラフな格好（ジャージ）の人が多いです。私を含め日本人の友達は、台湾ではノーメイクでジャージで過ごしていました。</u>このAさんの意見を聞いて、私はモテたいという意識で化粧をしたり、ファッションを楽しんだりしている時期もありましたが、しかし、気持ちのすべて「異性にモテたい」からではなく、「自分を魅力的に見せたいから」や「自己満足」という気持ちもありました。また、メイクやファッションを楽しむことで「自分の自信が持てる」こともありました。なのですべてが異性にモテたいからというのは少し違うのかなと思いました。 　自国の先生に聞いてというところで、日本に来て勉強している限り、自国の先生に頼ってもいいけど、せっかく日本に来ているのであれば、日本人に聞くのがいいかなと思いました。異文化理解が問われるテーマなので、お互いの文化の授業を受け討った良くなるのかなと感じました。 　先生もテーマを出したときに、条件として日本人3人以上にインタビューすることなど、もう少しテーマに条件を出してもいいのかなと思いました。 　<u>確かに他の国に行くとギャップがあり、驚くことが多くありますがそれをどう受け入れるかが大切だと思いました。また、日本での学習と、海外での学習では「違い」がどうしてもあります。特に社会や歴史については全然違うこともあります。</u>自国の情報が一番ではなく、「違い」があることを受け入れて、自分の見解や理解をしていかないといけないなと改めて感じました。
谷口	<u>一個人の意見ですが「モテ〇〇」と書いてあるとあまりいい気分になりません。</u>実際女性誌だけに限らず男性誌も「おしゃれをする＝モテたい」と異性中心で取り上げられていてAさんが原稿のように感じても仕方がないと思います。ですが私が洋服に気をつかうのはあくまで自分自身のためです。基本的ジーンズが好きなこともありますが、気持ちが落ちている時は明るい服を着てテンションを上げるなど工夫の1つにすぎません。 　Aさんに対して先生がコメントをしていますが、自分がAさんの立場だったとしたら私もAさんのように一方的に批判されていると感じ反応してしまうと思います。あくまで<u>先生は指導する側なのでこのようなコメントをした後によりいい発表が出来るように提案をしてあげる方がいい</u>と思います。
長田	素直に、複雑な問題だと感じました。なぜなら、自分はこの文章をAさんのいう「日本人女性」つまりは「当事者」として一度目を通さなければならなかったためです。その過程では少なからずやはり「日本人女性」としてのフィルターがかかった見方をしてしまうだろうし、特に私の場合は専業主婦になる願望など全くないため、Aさんの意見に同意は正直できませんでした。しかし、異文化理解の観点から見れば、彼女が当たり前と思っていない自身の国ではこのような「日本人女性」の振舞いは初めて遭遇するものであり、そのあまりのインパクトや、日本人女性の憧れ（専業主婦になること）に驚くことはごく自然なことであり、それを教師が否定することはできないのではないかと感じました。つまり、彼女の見ている「日本人女性像」はほんの一部に過ぎないのであって、そこを広げ、先ほど述べたような「例外」があることを教えてあげることが重要なのではないかと考えました。あとは、はじめこの文章を読むと、まるで自分が否定されているかのように感じるところも少しありますが、<u>それに感情的にならず、冷静にこのAさんの意見を「日本人女性」に対するひとつの見方としてまずは受け入れることが大切</u>なのではないかと感じました。

第6章　実証的分析（1）：省察を深めるケースとは

宮本	私自身もおしゃれに頓着しないのでほかの方のようにファッションやメイクにこだわりはないが、大学に通っている中ですごくおしゃれな人や「準備に時間かかっているだろうな」と思うほどしっかりお化粧している方も見かけるので、すっぴんと簡単な着合わせが普通のAさんはすごく驚いたのだろうなと思いました。ただ、おしゃれは好きなモデルさんや流行を取り入れたい人、メイクなら韓流は流行っていると聞いていたので、おしゃれに力を入れている人はあくまで趣味や自分の好みという印象が強かったです。なので男性に媚びているという考え方が予想外で驚きました。意中の人がいる人は確かにその方の好む格好に寄せるかもしれないかもと思いますが、「おしゃれや化粧は男性のため」が全員にあてはまっているとは思って欲しくないなと思います。
重田	Aさんが自国と日本の違いに驚いているのも分かるし、普段からおしゃれに気を使わないAさんにとって、なぜ日本人がそこまでおしゃれをしているのか理解が出来ないのは当然である為、異性の目を気にしているという考えになるのには無理はないと思う。しかし、原稿発表とは、ほかの人が読んだり聞いたりするものである為、ほかの人を不快な思いにさせないような配慮が必要だったと思う。先生側も、Aさんが考えた原稿に対して率直に違うと答えるのではなく、Aさんがどうしてこのような考えになったかを考え、原稿を否定するというよりもこういう考えもあるかもねと言ったコメントをすると、Aさんの気持ちとしては、私の意見もいいけど、ほかの考え方もあるということを教えてくれたと捉えるようになるかもしれない。
溝辺	この文章を読んで自分の意見をしっかり言える学習者なのだとまず感じました。その一方で自分の意見を否定されたような気分になることからプライドの高い子でもあるのかなと同時に感じました。レポート自体はよくかけていると思いましたが上にも書いたように自分の意見や自国での学習経験のみを参考に書いているのでその点が気になりました。さらにステレオタイプを誰しも持っていると思うのでそれをうまく取り除いてあげられるとより良いのかなと思いました。（とても難しいと思いますが）
中井	この文章を読んだとき、改めて日本の雑誌やメディアを考えてみると、確かに"モテるために"というフレーズを多く感じました。でも、この"モテ"というのは男性だけではなく同じように同性からも綺麗に見られたいという感情も含まれているのではないかと思いました。実際に韓国へ行ったときにも、韓国では韓国の服の着方やメイクの特徴、髪型などがあると分かった上で、日本の女性の方が常に綺麗に着飾っていることが多いなと感じたことがあります。日本の女性が着飾るのは男性のためだということは、Aさんのような外国人だけではなく、日本の男性にも同じように感じている人はいるのではないかと考えました。しかしこれは、天神の洋服屋さんや、デパコス売り場で本当に楽しそうに買い物をしているたくさんの女性を見ると、少しは考えが変わるのかなと考えました。また、Aさんの文章を読むと、化粧をすることや着飾ることは男性に媚びるための方法と考える国もあるのだと感じました。化粧をして自分を綺麗にすることは楽しいことであるということをもっと世界中の女性が感じられるようになってほしいと考えました。
星	Aさんとわたし（新任日本語教師）に対してそれぞれ以下のことを思った。まず、始めにAさんについて述べる。原稿を読んだ際はAさんは海外の文化にも関わらず、自国の先生や自分といった外国人の目だけで判断しているために事実とは間違った認識を持っているのではないかと思った。それと共に、海外のことを理解するためにはやはり、当該者（この場合は日本人女性）に聞くことが正確だと思った。しかし、上の質問に回答しておくうちに、原稿を書く上でAさんは周りに日本人女性がいなかったことからこのような原稿を書いたのではないかとも思った。そのため、わたしが自身や日本語学校の日本人女性職員を中心に日本人女性にインタビューにするよう促すべきだと思う。 次にわたし（新任日本語教師）について述べる。原稿を読むと私がAさんの立場であるとするとあんなに率直に否定的な意見を言われればへこんでしまうし、ただでさえ、把握できない外国の文化で先生という立場の人物から言われれば、なおさらだと思う。しかし、わたしの立場から見ると、文章の最後の5行から真っ向から否定していると考えられる。純粋に、必ずしも日本の女性全員がそうではないため、間違った認識であるとの訂正のアドバイス程度と考えられる。ただ、わたしは新任のため、言葉足らずだけではなかったのではないかと思う。 また、Aさんが日本人女性は容姿を気にしすぎていることや毎日、男性に媚びていると述べるのは、Aさんの自国が中身（性格）を重視する国であると考える。そう考える理由は私は以前、中国人と台湾人の友人から同じようなことを聞いたことがあるからだ。私は容姿が一番重視されるとは思わないが、やはり、日本は容姿が重要視される一面があると思う。以上のことからAさんもわたしの立場もどちらとも理解出来ると思う。また、日本人女性がメイクやおしゃれをしっかりと行うのは容姿を正すまでが「礼儀」という文化があるからだと考えた。
大澤	この文章を読んで、言葉選びの大切さを感じた。お互いの言いたいことは理解できるがお互いに意見を正しい、間違っているのように極端に言ってしまっているせいで摩擦が生じていると思った。そしてAさんに対し先生は「違うと思う」とただ否定するのではなく、その場でなぜそう思うのかをちゃんと説明したらいいのではと思った。教師は生徒に影響を与えることが多いと思うから、いい言葉選びができるように勉強しようと思った。

過去の経験談：＿＿＿＿＿＿　ふだんの生活での自己のあり方のふりかえり：＿＿＿＿＿＿

感情：～～～～　日本語教師としてどうありたいか・あるべきか：＿＿＿＿＿＿

表28 ケース4「ここは日本だから」の事前省察文の意見概要

どちらかと言えば保育園側	どちらかと言えばDさん側／ルールありきの日本社会への反発
（谷口）Dさんは事情説明をしっかりした方が良い。言えば理解してくれる	（川崎）保育園の先生が問題だ
（宮本）日本で子どもはピアスを控えた方が良い	（長田）日本の「郷に入っては郷に従え」という考え方は悪しき習慣。日本社会が変わっていくべき
（中井）保育園の方針にまずは従ってみるのも良い。自分だけの特別ルールを作ってしまうと将来が不安だから	（重田）無駄なルールはすべてなくすべき
（星）Dさんは自分のことばかり主張している	（大澤）園が柔軟になるべき

（溝辺）どちらの意見も理解できる

　以上を総合的に鑑み、参加学生の省察の深化を促すケースの順を表29のように決定した。表24「省察深度の高いケースの順位：対話セッションの分析」(p.86)と表26「省察深度の高いケースの順位：省察文の分析」(p.91)の順位を1位＝1点のように点数にし算出した。数値が少ないほうが省察の深化があったものと捉えることができる。

表29 対話セッションと省察文の順位

	対話セッション（順位）	省察文（順位）	計
ケース1「日本の女性は媚びている？」	3	1	4
ケース2「疲れている学生」	5	3	8
ケース3「職員室での談笑」	1	2	3
ケース4「ここは日本だから」	2	5	7
ケース5「主導権は誰にある？」	4	6	10
ケース6「何のために働くのか」	6	4	10

その結果が、以下の表30である。

表30 省察深度の高いケースの順位（対話セッションと省察文の両方を分析）：結論

省察深度	
深い	ケース3「職員室での談笑」
	ケース1「日本の女性は媚びている」
	ケース4「ここは日本だから」
	ケース2「疲れている学生」
	ケース5「主導権は誰にある？」
浅い	ケース6「何のために働くのか」

ケース1「日本の女性は媚びている？」はケース4「ここは日本だから」と反対に、省察文において望みや信念といったものが多く引き出されていた。参加学生のなかには、ケース1の登場人物である学習者Aに対する指導方法の改善を深く掘り下げる者がいた。川崎においては、日本文化を一面的に見るのではなく誤りなく理解させたい、聞き手に合わせた表現方法を教えたいといったことを考えていた。
　反対に、省察が深まりにくかったものはケース6「何のために働くのか」ではないだろうか。対話セッションにおいて非常に発話数は多かったものの、同じ話の繰り返しであったり、空虚な構成になったり、またケースとは無関係の雑談の占める割合も大きくなった。省察文においては信念や望みといった部分が他のケースより圧倒的に少なく、また「わたし」の非を突く内容が並んだ。就職して1年経った頃に、ふと五月病のような、または自信をなくす精神状態に陥ることは容易に想像できるだろうと予想しケース・ライティングをした。現に新任教師からこうした困りごとが出されたため、ケースとし採用していた。ところが、ケース6の登場人物である新任教師について溝辺は以下のように省察文で考察している。

　　的確に答えがでないという事実が分かっているならば日本について、日本語について知識を増やすための努力や、ほかにも授業前にこのような質問がでるかもしれないという準備をしっかり行うなど自分の課題が分かっているならそれを解決しようとする行動をとるべき。　　　　　（ケース6「何のために働くか」溝辺の事前省察文）

　正論ではあるが厳しく「わたし」への共感があまりない文章も散見された。対話セッションでも同様で、Cグループ（2回目）では、話すことが終わってしまい、仕事という話題から連想してかでアルバイトの話に流れていった。
　以上のことから、参加学生の省察を促すと思われるのは、ケース3「職員室での談笑」で、次点がケース1「日本の女性は媚びている？」であった。他方で省察の深度を促しにくいのは、ケース6「何のために働くのか」とケース5「主導権は誰にある？」であった。

次節ではさらに対話セッションおよび省察文、フォローアップインタビューのデータから、なぜ上記のような結果となったかを検討していく。

6.3 省察を深めるケース

6.3.1 ケース3「職員室での談笑」の背景

本章の「1.省察深度とケース」により、省察の深化を促すケースは、ケース3「職員室での談笑」であることが見えてきた。ここでは改めて、ケース3「職員室での談笑」の概要を整理していく。

本ケースは日本語学校という現場で、日本語教師たちが留学生を「子ども扱い」することについて扱われたものである。ケース内では、「学生に対して大声で注意」、「登下校中の飲食を禁止」、「職員室では、学生のことを「あの子」と呼ぶ」といったことが挙げられた。こうした教師の言動は、学生が成人していることを考えると違和感があるものであるが、実際にはよく見かける光景ではないだろうか。本研究のケース・ライティングに際し、新任教師にコンフリクト場面として挙げてもらった課題においても、その違和感が新任教師から表明された。

前述のとおり、違和感のある状況ではあるものの、よく見かけるこの光景に対し、日本語教師と日本語学習者はどのように考えているのであろうか。また、日本語学校という場に身を置く日本語教師と日本語学習者は相互をどう見ているのだろうか。

まず、日本語教師の視点で考えてみると、日本語教師の本ケースの日本語教師たちは留学生を子どものように扱うことから、少なくとも対等には捉えられていないことがわかる。末吉（2013）は日本語学校に勤める教師3名を対象に、悩みとその克服を語ってもらう「語りの場」を設定した。なかでも、研究対象者であるＰさんは学生たちを「みんな我慢がきかない。今僕の質問に今すぐ答えてくれって人が多い。〈中略〉年の割には言ってることがわがままで周りのこと考えてない」と述べた[7]。こうした教師が学習者を「あの子」と呼ぶといったことについては、有森ほか（2013）などでも考察され、日本語教師と学習者の関係性のいびつさは、まま見られる光景であることがわかる。

梁（2014）では、日本語学校に在籍する中国人留学生57名を対象に、在

日生活におけるストレスに関し調査を行った。そこでは、「留学生である自分が弱者であると感じることがあった」という。この傾向は、来日直後はほとんどないが、日本での滞在が長くなるほど大きく増大することが明らかになっている。この研究では日本語学校に在籍する留学生が強いストレスにさらされていることが示されているが、教師がそのような留学生の支えになっているかは言及がないものの、最も身近な日本人であることから、力になるべき存在であるといえる。

それにもかかわらず、教師側が学習者を子ども扱いしたり、頭ごなしに規則を守らせようとしたりすることは、留学生のストレスにさらに追い打ちをかけることになると考えられる。日本語教師にこうした研究の成果が共有されることで、日本語学習者に対して「あの子」と呼んだり、大声で怒鳴ったりといったことが減ることに繋がるかもしれない。本ケースはそうした性格を持った内容であるといえる。

6.3.2 分析

では、6つのケースのなかで最も参加学生が省察深度を深めた「職員室での談笑」では、どのような省察を行っていたのであろうか。参加学生の事後省察文をもとに分析を行う。

ケース3「職員室での談笑」省察文（表65、p.204）では、ゲシュタルト形成に資する、①過去の経験談、②ふだんの生活での自己のあり方のふりかえり、③日本語教師としてどうありたいか・あるべきか、④感情の視点で読み解いた。表31に整理する。

まず、①過去の経験談では、谷口は「登下校の飲食禁止」の部分で、学生同士のコミュニケーションの一環として、これを禁じることについて疑問を呈した。長田は、研修先での母語話者によるあざ笑いのエピソードを挙げ、学習者の心情に共感しようとした。このように、過去の類似経験がある場合はケースに対する省察が深まる。これは自然なことでもあるだろうが、このように参加学生のゲシュタルト形成に寄与するケースは、ケースとして望ましいと考えられる。

次に、③日本語教師としてどうありたいか・あるべきかという視点では、10名の参加学生のうち6名が関連することについて言及しており、本ケースの日本語教師たちのふるまいが反面教師になったというような

表31 ケース3「職員室での談笑」の省察文に見られるゲシュタルト

	参加学生の省察文より
①過去の経験談	・高校の下校時に友だちとコンビニでお菓子を買って公園で話をしたり、夕食を食べたりしていました。これもコミュニケーションの一環でした（谷口） ・アメリカに語学研修をしに行ったとき、売店の店員や学校のスタッフが私たちの日本語訛りを面白がって真似したりしたことがよくあった。正直、こちらは努力して英語を話しているのに、その努力をないがしろにされたような気がして気分が悪かった（長田） ・私たちが通っていた中学や高校でもこのようなことがあったのだろうな（重田）[8]
②ふだんの生活での自己のあり方のふりかえり	・ちなみに私は「壁に耳あり障子に目あり」ということわざが好き？だ（長田）
③日本語教師としてどうありたいか・あるべきか[9]	・教師としての立場をわきまえ、自身の発言にも<u>責任を持たなければいけない</u>（川崎） ・学生の頑張りや、ここミスしていたから次気を付けてね等のような会話と馬鹿にするのは違うと思うので、職員室内だけであっても<u>してはいけない</u>（中村） ・絶対に「わたし」には他の先生のように<u>ならないでほしい</u>（谷口） ・教師間でコミュニケーションを図っていくのは日本語学校ではもちろん必要不可欠なことだとは思うが、それが学習者を馬鹿にしているような内容には<u>なってはいけない</u>（長田） ・生徒の失敗談などを話題にするような人は先生に<u>なってほしくない</u>（重田） ・本人は真面目に勉強しているはずなので、失敗やその人自身、文化を笑うことは<u>してはいけない</u>（中田）
④感情	・あまり深入りしたくない（中村） ・もし自分が笑われているかもと思うと悲しくなりました（谷口） ・正直教師の人間性を疑ってしまう（長田） ・この文を読んだときに怒りがありました（重田） ・人にものを教える立場の人がこのように教えている人を馬鹿にするような人がいることにショックを受けました（重田） ・すごく嫌な気持ちになります。裏切られたような、複雑な気持ちと信頼までもなくなるかもしれません（中田） ・先生たちは自分勝手（星） ・大人としてこのような話題で盛り上がるのは幼稚だと思うし正直あほらしい（大澤）

内容が並んでいる。下線を付した文末に着目すると、「してはいけない」といった諫める表現が共通した。また、内容も学習者を馬鹿にしてはいけないといった点で共通していた。

最後の④感情という視点では、ネガティブな内容が並んだ。学習者を子ども扱いする日本語教師たちに対する嫌悪感であった。本ケースは参加学生の怒りや理不尽さといった感情をかきたてた。一方で、長田に関しては、日本語教師のこうしたふるまいから、強いストレスを推測する発言も見られた。

6.3.3 考察

6.3.3.1 省察を深めるケースの特質とは

本研究では6つのケースに取り組み、以下の2つの指針で省察の深まりを検討した。

指針1：参加学生の発話量を延べ語数により数え上げ、多寡を明らかにする。
指針2：「対話の階層」(表17参照)を立て、どの階層まで至ったかを示す。

その結果、ケース3「職員室での談笑」が最も省察の深まりがあることがわかった。ここでは、省察を深めるケースの特質を2点まとめる。

まず1点目は、ケースの内容が参加学生にとって身近であること、経験済みである内容である点である。教師という存在が学習者、学生にどういう接し方をするのかという問題は、参加学生は大学生という立場であることから容易に想像ができるもの、すなわち身近であるとみなすことができる。同時に、経験済みであるともいえる。

2点目は感情を動かす内容であるという点である。ケース3は怒りの感情が中心であったが、悲しみ、感動、危険性を感じる等が想定される。コルトハーヘンは省察に重要なのは感情であると強調している。図9「コルトハーヘン（2001/2010）の氷山モデル」(p.53)では、人の行動を支えるものは望みであり、その望みは感情を伴うということが示されている。したがって、身近であること、経験済みのことであることから来る過去の想起、感情の想起は省察をするに有利に働くことが考えられる。

以上、2点の特質をまとめたが、それだけであろうか。経験済みであることは有利であると考えたが、ただ、経験済みであるばかりに、考えが固定化し、それ以上進まないことも予想される。一方で、ケースに潜む問題に対し、「答え」や「解決策」が経験したことがないことや考えたことがない話題であると、考える余地が生まれることも考えられる。ただ、そこには望みや感情といったものはやはり生じにくいともいえる。この経験済みかどうかに関しては、さらなる検討の必要がある。

表32 「考え易い」「考え難い」ケースと対話の階層

	題目	考え易い	考え難い	対話の階層（平均）
1	日本の女性は媚びている？	4	0	3.67
2	疲れている学生	1	2	3.17
3	職員室での談笑	1	1	4.17
4	ここは日本だから	1	5	4.00
5	主導権は誰にある？	1	0	3.50
6	何のために働くのか	2	2	3.00

6-3-3-2. 省察を深めるケースと「考え易いケース」の違いとは

　省察の深化を促すケースとは何かということを知るためにはどのような方法論が適切であろうか。ここでは、参加学生への事後アンケートの結果と第6章で行った実証的分析との相違を検討することで、参加学生の持つ感想と実態の違いを示す。

　本研究では、ケース3「職員室での談笑」がもっとも深まったという結果になった。しかしながら、参加学生にとって考え易かったのは何かという事後アンケートの結果を見ると、最も多かったのが、ケース1「日本の女性は媚びている？」で、残りは分散する結果であった。

　参加学生にとって「考え易い」とは何か。選択理由から、「経験があったから」、「ケースに対して自分のなかに明確な意見が持てていた」の2つが多かった。これらはケースが身近であったことを示し、図15「省察文に現れた思考・感情・望み」(p.89)ではケース1「日本の女性は媚びている？」が最もゲシュタルト想起が高い結果を示している。また、「感情」の出現頻度が最多で、タイトルの「日本の女性は媚びている？」というのが自分自身を指すかのように捉え、ネガティブに映った可能性もある。たとえば、大澤は「反論を考えることができた」といった表現も用いて、明確な自己の考えを持てたということを示している。それ以外は、各ケースに分散したのは興味深い。

　ただ、参加学生にとって考え易かったことは必ずしも、省察を深めるケースであったことにはつながっていなかった。

　その理由は、考え易いことは経験があり、意見を持てたということで、それは以上の深まりがないことも意味する。同じグループの参加学生とも意見がわかれず、同じ意見に相互に納得するやり取りになることは、その場では心地よく、前向きな感想をもたらすが、実際には他者の異な

る意見に影響を受けたり、事前省察を疑ったり覆したりといったことが起こりにくい。

このことから、参加学生の省察を深めるケースとは何かを見極める際に、参加学生への聞き取りのみでは十分に解き明かすことができないことがわかる。さらに言えば、参加学生が事前省察と事後省察を悩まずに書き、対話セッションにおいてもグループ内で意見が割れないときには、かえって注意が必要であるということである。もちろん、ふだんの思考の言語化で確信を得る機会になりうるが、本質への気づきは得られたとはいえない。以上のことから、省察の深度を検討する際には、参加学生のふるまいに着目することが重要である。

6.4 省察を深めにくいケース

6.4.1 ケース6「何のために働くのか」の背景

本研究におけるケース・メソッド授業において、省察の深化を促したのはケース3「職員室での談笑」であったが、低かったものは、ケース6「何のために働くか」であった。ここでは改めて、ケース6「何のために働くか」の背景を整理していく。

すべてのケースがそうであるように、本研究はケース・ライティングにあたり新任日本語教師に聞き取り調査を行っている。本ケースもその一つであるが、特に本ケースについては日本語教育という文脈に限らず、すべての職業で起こりうるものであろう。入職の直後は無我夢中で目の前の仕事に向かっていくが、1年経った頃に自分の実践や置かれている状況にふと疑問や不安といったものが浮かんでくる。たとえば、先輩教師と自分の実力の差にも気づき、焦燥感に苛まれることである。本ケースでは、自分の授業時間だけ眠っている学生たちの存在、学生の質問に即時に的確に答えられない自分といったものがそれにあたる。また、大学時代の友人との違いにも目が行くようになり、自分だけが劣っているような気持ちにも陥っており、入職直後の焦燥感といったものも原因の一つと考えられる。

それに関連し、図16の厚生労働省（2021）による「新規学卒就職者の在職期間別離職率の推移」では、大学卒で1年目の離職率は令和2年

(2020年)で10.6%、3年以内での離職率は平成30年(2018年)が31.2%にのぼる。上記グラフ内では平成11 (1999) 年が最も高く13.9%、最も低かったのは平成3 (1993) 年で9.9%あった。この傾向は過去から続いており、1割前後の新規学卒者が1年目で離職している状況であることがわかる。

では、どのような理由で離職をするのだろうか。図17は「初めての正社員勤務先」を離職した理由についての調査結果である。最も離職理由として多かったものが、「労働時間・休日・休暇の条件がよくなかったため」(女性33.2%、男性34.0%)、次に「肉体的・精神的に健康を損ねたため」(女性34.3%、男性29.9%)、三番目に「人間関係がよくなかったため」(女性29.7%、男性27.5%)であった。

本研究の第1章「研究の目的と背景」でも述べたように、3年以内に日本語教師を離職する卒業生が毎年必ず存在し、それらの理由は図17と

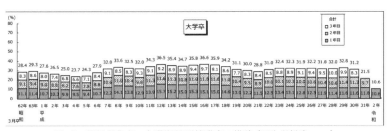

図16　新規学卒者の在職期間別離職率の推移 (厚生労働省 2021)

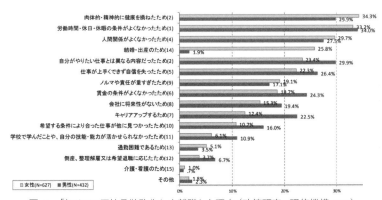

図17　「初めての正社員勤務先」を離職した理由 (政策研究・研修機構 2017)

合致する。実際には、授業準備が最も重荷とのことであった。初年度は授業準備に割く時間が大きくなる。通常の授業が終わると放課後は学生対応がある。そのあとに翌日の授業準備をすると、帰宅が毎日夜遅くなってしまい、そのことで、二番目の理由となる肉体的・精神的に健康を損ねるということに繋がっていく。近年は、日本語教育業界でこうした体質の改善に努める向きは強いが、まだまだ未経験の新任日本語教師がワークライフバランスを保ちながら成長できるといったロードマップ作りは道半ばであるといえる。

　平山ほか（2019）では、日本語学校の現場で日本語教員が抱える業務を系統立てる研究を行った。その結果、「非常に幅広い管理運営業務を日本語教員が担当しているが、業務遂行上参照しうるリソースがない」こと、「または機関内リソースへの依存が大きい」ことが明らかになった。その状況を改善するためには、「管理運営業務について系統立てて学ぶ場、機関を越えた情報共有や議論の場が必要」であることを指摘している（平山ほか2019：p.61）。この研究から日本語学校という組織の閉鎖性が浮かび上がる。その閉鎖性から、業務全体の効率や生産性の向上を妨げていることが見えてくる。組織そのものがそのような状態であれば、そこで仕事をする個の存在の日本語教員たちの負担は大きくなっていくことが予想できる。

　本ケースは新任日本語教師の焦燥感に関するものであったが、このような職場文化は看過できない問題である。

　一方で、日本語教育業界の特殊性を挙げたい。この点に関しては管見の限り、研究や報告はないが、その特殊性や日本語教育そのものを神聖化する空気を感じることもある。たとえば、「日本語教師とはまず非常勤講師から始める」、「教案を一から書き、上司の教師にチェックをしてもらい授業に臨む」、「授業計画においてインターネットの情報を取り入れることはもってのほかで、新任教師は一から活動案を考えていくべきである」といったカルチャーが一部あることを示唆する。これらに共通することは、新任日本語教師に対する入職後の研修システムが確立されていないことに起因する問題であるという点である。このような特殊性から、新規学卒者の新任日本語教師が同級生と比較し、成長できているという実感が薄く、気後れしてしまうことも考えられる。これについて

は研究や報告がないため、筆者の私見のようなかたちになったが、本研究結果を活かすことで、入職前に疑似体験を通した省察を経験しておくことが解決に繋がるのではないだろうか。本研究の意義はここにあり、新任日本語教師の離職を防ぐ一助になると考えることができる。

ケース6「何のために働くのか」は、厚生労働省（2021）の調査と合致する。ケース6「何のために働くのか」の内容は、新規学卒者が離職しやすいと言われる3年目以下という状況にあること、その理由は一般的には「労働時間・休日・休暇の条件がよくなかったため」であり、そこに日本語教師ならではの職場文化から来る悩みが追加された格好である。平山ほか（2019）の研究にもあるように、日本語学校の閉鎖性が日本語教育界ならではの悩みを助長し、成長の実感を得にくいことも含まれるケースであると考えられる。

6.4.2 分析

ここではケース6「何のために働くか」の事後省察における参加学生の省察を分析する。全6ケースのうち、ケース3「職員室での談笑」では最も参加学生の省察が深まっていた。その「職員室での談笑」では、参加学生の過去の経験談を想起させたり、ケースに触れることで自分は日本語教師としてどうありたいか・あるべきかを考えたり、あるいはまずは感情が揺さぶられるといった特徴があることが明らかになった。一方でケース6「何のために働くか」ではその点がどうであったか。次の表33（p.104）にまとめる。

まず、ケース3「職員室での談笑」との違いは、④の感情に関する省察が少なかった点である。ケース3では、ネガティブな感情、学習者を子ども扱いする日本語教師たちに対する嫌悪感を率直に露わにしていた。しかし、今回は特に「わたし」への共感も少なく、感情に関する省察は、星の「うん？　ということを感じた」という記述のみであった。

特に、本ケース・メソッド課題では事前省察の段階で「8つの問い」をとおし、ケース内の人物すべての内面を考えるというタスクを経ているにも関わらず、「わたし」への共感が少なかった様子が確認できる。ケース内の「わたし」の置かれている状況は4-1で概観したとおり、新規学卒者で1年目の人が多かれ少なかれ抱える悩みであることがわかってい

表33 ケース6「何のために働くか」の省察文に見られるゲシュタルト

	参加学生の省察文より
①過去の経験談	・私も「わたし」のように、理想はあるものの具体的な課題が分からず行動に移せないことや、理想と現在の自分の差に落ち込むことがある（川崎） ・公安（ママ、交換）留学に来ている友達や留学先で仲良くなった友達に日本語を軽く教えて、少し話せたり、上達したりするのを見ていてとても嬉しかった経験から、日本語教師をしてみたいなと感じたので、もっと自信を持つべき仕事だと思います（谷口） ・授業の進行の課題は講義でも取り扱っているので、学生が寝ない飽きないようにどうするのかということを思い出しながら考えました（宮本） ・日本語教員の副専攻の講義で学んだことが今回の問題の解決に大いに活かされたように思う（星）
②ふだんの生活での自己のあり方のふりかえり	・日本語教育に興味はありながらも、仕事内容の大変さと給料の低さは私自身も正直少し気がかりというか、日本語教師になる上でいつかぶち当たる悩みだと思いました。私は憧れからこの仕事を目指すようになったので、特にこのようなネガティブな面に直面すると、この先生の例のように日本語教師という仕事を簡単に手放してしまいそうな気もします（長田）
③日本語教師としてどうありたいか・あるべきか	・一年かけて教えた授業内容と全く同じ授業はしてはいけない（中井） ・ただ人に教えるだけでなく、人が退屈しないように教える工夫をしないといけない為、ただ仕事をこなすだけでなく、人としての個性や工夫も必要（重田）
④感情	・うん？　ということを感じた（星）

るが、それに対する共感はごくまれであった。なかでも唯一、川崎が「理想はあるものの具体的な課題が分からず行動に移せないことや、理想と現在の自分の差に落ち込むことがある」と述べている。川崎は本ケース・メソッド課題に4年生の後期に参加していることもあり、社会人になることが目の前まで迫っている立場である。そのため、「わたし」への共感を寄せることができたのかもしれない。一方で川崎以外の参加学生は、「一年かけて教えた授業内容と全く同じ授業はしてはいけない」（中井）、「ただ人に教えるだけでなく、人が退屈しないように教える工夫をしないといけない」（重田）といったように、教師に対する理想を語っていた。そこに根拠となる経験や感情が伴うことがなかったため、中井と重田の省察は〈大文字の理論〉から抜け出ているとはいいがたい。

その理由としては、経験の有無が差異となる。ケース3は学習者が教師たちから子ども扱いされるという内容で、参加学生は少なくとも学習者という立場を経験していることからネガティブな感情をかきたてられ、過去の経験も想起することができた。しかし、ケース6はまだ経験

をしていない内容であるため、仕事に身が入らない「わたし」の思いや辛さは真に理解できなかった。実感が伴っていないため、「わたし」の甘えのように捉える省察も見られた。

下記は溝辺の事後省察であるが、「わたし」に対し厳しい視線が向けられている。「わたし」が置かれている言いようのない焦燥感に寄り添うというのとは反対の省察である。ただ一方で、「わたし」を責めるだけではなく、「交流会に参加する」といったできることを探す、解決策を考えるということに目を向けているのは着目すべきところであろう。ただ甘えていると断罪するのではなく、どうすれば状況を良くすることができるのかを考えることができたことは、この先に同じ状況になったときの打開に繋がるのではないだろうか。

> 最後のような問題を話す相手が居ないというのは違うと思いました。身の回りにそういう問題について話す相手がいないのなら自らそういう交流会などに参加するなど、できることはあるはずです。相手がいないと言うより何もしていないだけなのかなと私は捉えました。私は自分がしたいと思うことには積極的に参加するタイプなのでこの文を読んで何もしていない先生は行動力や積極性という面にかけている気がしました。
>
> （溝辺の事後省察　ケース6「何のために働くか」）

以上の事後省察文の分析から、参加学生が経験していないことは省察が深めにくいということがわかった。では、そのような未経験のケースは省察活動において使用しない方が良いのだろうか。もともとのケース・メソッド授業の意義は未経験のことを疑似体験できることにあった。そのように考えると、まだ社会人になったことがない参加学生が「わたし」をとおし、社会人2年生の思いや辛さを疑似体験したという点で、むしろケース3よりも意義は深いのではないだろうか。この点に関しては、次の「5　まとめ」にて整理していく。

6.4.3　考察

これまで深い省察に至りにくいケースである、ケース6「何のために

表34 省察を深めるケース：ケース3「職員室での談笑」の対話セッションの分析メモ（抜粋）

	Aグループ	Bグループ	Cグループ
	川崎・中村・大澤	長田・中井・星	谷口・宮本・重田
対話スキル	・比較的均等に話している ・4年生2人と2年生1人という組み合わせ	・長田が積極的に話す ・中井が極端に発話量少ない	・かなり均等に話せている
観察メモ	・2年生の大澤が委縮気味 ・中盤から中村の体験談が入り、話しやすい空気ができあがってきた ・古参教師と新任（わたし）の両者の視点で話し合うことができていた ・川崎もほかの回より良く話している。	・<u>長田と星は経験談、複数視点で話すことができている</u> ・日本語が未熟だからと<u>学習者をかわいい、幼いと感じることについても話が広げられた</u> ・「わたし」という人物に対して理解できる点とそうではない点を挙げて話せた	・他のグループに比べ、学習者を子ども扱いし、談笑のネタにすることに対する不快感が強い ・なぜそのようになるか、ということについてはほとんど触れられなかった ・ただ、叱るとは、効果的な叱り方といったところに言及できていた ・自分の経験に照らし合わせている
	階層5	階層4 （発話量の不均衡）	階層4

	Aグループ	Bグループ	Cグループ
	川崎・谷口・長田・大澤	中村・重田・溝辺	宮本・中村・星
対話スキル	長田と谷口がメインで進んだ。川崎の発話が極端に少ないが考えは持っている	3名が均等に対等に話せていた。そのぶん、本質への気づきまでは至ったが、行為の選択肢の拡大までは到達できなかった	・全体的に非常に話が少ない ・星がほとんど話さず、宮本が多く話すなど偏りが著しい
観察メモ	・<u>自身の経験に照らし合せ</u>、非常に有意義な話し合いになっている。 ・単に教師たちが悪いと断定するのではなく、複数の立場から考えることができていた。 ・川崎が相変わらず、非常に口数が少ない ・最下位の学年の大澤はついていこうと努力している様子があった	・日本語教師が学習者を子ども扱いしてしまうことについて、理由を複数の視点で考えることができていた。 ・自分が生徒の立場の時は、教師をどう見ていたかについてふりかえった ・結論や改善策といったことに至らなかった	・教師たちの談笑の裏側について思いをはせることができた ・自分自身の経験をもとに、怒鳴って叱ることはあまり良くないのではないかという意見が続いた ・そこから「叱ること」そのものに対するやりとりが続き、抽象化まで至った
	階層5	階層4	階層3

下線の基準は対話の階層の判別の決め手となる部分とした。

働くのか」を分析し、その特質として、「3-3　考察：省察を深めるケースの特質は」で述べたことと逆のことが見えてきた。つまり、深い省察に至りにくいケースの内容とは、参加学生があまり触れる機会のなかったこと、すなわち知識として持ち合わせていないものであった。このケ

表35 省察を深めるケース：ケース6「何のために働くか」の対話セッションの分析メモ（抜粋）

	Aグループ	Bグループ	Cグループ
	中村・宮本・中井	川崎・長田・星	谷口・重田・溝辺
対話スキル	・宮本と中村のかけあいが中心 ・中井の発話量が極端に少ない	・長田中心に進行	・全員、まんべんなくよく話す ・終始「わたし」に全員が否定的
観察メモ	・中村と宮本がやりとりを続ける ・それぞれが自分の意見を言うのみ ・相互の意見の交わりが少ない ・とはいえ、各発言は「わたし」の置かれている状況を深く観察し、新任教師のジレンマに心を寄せることができていた	・長田が「わたし」に対して厳しい ・悩むことより具体的な行動に移した方が良いという意見が主流 ・どの意見も正論 ・一方で「わたし」はそれほどだめなのかという弱さに目を向けられていない	・3人とも、特に重田が「わたし」に対して厳しい ・困ったことがある時、即行動することで解決する溝辺には理解に苦しむ ・「悪口大会」という表現あり ・一方的に「わたし」のジレンマを理解できないという点で一致
	階層3	階層3	階層3

	Aグループ	Bグループ	Cグループ
	中村・長田・重田	川崎・宮本・中井	谷口・溝辺・星
対話スキル	・均等に話せていた ・若干、正論一辺倒に傾いていた	・川崎と宮本のかけあいが中心 ・中井の発話量が極端に少ない ・全員「わたし」に同情的、肯定的	・谷口と溝辺のやりとりが中心で、強気 ・星は一歩引いた参加態度
観察メモ	・なぜその職業を選んだかという点で疑問を投げかけていた ・正論に走りがち ・「わたし」の弱さや置かれた立場、焦りなどへの共感が薄い ・後半、雑談になってしまっていた	・「わたし」に対して肯定的な意見が多い ・「わたし」が1年目でありながら社会情勢のことも考えられている、先輩とも良い関係を築いている点に感心していた ・川崎は卒論のテーマである外国人児童の日本語教育に関連付けて考察できた	・日本語教師の大変な部分に対して谷口がインターンシップの経験を語った ・正論に流れた ・「わたし」の弱さや置かれた立場、焦りなどへの共感が薄い ・ただ、星は「わたし」の弱さにも目を向けつつ、自分自身は少なくとも1年は辞めずにがんばりたいといった発言 ・後半、雑談になってしまった
	階層3	階層4	階層2

下線の基準は対話の階層の判別の決め手となる部分とした。

ースでいえば、就職をして3年以下の人の置かれている状況や、離職率とその理由といったものに対する知識は今回持ち合わせていなかった。さらに、当然、未経験であることも特質の一つである。そして、そうした未経験であるケースは感情を動かすことがないのも必然で、ケース内

の登場人物に自分を重ねにくいからという理由がある。「6-4. 省察を深めにくいケース」の分析対象は事後省察文であったが、実際に対話セッションの観察においても、ケースの主人公「わたし」に寄り添うような省察はあまり見られなかった。こうしたことは、表34および表35を比較すると、省察の深化を促せるケースとそうではないケースの違いとは、「知識を持ち合わせていないもの」「未経験であるもの」ということが明確に見えてくる。

　では、深い省察に至りにくいために、そうしたケースは扱う必要はないのだろうか。ケース6「何のために働くのか」はケース・メソッドを授業として行う際には不要なのであろうか。元来、ケース・メソッドは疑似体験をさせる場としてのメリットを持つ。そう考えれば、未知のケースや未経験のケースを教師の意図で敢えて扱うことに、ケース・メソッドの性格が活かされる。未知の状況を知ることで、将来出会うであろう壁に備えができることになる。

　とはいえ、深い省察に至らないということであれば、日本語教員養成を担当する教員側の適切な足場架けが必要となる。たとえば、当事者に話を聞くことや、各参加学生が資料を集め、客観的データに一度触れたうえで、省察に臨むといったことへの誘導である。

　以上、深い省察に至るケースとそうではないケースという視点で考えた場合、ケースにはある系統があることが見えてきた。それらをポジショニング・マップという形で図式化、仮説化することで、考えていきたい。

6.5　ケースの質によるポジショニング・マップ作成の試み

6.5.1　ケースの質と参加学生の遠近

　第6章では6つのケースのうち、どのケースが参加学生の省察を深めるのか、またそうしたケースにはどのような特質を持つのかを検討してきた。

　対話の階層の指針（表17、p.70参照）をもとに各ケースでの対話の階層を表20（p.81）にまとめた。

　以下の表36に各ケースの対話セッションでの評価を示した。ケース3「職員室での談笑」の対話の階層（平均）が4.17と最も高かった。対話セ

表36　6ケースの対話セッションの評価結果

対話の階層	意見の有無	参加意識・態度	対話の型	各ケースの評価
階層1	×	× 傍観的態度	ほぼ全員が熟考のためではない沈黙	
階層2	△ 一部の参加学生には意見がある	△ 自信の有無で参加意識・態度が二分する	偏重。一部の参加学生が多く話す	ケース6「何のために働くのか」
階層3	○	△ 結論を急ぐ	全員が話すが、集団浅慮もある	ケース2「疲れている学生」 ケース5「主導権は誰にある」 ケース1「日本の女性は媚びている？」
階層4	○ 意見の内容が多様化する	○ 全員が主体的態度	交差的だが、深まりが不足する	ケース4「ここは日本だから」 ケース3「職員室での談笑」
階層5	◎ 新たな問いを発見する	◎ 共創意識	意見の分類、ずれを活かして持論にたどりつく	

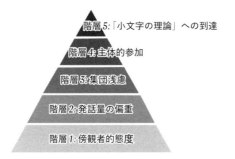

図11　本研究における対話の階層のイメージ（再掲）

ッションの様相は、具体的には、各参加学生の意見の多様化が見られ、対話セッションに対し全員が主体的態度であり、深まりには欠けるものの交差的なものであるといえる。発話量も最も多く、発話が途切れることなく続いたことを示している。こうした対話セッションの様相を図11「本研究における対話の階層のイメージ」で見ると、［階層4：主体的参加態度］に至ったということになる。これは、ケース3「職員室での談笑」とは、各参加学生が自分の意見を持つことができ、他の参加学生

とその意見を交換したいと思えるケースであったことを示す。

　反対に、ケース6「何のために働くのか」においては、対話セッションの評価は3.00にとどまった。6グループのうち、5グループは対話の階層が3.00以下であった。具体的には、全員が自分の意見を持っているが、参加の意識は結論を急ぐ様相で、集団浅慮もあったという対話セッションで、図11に照らすと、[階層3：集団浅慮]となる。したがって、ケース6「何のために働くのか」とは、意見は持てるものの、他者と共有したり違いを考慮しつつ考察を深めたりするといったことを後押ししないケースであったことがうかがえた。

　表36で示すとおり、対話セッションという観点からみた場合、参加学生の省察を促すものとそうではないものがあることが明らかになった。では、それらの評価の要因には何があるのだろうか。ケース・メソッドのもつ特徴である疑似体験という側面から検討していく。

　ケース・メソッドは学習者を疑似体験させるというメリットを有する。では、日本語教員養成段階ではどのような体験をさせるべきか。改めて整理したものが次頁の図18「日本語教師の活動の場と本研究における6つのケース」である。この図で考えた場合、自己の部分はケース6「何のために働くのか」、日本語学習者の部分はケース1「日本の女性は媚びている？」、ケース2「疲れている学生」、ケース5「主導権は誰にある？」である。そして、学校や周囲の教師の部分はケース3「職員室での談笑」であり、日本語教育全体の部分はケース4「ここは日本だから」といったように考えることができる。

　図18において、日本語教師の活動の場とケースとの位置関係を図化した。左端の人物は省察を行う日本語教師／日本語教員養成課程の履修生である。この図では、右へ行くほど自己とは遠ざかり、身近ではない事柄になっていくと捉えることができよう。それは、日常的に接する時間や頻度で判断でき、接触時間が短いこととはそのぶん考える時間も短くなるであろう。また、それに対する背景知識を蓄積することも右に行くほど自然と少なくなることが予想される。ただ、人によっては強い関心を持ち、日ごろ多くの時間を過ごす身近な学習者のこと以上に日本語教育全体のことについて知識を蓄積していることもあり得る。

　接触時間の長いものを身近であるという考え方に基づき、それをさら

にポジショニング・マップにて示したものが図19（p.113）にあたる。本第6章の「6-4-3．考察」における考察から、ケースに対する背景知識の有無（参加学生にとって身近かどうか）と経験の有無という2変数が挙げられた。このポジショニング・マップでは、縦軸に背景知識、横軸に経験を設定した。ただ、ここでは筆者の判断で配置を試みたに過ぎない。参加学生とのディスカッションや他者との検討を経ることでずれが生じることが予想できることから、ここでは試みにとどめる。試みであるとしたうえで、4つのゾーンにA～Dの領域名を付し、6つのケースを配置した。そして、それぞれに実際の省察活動における注意点を提示した。領域名は、【A 良くわかっている領域】、【B 省察の材料を持ち合わせている領域】、【C 未知の領域】、【D 無批判・無意識の領域】とした。

　この4つのゾーンに配置したケースを表20「ケースごとの対話の階層（平均）と発話量（平均）」（p.81）の上位群と下位群でみたところ、上位群が【A 良くわかっている領域】と【B 省察の材料を持ち合わせている領域】に集中し、下位群は【C 未知の領域】に集中する傾向が見られた。以下に、各領域について概観を行う。

　図19の領域の1つ目は【A 良くわかっている領域】である。当事者になった経験もあれば、その前提に関する背景知識も持ち合わせているケースとなる。ここでは、省察を促しやすく十分な発話量を引き出すことができている。ケースの登場人物のようにアルバイトと勉強の両立に苦しんだことがある参加学生が多かったため、ゲシュタルトの想起も促進

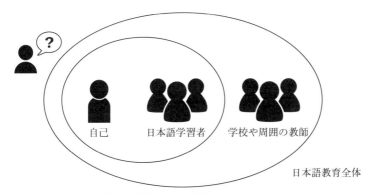

図18　日本語教師の活動の場と本研究における6つのケース

できた。ただ、注意すべき点として視点の偏りがある。経験があるぶん「わかったつもり」に陥ることもあるため、多様な視点を強調する必要性がある。

　領域の2つ目は【B 省察の材料を持ち合わせている領域】である。ケースのような状況の当事者となった経験はないものの、身近で見聞きしたり、何らかの背景知識があるため、省察の材料を持ち合わせたりしている領域である。たとえば、ケース1「日本の女性は媚びている？」においては、留学生との交流を積極的に行う中村のような参加学生はケースのような話を聞いたことがあると述べたが、それ以外の参加学生は経験を持たなかった。しかし、化粧をすることとなぜするかも考えたことがあり、その点では背景知識があるとみなすことができる。しかし、やはり背景知識という〈大文字の理論〉に偏ってしまうことが考えられることから、ケースの登場人物の立場を「8つの窓」を活用し、十分に熟考する過程が必要である。

　領域の3つ目は【C 未知の領域】である。この領域は当事者としての経験もなく、また考えたこともないという部分である。本研究においては、深い省察に至りにくいとされたケースが集中している領域となる。ここにあるケースでは、参加学生が一方向的な立場での考察をしたり、ケースの登場人物の心情に十分に寄り添えなかったりした。そのため、ケース6「何のために働くのか」の対話セッションにおいては、終盤雑談に流れてしまうグループが2つみられるといったことが起きた。それほどに参加学生には省察の材料がなく、苦戦を強いられてしまうケースであることがわかる。繰り返しとなるが、そうした省察が深まらないからといって取り扱い不要というわけではなく、むしろ疑似体験として必要性は高いといえる。この領域でケース・メソッド授業を行おうとするならば、事前の情報収集を十分にすると良い。たとえば、公的資料や統計資料、新聞記事といったものである。なぜなら経験の横軸は動かせないとしても、背景知識の縦軸を少しでも上にさせてから省察に入ると、深い省察に至る一助になると考えるからである。

　最後に領域の4つ目は【D 無批判・無意識の領域】である。この領域は経験こそあるが、なぜそうなのかといった背景知識や立ち止まって考えたことがないというものである。いわば当たり前すぎて考えたことが

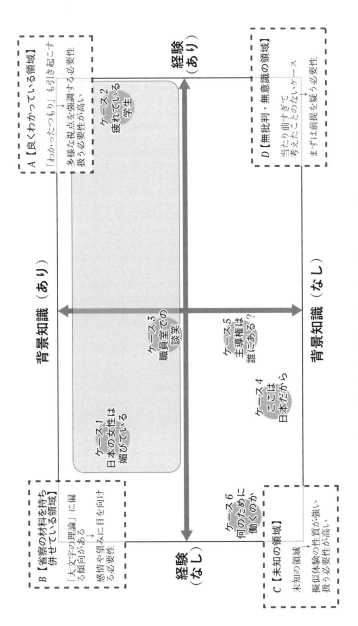

図19 ケースに対する背景知識と経験の有無によるポジショニング・マップの試み

第6章 実証的分析（1）：省察を深めるケースとは

ないケースというところである。本研究ではここに該当するケースを作成していなかったが、文化の異なる人々が対象である日本語教育においてはこの部分も扱っておく必要性がある。その理由は、自国の文化のなかに浸り、当たり前であると何も考えなかったり、またはそれがベストであるかのように考えたりする状態から、いったん客観視することで自文化を相対化できるからである。現段階で考えられるのは、筆者の実際の経験になるが、授業内の活動形態の客観視がこれにあたるのではないだろうか。漢字の間違いを10回書いて定着させることなどがある。過去に筆者がアメリカ人日本語学習者に対し、漢字テストの間違いの箇所を10回書くよう課題を出したところ、「なぜ10回書かせるのか。punishment（罰）ですか」と尋ねられたことがあった。覚えるには何度も書くものであるという自分の考えであったので、そうするのが望ましい、それ以上の答えに窮してしまった。このできごとは自己の授業内の指導を客観視することができるきっかけとなった。それ以降、自身の授業内での指導の一つ一つに隠された意図や背景、根拠、何に依拠するのかについて注意深く考えたうえで遂行するようになった。こうしたケースがこの領域に相当する。

　本研究課題では、ケースの内容に対する、参加学生の背景知識と経験の有無が省察の深度を決定要因ではないかという結論が出た。では、背景知識と経験の2変数では、どちらがより重要なのだろうか。結論からいえば、背景知識であると考える。それは上述の4つ目の領域【D 無批判・無意識の領域】にあるように、経験はあるが背景知識がないものが無批判・無意識になってしまうことに照らせば、背景知識があれば、語ることが生まれることに繋がっていく。したがって、経験済みであっても、なぜそうなのかという背景知識のないことに気づかせることが大切で、その役目は日本語教員養成課程の教員が担うことになる。そこでは本研究の結果を還元し、【D　無批判・無意識の領域】に切り込むようなケース・メソッドによる疑似体験を行うことが実践の一つとなる。

6.5.2　残された課題：【無批判・無意識・無自覚の領域】

　第6章では、研究課題（1）を明らかにするべく、実証的分析を実施した。ここでケース・メソッド課題において参加学生の省察を深めるケー

スの質とは何かという問いにおいて、残された課題として【無批判・無意識の領域】について述べる。

　図19（p.113）では、ポジショニング・マップ内の4領域のうち、D【無批判・無意識の領域】が空白となった。本研究においては6つのケースを新任日本語教師のコンフリクト場面の聞き取りから、ケース・ライティングを行った。コンフリクト場面とは、その人が他者との衝突で感じる葛藤ということであるが、本研究では自己と教育・職場環境というところへも範囲を広げた。本研究では、オンラインによる質問紙調査を行い、以下の質問をした。

　　あなたが日本語教師をするうえで対応に悩んだできごとを①〜③それぞれで書いてください。
　　——①学習者同士の摩擦、②学習者と自分自身の摩擦、③自分自身
　　　の現場での葛藤

　この問いかけであれば、意識をしていることだけが挙げられるのは自然のことである。前述の「漢字の間違い直し10回」のようなエピソードはなかなか出会わない。なぜなら、件のアメリカ人日本語学習者が直接ことばで「罰ですか」と筆者に尋ねてくれたおかげで、【無批判・無意識の領域】（経験なし・背景知識なし）に関するコンフリクト場面に遭遇することができた。ところがこれは偶然のできごとであり、大部分は日本語学習者にのみコンフリクト場面として残り、日本語教師自身には伝えられないまま見過ごされている場合が多いことが考えられる。なぜなら、教師とは「権威性」を有し、さらに日本国内において教師は「多数派」の一人であることから（文化審議会国語分科会 2019）、日本語学習者が日本語教師の敷いたルール、指導に疑問を投げかけることはそれほど簡単なことではないからである。その証左に、ケース収集で挙げられたできごとに【無批判・無意識の領域】に分類されるようなものが見当たらなかったからである。

　このことは、今後の課題として重要視していきたい。なぜなら、先に述べたとおり、「日本語学習者にのみコンフリクト場面として残る」ことは、それ自体が問題なのではないだろうか。それが日本語教師自身の受

けてきた（日本の）学校文化や、経てきた社会性といったものに起因するのであれば、なおさら一度批判的に捉え直し、無意識であることを自覚する必要のあるところであろう。なぜなら、日本語教師という存在は、自分自身の背景にあるものを客観視し、学習者の背景も同様に理解しうるものであるからだ。以下は、表5「日本語教師【養成】に求められる資質・能力」より「態度」部分の抜粋」(p.21)のなかの、このことに関係する部分の引用である。

（4）言語・文化の相互尊重を前提とし、学習者の背景や現状を理解しようとする
（5）指導する立場であることや、多数派であることは、学習者にとって権威性を感じさせることを、常に自覚し、自身のものの見方を問い直そうとする。
（6）異なる文化や価値観に対する興味関心と広い受容力・柔軟性を持ち、多様な関係者と連携・協力しようとする。
（7）日本社会・文化の伝統を大切にしつつ、学習者の言語・文化の多様性を尊重しようとする。

　上記（4）〜（7）を日本語教師が備えるべき資質・能力であるとされるが、容易ではないことは想像に難くない。しかしながら、ケース・メソッド授業において【無批判・無意識の領域】に対し光をあてることで、自己の「当たり前すぎて考えたことがない」こと、「まずは前提を疑うこと」を意識化することができる可能性は十分にあるのではないだろうか。これらを通じ、ケースにあるできごと以外の広い意味でも、「前提を疑う力」、「批判的省察力」を日本語教師が身につけることが見込める。以上のことから、第6章での残された課題は【無批判・無意識の領域】の検証であるとし、本節を閉じる。

6.6　実践に向けての提言：ケースの質という観点から

　ここまで、研究課題（1）の結果を検討してきたが、本研究成果を省察的実践家たる日本語教師養成に還元するにあたり、何に留意するかにつ

いて考える。

　ここでは、省察的実践家たる日本語教師養成のためのケース・メソッド授業を行う際の留意点として、学生による情報収集による背景知識の獲得、教師の適切な介入、D【無意識・無自覚の領域】を扱うこと、そして、オンライン・ツールの有効活用という4点の提言を行いたい。

　第一に、学生に情報収集による背景知識は必ず獲得させておくべきであるという点である。第6章でも明らかになったように、背景知識の有無は省察の深化に影響を与えるからである。そこでは、すべてのケースにおいて背景知識は必要であると結論付けたが、図19（p.113）では各領域において、背景知識はそれぞれ異なる役割があることもわかった。A【良くわかっている領域】では、より多様な視点で考えるための背景知識、B【省察の材料を持ち合わせている領域】では、経験がないケースであることから当事者の感覚を知る手掛かりとしての背景知識、C【未知の領域】では、新しい事実をいちから学ぶための背景知識、D【無批判・無意識の領域】では、自分たちの常識を見直すための手掛かりになる背景知識である。このように、情報収集を行うことはすべてのケースで必要であり、実践では必須のものであると位置付けたい。また、日本語教師の職能は第2章で整理したように、社会のできごと、国際情勢と切り離すことができないという事実も関係してくる。このケース・メソッド課題を授業として実践しようとする際には、このような社会のできごと、国際情勢を基礎的なところから学ぶ必要がある。日本語の教授法や日本語学を学ぶことと同等に、こうした基盤を養成段階で盤石なものにしておく必要がある。その理由は、日本語教師をしていくうえでぶつかる壁は本ケース・メソッド課題にあるようなことであるが、その背景に何があるのかを理解したうえで省察をし、対応を考えていく必要があるのは言うまでもない。それに加え、教師自身が自分の職業や自分自身が置かれている「立ち位置」を自覚したうえで日本語教師の仕事に臨むことが、見通しを立てることに繋がり、早い離職の予防にも繋がる。具体的には、現在はインターネットに豊富な資料があるので、それらを有効に活用することはもちろん、各ケースに対し事前省察で調べ学習を行い、グループで情報をシェアするという活動も良い。そして、数ある情報を適切に選別できているかといった情報リテラシー教育もここに含め

ていく必要がある。
　第二に、省察力涵養のためのケース・メソッド授業において、教師はいつ・何に・どのように学生に働きかけるかという、教師の適切な介入に自覚的である必要があるという点である。本ケース・メソッド課題は、教師による介入は極力行わず、参加学生同士の集団力学に任せる方針で進めた。省察文のシートに「8つの問い」を組み込んだほかは、極力教師の意見を表明しないというものであった。教師が意見を表明することで、参加学生のなかに「それが正しいのではないか」という流れができてしまう恐れがあったためである。ただ、教師の介入とし、

（1）省察の意義：なぜ省察が必要か、どのように考えるのが良いのか
（2）対話セッションでの留意点：受容的態度でいること、自分が沈黙でいることに自覚的でいること

といったことである。これらを適宜行うことで、意見が表出しやすい場が作られ、対話の階層の向上に寄与する。
　第三に、D【無批判・無意識の領域】の扱いである。実のところ、この部分が最も重要である。日本語教師が当たり前すぎて考えてこなかったこととは何かを、まずは教員養成者自身が意識し、洗い出していく必要がある。教員養成の場は暗黙知の伝達であるともいえる。その暗黙知は普遍的なものであるか、文化背景が異なる相手、文化背景が同じである相手であっても通用するものであるかをいま一度見直す必要があり、教員養成を担う者の責務であると考える。その作業は「無批判・無意識の領域」という呼称からも容易なことではなく、実践研究で積み重ねていくことが肝要である。
　第四に、オンライン・ツールを効果的に使用する点を提言したい。本研究では、偶然に新型コロナウイルスのさなかの実施であったため、すべてをオンラインで行った。一方で、事前省察や事後省察といった「書く省察」をMicrosoft Teamsに提出し、相互にいつでも見返すことのできる状態にしておくことはポートフォリオの役目を果たしていることから不可欠であると考える。『「学び」の認知科学事典』(2010, p.444) では、ポートフォリオを次のように定義している。

ポートフォリオとはもともと画家や建築家などが自分の作品を綴じ込む「紙ばさみ」のことであり、評価論においては学習者が自分の作品（学びの証拠資料）を収集・整理したものである。

教育学におけるポートフォリオに関する研究は多々あるが、セルディン（1997/2007）においては、上記のような学習の過程のなかでの成果物を通時的に観察することで省察を促すものであるとしている。また、Costantino and De Lorenzo（2002）は、ポートフォリオとは「教師の仕事の信憑性のある証拠を提供するものであり教育実践に関する振り返りを促す手段である」と定義した。このことは、教員養成の教師が与える学術上の知識、コルトハーヘンの〈大文字の理論〉をみずからの経験という「信憑性のある証拠」をもとに省察を深めることから、持論形成すなわち〈小文字の理論〉へと導くものになりうると考える（鷹野ほか2021）。よって、対話セッションは対面で実施することも可能であるが、省察文の提出・保管はオンライン・ツールを活用することを提言したい。それにより、ポートフォリオとして通時的に省察を観察できるからである。

以上、省察的実践家たる日本語教師養成をケース・メソッド授業で行う際の留意点とし、学生による情報収集による背景知識の獲得、教師の適切な介入、D【無意識・無自覚の領域】を扱うこと、そして、オンライン・ツールの有効活用という4点の提言とする。

その他には、実施形態は、簡便で汎用性を持つかたちとなることが望まれる。そのためには、たとえばモジュール型教材にし、順序は特に決めず、学生の関心やニーズに合わせケースを選択する形態が考えられる。また、行う頻度も学期すべてを省察力涵養のためのケース・メソッド授業にする方法、模擬授業の合間に単発で取り入れるケース・メソッド授業とする方法などが想定される。これらは教材化することでより具体的になり、教員養成の手法として確立させる後押しとなると見込まれる。

6.7 まとめ

本研究の研究課題の1点目は、日本語教員養成段階の学生の省察を深

めるためのケース・メソッド課題において、どのようなケースが省察を促すのか、というケースの質の解明であった。本研究では、日本語教育歴2年未満の新任日本語教員にコンフリクト場面を聞き取り、ケース・ライティングを行った。その際には、①学習者同士の摩擦、②学習者と自分自身の摩擦、③自分自身の現場での葛藤という3つの「摩擦・葛藤の相手」という側面にわけ、聞き取った。次の段階の実際のケース・ライティングは文化庁文化審議会国語分科会（2019）の「態度」との対応を軸に行った。

「態度」には7項目があるが、重複しないよう1つを除き6つの項目に対応するよう配分をした。この2つの軸（摩擦・葛藤の相手／文化庁文化審議会国語分科会の「態度」の7項目）以外には特段設けられていなかった。そのうえで、ケース・メソッド課題を6か月間行うなかで、参加学生にとって背景知識があること（身近であること）や経験したことがあることであるケースの回は、省察が進み、対話セッションも有意義なものになっていった。有意義かどうかの判断は、本研究独自の「対話の階層」を設定して行った。特に、省察のなかに見られるゲシュタルト想起の有無を重要視し、ゲシュタルト想起の箇所を抽出するという方法で省察の内容を精査した。最終的には、研究課題（1）では背景知識があること（身近であること）、経験したことがあることという2つが軸になるという結論を導いた。これを踏まえ、ここで改めて、第6章において実証的分析を行った研究課題（1）に対する回答を出すこととする。

研究課題（1）：ケースの質に関する研究
ケース・メソッド課題において、どのようなケースが参加学生の省察を深めるか。

　研究課題（1）の実証分析の結果：
　ケース・メソッド課題においては、ケースの遠近が参加学生の省察の深さを決定する。参加学生とケースの遠近とは、本研究においては経験と背景知識の2変数とした。そのうち、より重要なのは背景知識のほうであるという仮説が立てられた。その理由は、経験の度合いは同程度のケースのなかで、背景知識のあるケース群（ケース1、2）が背景知識のないケース群（ケース4、5、6）よりも省察が深まったからである。

これを教育実践に還元するならば、ケースに対する情報収集活動を丁寧にすることである。疑似体験の役割の大きいケース・メソッドであるが、その経緯や背景を十分に整理し、参加学生に理解させたうえで、ケースに向き合うことが肝要である。

注		
[1]		エドモンソン（2018/2021）では、福島第一原発事故といった実例をもとに対人関係の不安が組織を蝕むといったことを指摘した。関連し、経営学の分野からGoogleがプロジェクトにより調査を行った。その結果、効率的なチームとは、以下が担保され、共有されている状態が条件であることが明らかになった。①心理的安全性（psychological safety）、②相互信頼、③構造と明確さ（有効な意思決定プロセスがあるという認識の共有）、④仕事の意味、⑤インパクト
[2]		ケース1の分析メモのみ本文に、残りのケース2〜6は「巻末資料」にて掲載する。
[3]		グループが3名編成の場合、単純に1人あたり33%が均等な発話量とする。そのうち暫定的に1.5倍の50%を占めると過多とする。同様に考えると、グループが4名編成の場合は、25%でその1.5倍は38%である。この数値を発話過多の目安とした。
[4]		発話過少の目安は、暫定的に発話量が0.6倍で3名編成の場合は20%、4名編成の場合は15%とした。
[5]		下線を付したのは、各対話セッションのなかで特に目を引く部分や重要であると考えられる部分である。
[6]		ケース・メソッド課題を計画する際、「日本の女性は媚びている？」が参加学生にとって身近な内容であると考え、初回のケースとして選択した。
[7]		Pさんは学生を叱りつけることの多い教師であったが、他の教師が「北風と太陽」の太陽のように接することで、学生を良い方向に導いたというのを目の当たりにし、考えを大きく変える経験をした。（末吉 2013）
[8]		実際の経験ではないが、過去の回顧にあたるため、ここに含めた。
[9]		下線は登場人物の先輩教師への諫める思いが含まれた部分で、共通する文末表現とし筆者が下線を付した。

第7章 実証的分析（2）：参加学生の省察の様相

7.1. 谷口と長田の省察の概要

第7章では、第3章で設定した研究課題（2）を明らかにする。

> 研究課題（2）：省察の質に関する研究
> ケース・メソッド課題において、参加学生はどのような省察の過程をたどるか。

　本章では、10名の参加学生のなかからケース・メソッド課題による省察を質的に分析する。それにあたり、谷口と長田の2人を取り上げることとする。ここでは、2人の背景を整理したい。
　谷口と長田は10名のなかで発話量の上位2名である[1]。発話量が多いという数値上の部分と、筆者による観察で両者が対話セッションを引っ張ろうという意欲が高かったこと、自分自身も積極的に省察を深めようとする意識が見られたことが谷口と長田を選択した背景となる。以下は、フォローアップインタビューでの谷口の発話で、何に留意して対話セッションに臨んだか等について語ってもらった部分である。

> 　私はやっぱり一番先輩になっちゃうので、後輩がしゃべりやすい空間、空気をつくっていかなきゃならないなっていうのは、話をしながらどのターンでも考えてはいました。やっぱりリーダーになれば、話を振ってあげたほうが話しやすいだろうし。後輩がするときでも、やっぱり初めてやるってなると、どうしたらいいんだろうっていう感じが、画面越しで伝わると、じゃあ自己紹介始める？　とか言ってあげたら、やりやすいのかなあ、話し合い自体は楽しく進

むのかなとは思ってました。

(谷口；フォローアップインタビュー (1)、2021年2月)

谷口は4年生という立場を自覚しており、他の参加学生に対し「しゃべりやすい空間」をつくることに留意していたと谷口自身も語っている。その甲斐があり、図20「印象に残った学生」にあるように、事後に全員と1人ずつ行ったフォローアップインタビューでは、46%の参加学生が谷口の名前を挙げ、最も多かった。

谷口が印象に残った理由として2点が際立った。表37「「印象に残った学生」とその理由」を参照すると、1つは谷口が他の参加学生が話しやすくなるよう雰囲気づくりに努めた点が際立つ。田中によると「意見を言ったあとに、「どう？」っていうところまでをセットでしてくれていた。意見を言える環境を作ってくれた。」とあり、星も類似する理由を挙げていた。話しやすい雰囲気づくりというと、情緒的な印象があるが、第6章でも触れた「心理的安全性」の観点から、谷口の努力は非常に重要なものであるといえる。エドモンソン（2018/2021）によれば心理的安全性とは、チームは対人関係でのリスクを取るのに安全であるという信念を共有している状態で、この場合では学年を超えたざっくばらんな意見交換の可能性や、自分の意見が的外れではないかという不安を感じないで意見を言える状況づくりといったものを指す。その意味で、谷口の貢献は全体に大きかったと思われる。

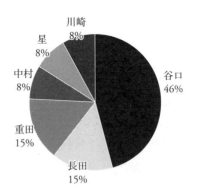

図20 「印象に残った学生」（フォローアップインタビューでの回答、複数回答可）

表37 「印象に残った学生」とその理由（フォローアップインタビューでの回答）

回答者	印象に残った学生	理由
川崎	長田	・具体例が出せ、先のことまで考えていることがわかったから ・他の参加学生の意見を聞いたうえで、話を広げられていたから ・意見を聞き、それを具体的なものに当てはめるなどして、自分の意見に繋げることができていたから
中村	星・重田	・芯が通った意見が多かったから
谷口	長田	・ケース4「ここは日本だから」で、1回目は外国人にルールを守ってもらうべきという意見が出ていたのに対し、長田がいた2回目では、そこは日本のルールを変えていかねばといった意見が出た。視野が広がったし、見ていて良いなと思ったから
長田	川崎	・自分が主観的になりすぎていた時に、川崎は何度か客観的になるようフォローを入れてくれたから ・川崎の相づちの打ち方が良く、話していて嬉しかったから
	重田	・重い話題の時、重田の一言で軽くなった。こういうのはだめなんじゃないかなとみんなが思っていた時に、重田が「でも実は、自分は言ってしまってるかもしれない」というカミングアウトで、確かにという流れになった。そこから、それはいけないことだよねと自分のこととして気づいた。そのあと、気をつけるためにはどうすればいいかという話もなったから。
宮本	谷口	・自分は解決策ばかりを考えていたのに対し、谷口は「そもそも」に目を向けていた。問題の背景を考えられていたから ・自分はどうしたら長ズボンOKになるかを考えていたのが、谷口は、なぜ半ズボンなのかを考えていたから。それを言われた瞬間、なるほどと思った
重田	谷口	・意見をしっかり持っているから ・伝え方が上手だから ・グループの話が続くようにできるから
溝辺	谷口	・谷口は日本語教師を目指してるだけあり、学習者目線で考えることが若干多かったし、教師という立場にも立って、もっとこうしたほうがいいといった意見も多かったから ・インターン経験も聞き、刺激になった
中井	中村・谷口	・話し合いが途切れないから ・司会者じゃない時も話を回すことも多くて、たとえば意見を言ったあとに、「どう？」っていうところまでをセットしてくれていた。意見を言える環境を作ってくれた。
星	谷口	・1つ1つ話す内容が的確で、場の雰囲気が一新される ・谷口もアトピーの持病を持っており、幼稚園のときに先生に説明していたが、ほかの人には説明してなかったことで、あの子だけ何故長袖とか思われていたという経験談があった。 ・自分はDさん親子とか、その場のことしか考えてなかったけど、谷口は自分の立場になって置き換える。自分の経験談を生かして、このケースに取り組む。
大澤	谷口	・すごく聞き取りやすい。明るい感じで内容が頭に入ってきたから

　次に、長田の対話セッションへの姿勢についてである。長田も谷口同様に発話量が多いのが特徴であった。そのことが一つの理由となり、本研究での分析対象とする。以下は、長田のフォローアップインタビューでの発話である。

最初は、カフェ感覚っていうふうに先生がおっしゃってくださってたんですけど、やっぱりどうしても発表形式っていうか、1人1人こう思いました、こう思いましたっていうふうになってたのが、後半になるにつれて、結構仲良くなれたっていうのもあってお互いの意見に対して、あ、でも、なんかここは、自分はこういうふうに思うよ、みたいな感じで、結構意見が言い合えるようになったのが、回を重ねるごとに、うまくなっていったのかなっていうふうに思います。
（長田；フォローアップインタビュー（2）、2021年2月）

　長田は3年生ということもあり、谷口のように率先し、他の参加学生をリードするといった責務は感じていなかったものの、対話セッションがどうあるべきかを考えながら臨んでいたことがわかる。発表形式でいることは良くないと思っていること、「お互いの意見に対して」「意見が言い合えるようになった」ことを「うまくなっていった」と表現している。教師が参加学生に対し「リラックスして臨んで欲しい、安心して意見を交わす場であって欲しい」と冒頭のオリエンテーションで触れていた。長田はそれを実践したいと考えていたことがここに示されている。
　次に、谷口と長田の思考変容の有無について概観する。谷口は全参加学生のなかで最も思考変容がなかった参加学生であった。谷口は発話量が最多でありながら、自身の思考変容はないということが数値で見えてくるが、実態はどのようなものだったか。
　表38は、全参加学生の発話量の平均と思考変容を併せたものである。谷口のように、［発話量が多い×思考変容が少ない］となる参加学生は、ほかに長田と溝辺である。この3名に共通することが3点ある。1つは、対話セッションのなかで積極的に意見を開示し、積極的態度で参加していたことである。また1つは、思考変容が少ないと回答しているとおり、事前省察と事後省察の内容があまり大きな違いがないが、事前省察の内容に対し、確信を深める記述が事後省察に見られるという点であった。そしてもう1点は、過去の体験、感情といったゲシュタルトに触れる発話が相対的に多かった点である。反対に、［発話量が少ない×思考変容が多い］となる参加学生は、川崎、中井、星、大澤であった。川崎、中井、星、大澤の4名は、他の発話量が多く、ゲシュタルトに触れる発

表38　参加学生の発話量・思考変容・対話の階層（平均）

	1セッションあたりの発話量（延べ語数）平均	思考変容の平均	対話の階層の平均
川崎	674.2	2.8	3.50
中村	1307.6	3.4	3.50
谷口	1819.4	1.7	3.83
長田	1535.4	2.5	3.66
宮本	900.6	2.7	3.42
重田	1151.4	2.8	3.90
溝辺	1156.5	2.0	3.58
中井	502.3	3.2	3.33
星	1080.5	3.2	3.42
大澤	776.5	3.3	3.50
（平均）	1090.44	2.7	3.56

話の多い参加学生の話を聞くことで、たびたび影響を受けており、川崎、中井、星、大澤はあまり自分の意見を言わなかった。極端に発話量が低いセッションも複数回あり、発言に苦慮していたことがフォローアップインタビューで明らかになった。ただし、そのぶん思考変容は大きく、特にただ一人の2年生の大澤は先輩たちの意見に多大な影響を受けていた。星はフォローアップインタビューで、「自分はDさん親子[2]とか、その場のことしか考えてなかったけど、谷口は自分の立場になって置き換える。自分の経験談を生かして、このケースに取り組む」といったことを述べている。星自身、谷口の発話内容の特質や趣向に気づいていたことがうかがえる。

　以上のことから、谷口と長田は両者とも参加学生のなかでは発話量が多いという特質を持っていたことがわかる。また、印象に残った参加学生という質問でも上位2名で谷口と長田の名前が挙がった。2人とも思考変容が大きい方ではないが、他の参加学生に積極的に自分の意見を開示することで影響を与えていたことがわかった。本章では、谷口と長田の省察を実証的に分析することでケース・メソッド課題を通して、どのような思考変容をたどるかを明らかにする。

第7章　実証的分析（2）：参加学生の省察の様相

7.2 谷口:リーダーシップを発揮した参加学生の省察

7.2.1 谷口のバックグラウンド

ここでは、分析の対象とする1人目の谷口（仮名）のバックグラウンドについて整理する。参加学生のバックグラウンドが省察に影響すると考えるためである。

調査時（2020年9月）、谷口は大学4年生の女子学生であった。大学ではアジア文化学科に所属し、韓国語を中心にアジアの言語や文化、政治について勉強していた。出身は福岡県で、大学も県内の進学となる。

大学では国際交流ボランティアという団体に入っていた。国際交流ボランティアは学内の国際交流全般に関わり、交換留学生や学部留学生とのイベント企画を中心とした活動を行う。谷口はそのなかでも交換留学生との交流に強い関心を示し、筆者が担当する共修授業（日本人学生と交換留学生が同時履修する科目）に登録し、韓国人留学生のバディ[3]としてともに学んでいた。休みの日に一緒に遊びに行くなどしており、留学生だからというより気の合う友人ができて自然にそのような付き合いとなっているようであった。学習態度は非常に良く、バディの学生の様子で気になることがあれば筆者にすぐに相談に来るなど、コミュニケーションを大切にしていることがうかがえた。また、交換留学生の歓迎会や送別会では企画、司会進行役を行い、リーダーシップを発揮していた。

長期の留学経験はなく、短期研修として1か月のみ韓国（仁川）で韓国語を学んだ。韓国音楽に親しんでおり、学業と趣味とがうまくリンクしているようであった。

希望進路は4年生になるまで日本語教師としていた。谷口は3年生の春休みに日本語学校での1か月のインターンシップ[4]に参加した。インターンシップでは教材整理・作成といった授業以外の作業と日本語教師のアシスタントとして学習者の会話パートナー、最終段階では実際に授業を行うというように多岐に亘る活動をした。参加して学んだこととして、「（インターンシップ先は）学生さんの情報、学生さんがどのような学生さんで、どこから来ていて、どのようなことが好きなのかっていうのを取り入れて授業をされていたんですけど、就職活動をするときにもどの

ような会社で、これから先どうなっていくかという情報を集めてリサーチして就職活動をするようになりました」と述べた。4年生になる頃に新型コロナウイルスの流行で日本語教師の就職を断念し、畳を扱う企業へと進路変更をした。フォローアップインタビューによると進路変更に対し「日本の伝統や日本らしいものに触れて、新しい知識を身に付けるっていうのもいいかなと」と述べている。

次の表39は谷口の対話セッションの状況である。この表からわかることは、谷口は思考変容が非常に少なかったこと、発話率は大変高く、高すぎた余りグループ内のバランスを欠く回が12回のうち4回あったこと、対話の階層の高いグループに属していたことという3点である。

表39 谷口の対話セッションでの状況

		参加したグループ	発話率（％）	対話の階層	思考変容
ケース1	1回目	Aグループ	61.5*	4	あまり変わっていない
	2回目	Aグループ	30.8*	4	
ケース2	1回目	Aグループ	28.9	3	あまり変わっていない
	2回目	Bグループ	27.5	4	
ケース3	1回目	Cグループ	36.1	4	あまり変わっていない
	2回目	Aグループ	33.7	5	
ケース4	1回目	Aグループ	39.8*	5	わからない
	2回目	Aグループ	41.9	5	
ケース5	1回目	Aグループ	42.8	3	あまり変わっていない
	2回目	Aグループ	26.8	4	
ケース6	1回目	Cグループ	49.9	3	あまり変わっていない
	2回目	Cグループ	55.7*	2	

＊＝発話の量が過多であったことを示す。

以上のことから、谷口は海外での国際経験こそないものの、自身がその段階でできる範囲でやれることを見つけ楽しむことのできる資質があると考える。日本語教育に対しても、日本語そのものというより、留学生との関わりが好き、海外への興味といったところが出発点になり志したという言動が多々あった。そのため、日本語教師でなくとも国際交流ができる職業にも早い段階から目を向けていた。

7.2.2 分析

ここでは、谷口の省察の特質を探るべく、4つの観点から分析を行う。

まずは他の参加学生から見た谷口のケース・メソッド課題への向き合い方という姿勢の面である。次に、谷口の特質である思考変容の少なさに関する考察を行う。また次に谷口の視点の偏重、すなわち常に学習者の立場に寄り添うことを努めることについて着目し考察をする。最後に、谷口の全6回の省察の過程を可視化し分析を行う。以上の4つの分析から、谷口の省察の特質を明らかにしていく。

7.2.2.1 谷口の分析①　ケース・メソッド課題への向き合い方

谷口は表19（p.79）にあるとおり、10名の参加学生のなかで最も発話量が多かった。参加学生10名のうち3名が4年生であり、グループ編成をする際、なるべく同じ学年の参加学生が偏らないよう配慮した。そのため、谷口自身が場を仕切ろうとするなど、盛り上げなくてはならないといった意志が出ていた。

図20「印象に残った学生（フォローアップインタビューでの回答、複数回答可）」（p.124）にあるように46%の参加学生が「最も印象に残った学生」として谷口の名を挙げた。なぜ谷口が印象に残ったかという理由とし、3点の特徴が見られた。まず、問題の背景の部分を考えようとした点である。

> 意見を言ったあとに、「どう？」っていうところまでをセットでしてくれていた。意見を言える環境を作ってくれた。
> 　　　　　　　　　（中井；フォローアップインタビュー（1）、2021年2月）

中井は谷口に関し上記のように述べており、谷口がケースの解決策を考えることに終始するのみではなく、根本的な部分を先に考えることを挟み、解決策へ進むという思考をしていたことがうかがえる。

次に、複数の視点で考えたという点である。

> 学習者目線で考えることが若干多かったし、教師という立場にも立って、もっとこうしたほうがいいといった意見も多かった。
> 　　　　　　　　　（溝辺；フォローアップインタビュー（1）、2021年2月）

とあり、こうした視点のバランスという側面も他の参加学生に比較し特徴があった。
　また、最も多く挙げられたのが「経験談」が引き合いに出される点である。谷口はケースそれぞれに自己の経験をもとに一度考察することが多く見られた。

> 谷口さんは肌の持病を持っており、幼稚園のときに先生に説明していたが、ほかの人には説明してなかったことで、あの子だけ何故長袖とか思われていたという経験談があった。自分はDさん親子とか、その場のことしか考えてなかったけど、谷口さんは自分の立場になって置き換える。自分の経験談を生かして、このケースに取り組む。
>
> （星；フォローアップインタビュー（1）、2021年2月）

　なお、参加学生は「印象に残った学生」として、46%が谷口の名前を答えたと述べたが、その全員が3年生と2年生という下級生からであった。下級生に影響を与え、「話しやすい。場の雰囲気が一新する」（星：フォローアップインタビュー）とあるように、下級生が委縮することなく発言ができような谷口の配慮もあったことがうかがえる。こうしたふるまいは第6章の重田の分析でも挙げた「心理的安全性」があったことを示唆する。
　以上、谷口のケース・メソッド課題への取り組みを確認したところ、他者への配慮が見られ、対話セッションの充実に貢献するふるまいがあったことが明らかになった。

7.2.2.2　谷口の分析②　思考変容の低さ＝自己像を確認すること

　ここまで谷口のケース・メソッド課題への向き合い方から、10名の参加学生のなかでも対話セッションの充実に貢献するといったふるまいがあった点から望ましい姿勢であったことが考えられよう。
　では、そのような望ましい姿勢で臨む参加学生の省察の様相はどのようなものだろうか。図21（p.132）に谷口と長田のケースごとの思考変容の有無を示す。

各セッションの事後省察の際に、「対話セッションを通じ考え方が変わったか」といった問いがあった。図21は、その問いに対し、谷口と長田がどう回答したか、10名の参加学生の回答の平均はどうであったかを示したグラフである。10名の参加学生の平均は2.7で「少し変わった」に近く、大幅に変わったというものではなかった。そのなかでも、谷口の平均は「わからない」の回を除くと、2.0で「あまり変わっていない」というものであった。一見すると、対話セッションに参加したところで何も変わっていないとすれば、参加した意義がなかったのではないかとも考えられる。

　では、谷口は深い省察を行っていなかったのか。発話量と発話内容から検討していきたい。

　発話量の谷口の平均は1819.4で、全体平均の1090.4を大きく上回っている。

　発話内容については、本研究の第1章にて、省察の深化の指標とし「具体的な感情や思考、ニーズ、行為について注意深く考察」という観点を掲げたが、ここに合致するものが各回に見られた。対話の階層の谷口の平均が、3.8で、全体平均の3.56と比較すると高かったことがうかがえる。このように谷口は相対的にではあるが、対話の階層の高い点数のグループに参加していたことになり、点数を押し上げるような発話が随所

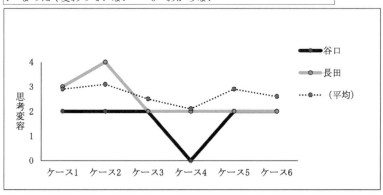

図21　谷口・長田のケースごとの思想変容の有無

に見られた。

　これら資料から、谷口は対話セッションを通しても自身の考えは「あまり変わっていない」ということであったが、対話の内容をみたところ、深い省察がなされていた可能性が示唆される。谷口は思考変容がなかったというより、事前作文で書いたことを対話セッションで話し、当初の確信をより深めたということがいえるのではないだろうか。換言すると、思考変容というよりは、むしろ自己像を確認するプロセスであったと考えられる。一方で、フォローアップインタビューでは、以下のような発言があり、異なる意見の参加学生に対する言及もあった。

> 同じ学科の子だと、同じような見方だったりとか、習ったこととかって結構近かったりすると、似たような角度からものを見てるんですけど、他学科の学生さんと話すと、すごく着眼点が違うというか、見てる部分が違ってて、すごく楽しかったです。（略）4回目の「ここは日本だから」のときに、最初に話したときは英文の学生さんとア文の学生さんで話したんですよ、私のグループが。そのときはどちらかというと、日本のルールだから、外国人のその子どもたちには守ってもらわなきゃっていう意見が出てたのに対して、2回目のときに、たぶん長田だったと思うんですけど、日本のルールを変えていかなきゃみたいな言ってたのを見たときに1回目では出なかった意見が、ここでポンと出てくるのは、すごく視野が広がるというか見ててよかった。
>
> 　　　　　　　　　（谷口；フォローアップインタビュー（2）、2021年2月）

　自身の省察を上記のようにふりかえった。これは第6章の表28「ケース4「ここは日本だから」の事前省察文の意見概要」（p.93）で論じた、事前省察において意見が二分したケースであった。谷口はどちらかというと、しっかり説明しさえすれば保育園は長ズボンを認めてくれるだろうという、努力の比重をDさんに置く立場であった。すなわち、どちらかと言えば合わせる側だと思うのが谷口の考え方であった。

　ところが、反対に長田は社会全体が変わっていかなくてはいけない問題という立場を表明した。そこで谷口は対話セッションにおいて異なる

表40　谷口の事後省察文

1	あまり変わってはいないのですが、話の中で多くの矛盾があるように感じました。服装にこだわることは異性を意識するのではなく自分のためです。ですが必ずしも自分のためなのではないのかもしれません。話し合いの中で出たライブに行く時に着る服装。これは自分のためなのか、人に見られるからなのか。デートをする時に着る服装。これも自分のためなのか、相手に気に入られたいからなのか。相手に気に入られたいからであれば、留学生Aさんの異性に媚びていることになります。**正直考えがわからなくなっています。**
2	あまり変わっていません。先生はBさんを含めて担任を務める学生が同じ環境で生活している訳ではないので気にする必要があると思います。これは学生の年齢性別関係ありません。学生は海外から来日しているわけですから、コミュニケーションをとり、学生が話しやすい環境をつくるべきです。そしてBさんは先輩が言った「絶対し進学できる学校がある」という事を鵜呑みにせず、自分の出来る範囲で学業とアルバイトを両立させるべきだと思います。
3	やはり登場人物の先生たちはやり過ぎですし、職員室で生徒の失敗談を話す事は良くないと思っています。自分がされたら嫌なことはしたくないです。
4	**正直わからなくなりました。**様々なことを認めていく必要はあると思います。ですが、なんでも認めていくとルールがまとまらなくなり、最終的に厄介なことになりそうだと思います。変わってないという点としてはDさんの話に介入しすぎないようにすることです。多文化共生を教えていかなければならないことはわかりますが、Dさんの1人の話に介入しすぎるのはちょっと。
5	やはり先生である「わたし」はAさんに合わせるのではなく、Bさんに合わせていく方がいいなと思ったので考えは変わりません。ですが話し合いを進める中で焦点がやはりBさんに向いていてAさんは努力する考えに違和感を抱いたことも事実です。頑張っててもできないものはできないので。
6	同意見の人が多かったため、意見が変わることはなかった。やっぱり「わたし」は今の状況を打破したいと思っているけれども、どうも行動に移していないところを考えると意見は変わらず、「わたし」は行動をしなくてはならないと思う。

意見を聞き、それを受け入れる体験をしていた。上の表40「谷口の事後省察文」にはそれが表れており、対話セッション直後の省察文においては、ケース1「日本の女性は媚びている？」とケース4「ここは日本だから」では「正直考えがわからなくなっています」「正直わからなくなりました」という記載があり、他者の意見を聞くことで混乱していることが読み取れる。

以上のことから、谷口は「変わっていない」としながら、「わからなくなった」セッションもあり、また自己の省察を他者と交換することで強固にしていったことが、事前・事後省察により明らかになった。

谷口の省察は過去の経験に基づくものが基本であるため、自己のなかにすでにその時点での答えといったものが存在することを示唆している。その答えとは、コルトハーヘンの言う〈小文字の理論〉となるが、他者との省察により、それを強化するプロセスになっていたともいえるし、反対の意見を聞くことで強い混乱を感じることもあった。

ただし、それがたとえ経験に基づくものであっても、「ALACTモデル」の5つの局面を経た省察であると断じることはできない。図4「専門性の三位一体モデル（舘岡、2019、p.170）」（p.28）における谷口はケース1とケース2の事後省察において「分からなくなりました」という表現を用いている。舘岡（2021）は、日本語教員養成という場は「やり方そのものを学ぶのではなく、やり方を生み出すプロセスを学ぶ」場であると規定しており、谷口はそのただなかにあり、複眼的にケースに対峙するというトレーニングを行っているとも考えられよう。逆のことで考えると、ケース1であれば、「Aさんに多様な見方を気づかせるために、日本人数名にインタビューをさせれば良い」のように解決策を提示することが目的になってしまうことである。それは「やり方そのものを学ぶ」ことになってしまう。ところが、谷口はケースの根底に目を向け、常に「そもそも」を考えようとしていたことから、思考変容が少ないが、深い省察を行っていたとみなすことができるのではないだろうか。

7.2.2.3　谷口の分析③　視点の偏重：学習者の立場に寄り添いたい

谷口の省察の最大の特徴は経験に基づくものであった点である。また1点は、谷口の省察の特徴に学習者の立場に寄り添いたいといった点であった。

谷口は、対話セッションでの発話のなかでは、「傷つく」と「否定」という表現を多用しながら、学習者の立場と心情に共感を示し、今後の行動について考察をめぐらせていた。以下に2つの例を挙げる。

ここでは、「◆」の後に、谷口の語りの簡潔な概要、「／」の後に、主にだれの視点に立ち語ったかを筆者が付記している。また、ゲシュタルトの想起と思われる核の部分に下線および太字を付した。また、極力逐語録としてそのままの発話を残しているが、談話分析ではないため、フィラー等は筆者が判断し取り除いている。

発話資料1　【谷口：ケース1「日本の女性は媚びている？」_1回目_Aグループ参加】
◆英語学習者としての自己と教師との関係性についての語り・願望／視点：学習者
　だけど、なんかそれを、留学生にうまいように伝えてあげたい。なんか否定し

たら、それは 傷つく だけ。自分が英語の授業とかで、フィードバックが帰ってきた時に、なんか間違えだけ書かれてても、なんかこう、 傷つく 。
自分の能力がないんだなって 傷つく けど、たとえばじゃあ、こうしてみたらとか、これ調べてみたらっていうのがあれば、あ、やろうって、英語からも離れないし、やる気が出る。
なんかそれを今、結構卒論とかで考えながら、先生からこういうの調べてみたらって言われたら、やる気が出るけど、なんか、ああいいんじゃないとか、ああそうなんだで終わるとちょっとやる気が、ああ、そんな感じなんだってなるけど、ちょっと一言、ああ、なんか親身に、なんか結構私、Zoomで連絡とか取りながら、ゼミをしながらしてると、なんかそうやって親身に聞いてくださると、ちょっとこう、気持ちも楽になるし、次の発表も頑張ろうって思えるから、

発話資料2 【谷口：ケース2「疲れている学生」_1回目_Aグループ参加】

◆アルバイトに忙殺されるということについての語り／視点：学習者・教師

でも、高校とかにも絶対いません？ アルバイトして居眠りする人とかって。だし、大学もそうですけど。ま、その人の言い分も分からなくもないなって思うから、何か一概にBさんが悪いとも言えないかなとも、私は思います。
私は、何か最初は、何か奨学金とか借りれないのかなとか、いろいろ考えたんですよ。学生にそういう相談が、提案ができないかなって考えたんですけど、でも結局、たぶん居眠りとかしていると、成績、態度が悪いっていなると、奨学金も出づらいのかなとか、いろいろ考えると、そういう提案も無理にしてしまうと、かえってBさんを 傷つけちゃう 可能性、やっぱり申請できませんでしたとかなってしまうと、かえって 傷つけちゃう ので、うん、私はどうしていけばいいのかなって、まだちょっと考えているんですけど。でも実際に私が仕事をしてしまったら、たぶん、仕事をしていたら、たぶん、先生、新任の先生と同じ意見になると思うんですよ。先生の最終目標は、やっぱり卒業させて、進学をさせることであれば、やっぱそう言ってしまう気持ちも分かるから、ううん、考えどころです、まだ。

　発話資料1は、留学生であるAさんが日本の女性は着飾ってばかりで、男性に媚びている？　ように思うといったところ、新任教師であればどうするかといったケースに対する対話セッションでの発話である。ここでは、谷口自身の英語学習者としての経験を語った。また、教師がどのようにあれば学習者にとり良いことなのか、といった〈願望〉を述べている。谷口の発話から、Aさんの言動はすべて是であるとはしておらず、Aさんに対しフィードバックをし、再考させるにはどうすればよいかということを前提に語っていた。それに際し、ただ違うとだけ「否定」することは「傷つく」とし、複数回にわたり「傷つく」という表現を用いた。

　また、発話資料2のケース2「疲れている学生」は、アルバイトに追われ、勉強が疎かになってしまう学習者に対し、どう対応すればよいか

といったケースであった。ここでも谷口は、ケース1「日本の女性は媚びている？」の際と同様に、学習者側の視点に立った。勉強が疎かになっていることを本末転倒であると一刀両断する参加学生もいたが、谷口は学習者側に立ち、「一概に悪いとも言えない」としている。さらに、「傷つく」という表現を用い、Bさんの心情を慮っている。

こうした思考は、学生という立場であるからこそではないだろうか。「傷つけてはいけない」、やみくもに「否定」をすることはいけないといった表現には、谷口の過去の経験が反映されており、それが教育観の形成につながることが考えられる。

7.2.2.4　谷口の分析④　省察の過程

図22「谷口の省察過程」（p.138）について概観する。この図は、縦が時系列で、1ケースあたり2度ずつ行った対話セッションで、横軸が省察の内容を日本語教師の活動の場である「日本語学習者に対する省察」、「自己に対する省察」、「学校や周囲の教師に対する省察」、「日本語教育全体に対する省察」に分類した。下の図18は、ケース・メソッド授業における省察の場は疑似体験の場ともいえ、それを図化したものである。図18の考え方をもとに、図22「谷口の省察過程」の横軸の内容を決定した。

図22の「谷口の省察過程」から見えることは、ケース・メソッド課題を進めるにつれ、時間に比例し省察を深めることができるようになるといったことはなく、ケースごとに対話の階層がばらつく傾向となること

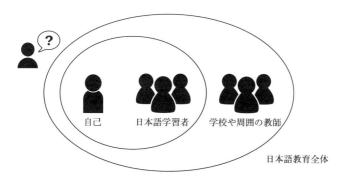

図18　日本語教師の活動の場と本研究における6つのケース（再掲）

省察の変容過程(全体)		日本語学習者に対する考察	自己に対する省察	自己に対する省察	学校や周囲の教師に対する省察	日本語教育全体に対する省察	共感的省察	批判的省察
1-1	自己の認識	ただの否定をきずつく	Aさんと自分のおしゃれの意義の相違					
	願望	ただの否定ではなく、うまくいく方策を伝えたい						
1-2	新たな行為の選択へ	採用されないのに奨学金を勧められるとかえって傷つく						
2-1	批判的省察				Bさんのような人は多い	Bさんをとにかく卒業させたい		
2-2	理想論を語る自分に気づく							
3-1	経験談;インターンシップ、反発			教師と学習者のコミュニケーションの重要性	頭ごなしに叱るのは意味がない 学習者を笑うことに対する嫌悪感			
3-2	教師と学習者の対等性				教師が対等に接してくれることは嬉しい	新米は逆らえない		
4-1	日本語教師の役割					学習者を笑うことは自分の指導不足を笑うのと同じ 日本語教師は社会との橋渡しの役割を持つ		
4-2	日本社会の中での多文化共生	感情的になることはマイナス						
5-1	クラスの雰囲気が学習に及ぼす影響			授業の要望を伝えたとらえる受け入れてもらえた経験 クラスメイトとの相互作用・互恵性	クラスの雰囲気をよくしたらいい			
5-2	レベル別クラス編成の重要性							
6-1	消去法の就職活動			やりたい仕事より、見つかった仕事（コロナ禍）		レベルチェックを頻繁に確実にすべき		
6-2	行動を起こす			日本の学校のインターンシップで意外とキラキラしていない現実		悩むばかりでなく行動を全てべき		
	自問は一見にしかず						Dさんのことをどれだけ社会が受容できるか	

図22 谷口の省察過程

であった。これは総合的な結論をするには尚早となるが、少なくとも6回という長さは省察力を格段に上げるほどの回数ではないことが仮説として立てられよう。

　谷口の省察には一貫性が見られた。谷口はケース内の登場人物の力関係に意識が向き、立場の弱い方にまず視点が向く傾向があった。ケース1では、日本の女性が着飾ることで媚びている？　という一方向の意見に困惑する新任教師の葛藤であったが、谷口は自身の経験に基づきながら、学習者を単に否定することで傷つけてはいけないと主張した。つまり、この場合の力関係は学習者Aさんのほうが弱いと考え、そのAさんを傷つけてはいけないという考えが見られる。また、ケース2のアルバイトでも同様で、過労で居眠りをする学習者Bさんのほうにまず視点を置いた。そして、Bさんを責めるというより良い方向に向かうにはどうしたらよいのかについて考えを広げた。ケース3においても、先輩教師と新任教師の自分や学習者という力関係の構造から、前者の非を指摘した。

発話資料16　【谷口：ケース6「何のために働くのか」_2回目_G-C参加】

◆百聞は一見に如かずについての語り／視点：自己

　インターンに行って、3週間前くらいかな、行ってたときに、ああ、日本語学校ってこんな環境なんだなって。やっぱり、テレビで見るとか、今まで漠然と思ってるのとはやっぱちょっと、ねえ、違うというか。ああ、ここまでこの先生の仕事なんだ。思ったから。何か、その、この先生はどうだったんだろうって、大学のときとか行ったことあったのかなっていうのも、たまに、あのう、読みながら少し思った。だから、こうやっぱ、キラキラしてる、何かその、やりたいっていうことだけで入ってき、入っちゃったのかな。こんな、こんな仕事？　っていうのじゃないけど、たとえば、私が普通に思ったのは宿題の答えがないっていうのは、びっくりした。答えがなくて、宿題、を、あ、丸付けてって言われたときに答えがなくて、ちゃんと、自分で教科書見ながら合ってるか確認してからいくっていう。

7.2.3　谷口の省察に関する小括

　これまでの分析から、谷口の省察は望ましい姿を持つものといえるのではないだろうか。その理由とし、3つのことが考えられる。

　第一に、谷口は他の参加学生の思考の深まりを補佐する役割を担っていたと考えられるためである。谷口は思考変容が全参加学生のなかでも最も低く、事後省察シートから対話セッションを挟んでももともとの考

えは変わることがなかったという自己認識を持っていたことがわかった。一方で、表37「「印象に残った学生」とその理由（フォローアップインタビューでの回答）」（p.125）にあるように、参加学生が印象に残った学生として、最も多く名前を挙げられていた。その理由としては、問題の根本的な部分（前提条件）についての言及があったからといったものがあり、これはコルトハーヘン（2001/2010）における〈小文字の理論〉の構築に資する行為であるといえる。問題の根本的な部分に焦点を当てることで、対話セッションの参加学生の思考をより掘り下げることができるためである。このように、自己の思考変容はなかったとしながらも、谷口は他の参加学生の省察を促す役割を担っていたと考えられる。また、思考変容がなかったとしながらも、十分な発話量をもって主観を含む、自己の経験や考えを言語化した。そのため、対話セッションが自己像を確認するプロセスとなっていたことが考えられる。

　第二に、谷口の省察の望ましい姿として、ゲシュタルト想起が高頻度であったことが挙げられる。特に、大学生という立場からケースを捉え、自然と学生としての自己の過去の経験を引き出すことが多くなった。次ページに表41「谷口の出した「過去の経験」」をまとめた。このまとめは、各ケースにあった谷口のゲシュタルト想起と判別した「過去の経験」である。これらを見ると、高校時代の自己を中心とする学生としての自己の過去の経験を引き合いにしていることが見て取れる。省察とは、「過去の経験に新しい経験が上乗せされ、2つを照合しながら、新しい価値観や持論を見出す、その次の段階に新たな行為の選択肢が出現することであること」が示される。谷口の場合も、そのようなプロセスをたどっていたが、ここで重要なのは「2つを照合しながら」という部分である。谷口はこの点が優れており、過去の経験を言語化し、目の前のケースに照らし合わせながら省察を行うことができていた。過去の経験は一般に誰しも持つが、それを丁寧に言語化することが重要であるということを谷口の分析をもって証明されたといえるのではないだろうか。

　最後に、「8つの問い」に沿う、複眼的視点があったことも谷口の省察の姿の評価すべき部分である。ケースに登場する学習者のみならず、新任教師、周囲の環境などに視点を広げて省察が行われていた。これは事前省察の「8つの問い」により満遍なく各立場に共感するようしたため

表41　谷口の出した過去の経験

ケース	実体験
ケース1 日本の女性は媚びている？	①自分のおしゃれについて： 　ファッション雑誌を読む 　モテたくてメイクをするわけではないこと 　アルバイトやライブでおしゃれを変える ②授業でのフィードバックについて： 　英語の授業でただ間違いだけ指摘されたときは傷つく 　先生から代替案をもらえるとやる気が出る
ケース2 疲れている学生	③居眠りしている友達について： 　いつも寝ている人はどこにでもいて、周囲ともコミュニケーションが取れていない ④先生に気にかけてもらったことについて： 　先生から大丈夫かと声を掛けられ、話をすることですっきりしたこと ⑤居眠りしてしまう自分について： 　「先生ごめん」と思いながらも寝てしまう ⑤インターンシップで教師の立場を経験したこと： 　授業準備は大変なのに寝られると悲しい
ケース3 職員室での談笑	⑥中国語の先生の発音指導： 　厳しすぎると、間違うのが怖いので消極的になる ⑦飲食を禁じること： 　高校時代に帰りにご飯を食べに行くことで交流がはかれて良かった ⑧静かに叱る教師： 　高校時代の国語の先生が静かに叱る先生で、とても怖かった 　体育の先生はいつも怒鳴っていた
ケース4 ここは日本だから	⑨幼稚園時代のカーディガン： 　肌が弱かったので特別に長袖を着させてもらっていたが、先生が周囲に説明しなかったため、好奇の目で見られ嫌な思いをした。 ⑩研修生との交流： 　高校時代、行事で外国人の研修生を交流した
ケース5 主導権は誰にある？	⑪授業内容について意見をした： 　高校時代、要望をしたら対応してもらえた ⑫友達との教え合いの効果
ケース6 何のために働くのか	⑬就活の経験： 　仕事を選ぶときには、給与だけではなくやりがいも考えた

であると考えられる。ただ、主に学習者への肩入れが多いという「偏り」の点は自身が学生という立場に起因するものと思われる。こうした自分の置かれている立場でケースをみるということは自然なことであるとはいえ、反対の立場、周辺的な立場への視点の送り方も強化する必要性は課題である。

　以上のことから、十分な発話量をもって省察を行った谷口の姿は、望

ましい省察の形態であったとみなすことができるのではないかと考える。

7.3 長田：分析型の参加学生の省察

7.3.1 長田のバックグラウンド

　ここでは、分析の対象とする2人目の長田のバックグラウンドについて整理する。長田は、1セッションあたりの平均延べ語数が1535.4語で谷口の1819.4語に続き、2番目に発話量が多かった。参加学生全体の発話量の平均は、1090.44であったことから、両者とも、かなり発話量が多かったことがわかる。

　以下の表42「長田の対話セッションでの状況」からわかることは、発話率が概ね高く、対話の階層の高いグループに所属することが多かった点である。

表42　長田の対話セッションでの状況

		参加したグループ	発話率（％）	対話の階層	思考変容
ケース1	1回目	Cグループ	34.7	3	少し変わった
	2回目	Aグループ	31.9	4	
ケース2	1回目	Aグループ	50.7*	3	大きく変わった
	2回目	Aグループ	56.1*	3	
ケース3	1回目	Bグループ	47.5	4	あまり変わっていない
	2回目	Aグループ	41.6*	5	
ケース4	1回目	Cグループ	39.6	3	あまり変わっていない
	2回目	Aグループ	41.1	5	
ケース5	1回目	Bグループ	27.1	4	あまり変わっていない
	2回目	Aグループ	25.3	4	
ケース6	1回目	Bグループ	48.8	3	あまり変わっていない
	2回目	Aグループ	43.5	3	

＊＝発話の量が過多であったことを示す。

　長田は、調査時（2020年9月）は大学3年生の女子学生であった。大学では日本語・日本文学科に所属しており、長期留学経験はない。大学進学の理由は、日本語教師になるためであったと公言していた。特筆すべきは、学業成績が優秀であったことで、どのような科目であっても確実にこなす資質があることが証明されている。

　フォローアップインタビューで日本語教師を目指すきっかけについて

尋ねたところ、高校時代、ブラジル人の男の子と文通をしたことがそれにあたると語った。その相手に日本語を少し教えたところ感動され、母親にも「日本人の女の子が日本語を教えてくれた」と報告しており、それが嬉しかったという。ただ、日本語教師の良い面ばかりしか見えていないのではないかと尋ねると、次のように語った。

> やっぱりどうしても暗い面とかをネットで調べてると、どうしてもやっぱ目にすることはあったんですけど、なんかそれよりも、そのブラジル人の男の子に与えてもらった感動のほうが大きくって、そういう意見を見てもあんまり心がめげなかったっていうか、そういう<u>きつい面はあっても、日本語教師が自分はやりたい</u>っていうふうに思えたから。あんまりそういう<u>ネット記事だったりに影響されたりっていうのは、今まではないかな</u>というふうに思って。
>
> （長田；フォローアップインタビュー（3）、2021年2月）

上記のことは、長田の経験に触れることで、ゲシュタルト形成に寄与しているといえるのではないだろうか。〈大文字の理論〉、すなわち一般的な情報では、日本語教師の待遇が良くないということが言われているが、自分の過去の経験で起こった感情によりつくられた価値観、見通しという〈小文字の理論〉がすでに長田の内側には存在していることがわかる。

長田は、大学では日本語教育のサークルに入り、月2回の日本語ボランティア教室の運営を行っていた。そこでは近隣に居住する留学生や就労者が学習者として訪れ、施設の利用のみで自分たちで教室を運営している。学生のほとんどは同世代の外国人と交流がしてみたいという動機で、長田のように日本語教師を目指す者は少数である。長田は中心になり熱心に取り組むというより、当番の日に参加する程度の関わり方であった。ところが、大学3年生の初めに新型コロナウイルスの影響で、教育実習等が中止になり、入学以来希望していたような活動はすべてできなくなった。特に、海外で日本語教師がしたいという希望がくじかれてしまっていた。本研究におけるケース・メソッド課題は、3年後期に参加したため、そうした失望のさなかであった。

これ以降は、ケース・メソッド課題終了後のこととなる。長田が、マレーシアの大学との交流会（有志のみ）にも参加しており、Zoomを利用し日本語を教えることや会話パートナーに従事した。また、しかし、4年時に関西の日本語学校の常勤講師に採用され、当初の希望であった日本語教師の職に就くことが決まった。

以上のことから、長田は大学の入学動機は日本語教師志望であり、日本語教育に絞り熱心に学んだ参加学生であった。この点は国際交流や韓国語学習に力点を置いた谷口とは異なる。

7.3.2 分析

ここでは、長田の省察の特質を探るべく、4つの観点から分析を行う。

まずは他の参加学生から見た谷口のケース・メソッド課題への向き合い方という姿勢の面である。次に、長田が他の参加学生との力量はじめとする差を見せたが、その諸相について踏み込む。また次に長田の省察の特質であった俯瞰的視野について考察を広げる。最後に、谷口の全6回の省察の過程を可視化し分析を行う。以上の4つの分析から、長田の省察の特質を明らかにしていく。

7.3.2.1　長田の分析①　ケース・メソッド課題への向き合い方

長田は参加学生のなかで2番目に発話量が多く、3番目に対話の階層が高かった。長田を例示する理由は2点ある。1つ目の理由は、谷口と異なり、思考変容があったためである。同じく発話量が多かった谷口は思考の変容は、自分自身はそれほどなかったと答えているが、長田は谷口と比較するとやや変容があったと答えたため比較対象とし取り上げる。もう1つの理由は、長田が参加学生全員のなかで最も強く日本語教師を志望していた参加学生であったためである。谷口も志望していたものの、長田ほど一本に絞っておらず、一般企業の就職活動も積極的に行っていた。谷口以外にも、大学の日本語教員養成の履修生のほとんどは、卒業直後は別の仕事をする。ところが長田は日本語教師を目指し、それに向かい勉強していることから、より日本語教育の現場に近い大学生であるといえる。長田のように、ケース・メソッド授業で培った省察力を活かす場がある参加学生の思考変容を分析することには意義があると考えら

れる。

　長田は対話セッションにおいて、他の参加学生に比べ、発話が長い傾向があった。表42「長田の対話セッションでの状況」(p.142)に長田の対話セッションでの概要をまとめたが、「*」[5]が付してある部分は、長田の発話が過多であったことを示す。3、4名で1グループという状況にあり、半分強を長田の発話ターンで占めるセッションもあった。長田自身、ケース・メソッド課題への向き合い方について、フォローアップインタビューで次のように述べている。

> 最初は、カフェ感覚っていうふうに先生がおっしゃってくださってたんですけど、やっぱりどうしても発表形式っていうか、1人1人こう思いました、こう思いましたっていうふうになってたのが、なんか<u>後半になるにつれて、結構仲良くなれた</u>っていうのもあって、なんかそのお互いの意見に対して、ここは自分はこういうふうに思うよ、みたいな感じで、結構意見が言い合えるようになったのが、その回を重ねるごとに、うまくなっていったのかなっていうふうに思います。
>
> 　　　　　　　　　（長田；フォローアップインタビュー（4）、2021年2月）[6]

　発話の過多が目立つが、面識のない参加学生といかに関係を築くか、いかに良いセッションにしていけるかを考えていたことがうかがえる。特に、対話セッションの進行形式について意識をしており、1人ずつがただ意見を出していき、意見の交差がないことを避けたいという意志がある。表17「本研究にて設定した対話の階層」(p.70)の階層4の「各参加学生同士の意見は交差することはなく深まらない」という状況を指すが、この状況が回を追うごとに改善されていったことを示している。長田の発話量の占める割合とフォローアップによる本人のコメントから、長田のケース・メソッド課題への取り組みの姿勢は、対話セッションの充実を念頭に置いたふるまいであったことがわかる。

7.3.2.2　長田の分析②　参加学生との差の諸相

　表21の「参加学生の各対話セッションにおける対話の階層」(p.82)を

参照し、長田の対話セッションでのふるまいを谷口と比較する。まず、長田は谷口に比べると、参加したグループの対話の階層がやや低い。対話の階層の全体の平均は3.56で、谷口が3.83、長田は3.66であり、上位群にあることは共通している。

　各セッションの分析メモから長田の省察の様相を抽出し、発話量の偏りを観察した。発話量の偏りの指標とし、グループが3名編成の際は50％以上、4名編成の際は38％以上を発話量過多とした。それに照らすと、長田は12回のうち3回が発話過多であった。その3回は、ケース3までの前半に集中していた。前述の「後半になるにつれて、結構仲良くなれた」とあるように、前半は対話セッションにおいて進行に気を取られ発話量が過多になってしまったことが考えられる。対話の階層の判定基準に発話の偏りが含まれるため、ここで対話の階層を下げたことがわかる。

　対話セッション内では、長田が正解を探すあまり、他者との省察が不十分であるとみられる場面があった。その例とし、ケース2「疲れている学生」の対話セッションの2回目について考察する。長田はAグループに参加し、上級生の川崎、同級生の溝辺と対話セッションに臨んだ。そこでは長田の発話量は56.1％で発話量過多、一方で川崎は6.2％で発話量過少であった。そこでは、社会の制度そのものに長田が疑問を投げかけた。「自分の生活を成り立たせるために必死こいてアルバイトをして、わたしも大学の授業でめちゃめちゃ寝たことがある」とBさんの置かれている状況に共感しながら、日本人の大学生のほとんどが奨学金を借りていることに触れた。「制度だったりがもう少し充実して、そういう支援を受けられるような立場になると、ちょっと違ってくるのかな」と述べた。これに対して、川崎は日本語学校でのインターンシップの経験を引き合いに、現実的にはそうした社会制度といった部分は1人の教師には動かしがたいものがあるとし、宿題の量を調節するといったことを川崎が挙げた。それを受け、長田も1人の教師ができることという視点になり、話を広げるようにした。ただ、長田もそれ以上は他の参加学生に話しを振ったりすることはなく、自身の用意した考察を話していくことにとどまった。自己に対する指摘は受け止めることは十分にできていたものの、他者への指摘、広い意味での触発は行っていない。そ

のため、一方的に意見を言って終わってしまうことに繋がっていた。

　長田は対話セッションにおいて意見をしっかり述べ、他者との意見の交差もあることが良いことは理解しながらも、参加学生との事前省察の深さの差が開くことがあり、長田と他の参加学生とのギャップが生じていた。そのため、準備した事前省察の内容を各自が述べて終わってしまうセッションもあった。

　このことはケース・メソッド課題そのものの難しさが露見した部分ではないだろうか。事前省察の深さ、参加学生ごとの元来の力量、参加学生の日本語教育に対するふだんの関心といったものの差が絡み、1人がどれほど深く考察をしたうえで臨んだとしても、他の参加学生の状況によっては対話の階層を上げることができないことがわかる。この部分は、ケース・メソッド課題の看過できない実践上の留意点である。

7.3.2.3　長田の分析③　俯瞰的視野：日本語教育環境の問題点への視点移動

　谷口の省察の最大の特徴は経験に基づくものであった点で、特に学習者の立場に寄り添いたいという省察が目立った。

　それに対して、長田の省察で特徴的であったのは、日本語教育の構造そのものへの言及や日本語教師の職場、労働環境としての日本語学校という俯瞰的視野が根底にあった点である。長田は参加学生のなかで最も日本語教師を現実的に職業として捉えている学生であったこともあり、情報収集をすでに行っていた。そうしたこともあり、先回りした発話も見られた。

　以下の発話資料3はケース6「何のために働くのか」の際のものであるが、悩んでいる新任教師に対して共感をするのではなく、「悩んで終わりにしている」といったふうに新任教師の姿勢を誤ったものと指摘した。次に、「悩んでいる状況っていうのが、ある意味ステップアップの機会」と悪い状況をポジティブに捉えなおすとった発言が見られた。これは、一見すると冷ややかでわかったつもりになっているような内容にも受け取れるが、続けて、授業改善への機会になる、さらには日本語学校だけはない働き方を示すといったふうに先回りした視点の移動、換言すれば、将来に目を向ける長田の思考が展開される。

発話資料3 【長田:ケース6「何のために働くのか」_1回目_Bグループ参加】

◆新任教師のキャリア構想についての語り／視点:教師

結局悩んで終わりにしてるみたいな形の状態なので。この状況を打開していくっ てなったらやっぱ具体的な、どういう先生になりたいのかっていうのを考えたり。 で、個人的には今こうやって悩んでる状況っていうのが、ある意味ステップアップ の機会にもなるのかなっていうふうに考えてて。たとえば授業中に、ベテランの先 生の授業なら寝ないのに新任の自分の授業では何で寝るの？　っていうふうに思っ てるなら、それは授業をこう改善していかないといけないっていうの、何かの一 つ気付きにもなるんじゃないかなと思うし。
給料が低いっていうことについても、年数を重ねていけば給料ってたぶん上 がっていくだろうし。求人とかを結構見てて個人的に思うのが、2、3年日本語教師 としての経験を積んだら、たとえば大学で非常勤で教えられたりとかっていう、さ らにこう日本語学校だけにとどまらない働き方ができたりとかもするので。そうい うのをまた新しい目標とかにして、頑張っていったらいいっていうか、成長できる んじゃないかなって機会と捉えることもできないのかなっていうふうに思いました。

　もう一つの例としては、発話資料4はケース3「職員室での談笑」のも のであるが、先輩日本語教師が学習者の言動を同僚同士でおもしろおか しく話し、新任教師が困惑するといった内容である。長田はまず、語学 教師が教室内で「間違えてもいいよ」と言い、学習者の発話を喚起する ことを前提として引き合いに出した。これは、自身の経験からくるもの もあるであろうし、語学教師である日本語教師とは日本語学習者が日本 語をたくさん話せるようすることが役目であるという認識を持っている ことを示す。
　次に、なぜ教師が学習者を嘲笑するのか、ということに対する考察が 発話資料5である。長田以外の参加学生は、笑うことに対し、あっては ならないことと断罪する発話が占められたところ、長田はそれを認めな がらも、「面白がってやってるのか、それとも、そういうのにストレスを 感じていて」とし、笑う行為の理由について考察をしている。単におも しろいからしているのか、学生の失敗が仕事上のストレスになっていて その発散になっているのかもしれないという2つの見方を示している。 このように、長田の省察は誰か一方だけが悪い、良いというものではな く、なぜそうなったのかといった視点が伴っていた。

発話資料4 【長田：ケース3「職員室での談笑」_1回目_Bグループ参加】

言語の先生が間違えてもいいよっていうのって、本当すごい分かるなと思って。確かに、その間違えてもいいよって言ってるわりに、その間違いを面白おかしく話してるって、すっごい自分が学習者の立場にいたら、陰湿っていうか、あんまいい気分はしないですよね、確かに。

発話資料5 【長田：ケース3「職員室での談笑」_1回目_Bグループ参加】

職員室で、そういう失敗談義で盛り上がるっているのが、先生たちが、それをこう、面白がってやってるのか、それとも、そういうのにストレスを感じていて、それをぶちまけるみたいな感じでやってるのかが、何かちょっとよく分からなくって。でも、愚痴をこう、ぶちまけるっていうのだったら、気持ちとしては分からんこともないみたいなところが正直あるので、何かそこがこう、ちょっと難しいなっていう気はしますね。どっちにしてもやっちゃいけないことだとは思うけど、先生の立場としても、これをやるに至った何か理由があるんじゃないかと思って。

　また、日本の留学生制度ひいては国内の日本人学生を含む、学生全体の置かれている状況への視点も見られた。ケース2「疲れている学生」は、金銭的に苦労している学習者Bさんが夜通しのアルバイトのため、勉強に集中できていないという内容であった。このケースは、日本語学校のみならず、日本人の学生を含む大学であっても日常的な光景で、教師であれば同じ問題に必ずぶつかると言っても良いケースであろう。

　長田はこれに対し、「社会の制度」に問題があるとし、本業は勉強であるはずの学生が生活費を工面するためにアルバイトに忙殺されてしまう現状を引き合いに出したうえで、このような学生を日本社会は十分に守り切れていないという発話をした。

発話資料6 【長田：ケース2「疲れている学生」_1回目_Aグループ参加】

日本に来て、このBさん、もともと何がしたかったかというと、たぶん日本語を勉強しようと思って来日しているわけであって、アルバイトをするために来てるっていうわけではないと思うので、そこで日本語の勉強がままならなくなってしまうっていうのは、ある意味、本末転倒なところがあるんじゃないかなっていうふうに、私はちょっと思ってて。

で、Bさんがアルバイトを必死にしていかないと、生活が成り立たないっていうのは、私たち大学生にも共通することなのかもしれないんですけど、何かその、たとえば社会の制度っていうか、学生だったり、学習者だったりっていう、勉強する立場に本来いる人たちを、金銭的な面だったりで支援するっていうのが、日本はすごく弱いっていうか。あんまり外国の事情を詳しく私も知っているわけではないんですけど、やっぱり大半の学生が奨学金っていう借金をそれこそ背負って、大学に行

かないといけない、さらには自分で生活費をまかなうためにバイトをしないといけないっていう、社会の在り方っていうのも大きく影響しているのかなっていうふうに、私は感じるところがあって。
　ちょっとこれって、教師とBさんだけの間で何とかなる問題かって言われたら、結構難しいことだと思うんですよね。そういう社会からの手助けっていうのが得られると、ちょっと変わってくる問題なんじゃないかなっていうふうに、今強く思うところがありましたね。

発話資料7　【長田：ケース2「疲れている学生」_2回目_Aグループ参加】

　確かに、その、社会的な制度とかの話になったら、教師のできる範囲っていうのを超えてしまうので、やっぱり一番できることとしては、Bさんの話をまずは聞いてあげること？
　教師自身も何でBさんが授業中に寝ちゃうのかとかっていう、詳しい背景っていうか、理由みたいなところがいまいち把握できていないところがあると思うし。夜通しアルバイトをしているってことは、夜にずぅっと働いちゃうから、結局、昼夜逆転じゃないけど、そういう結果になって授業中に寝ちゃうんだろうなって思ったので、アルバイト先が、たとえば夜まで働かなくてもいいよとか、学校が終わって夜、夜って言っても8時、9時とかぐらいまで？　でいいよってなるようなところを、たとえば一緒に探してあげたりとか。
　あとはBさんの目標だったり目的っていうのを教師自身が一緒に話しながら、整理していってあげることが、大事なんじゃないかなっていうふうには、私もすごい思います。Bさんもやっぱり遠い国から来日してまで日本語を学んでいるっていうことは、たぶんやっぱり最初には勉強したいっていう気持ちを駆り立てる何かがあったんだと思うし、やっぱりそこがちょっと今、忘れられているっていうか、大変すぎて、必死すぎて、忘れ去られようとしている状況だと思うので、そこを改めて一緒に見直してあげることが、意外とモチベーションにつながっていったりとか？
　していいんじゃないかなと思うので、やっぱりできることと言ったら話をとにかく聞いてあげること。そこから、一緒にこう、アルバイト先をたとえば変えてみない？　とか。私は逆にこう、課題をうまく調整しながら、減らすっていうのもありだし、逆にちょっと多めに出してあげたりとかして、補っていってあげるっていうのが、先生にはできることなんじゃないかなっていうふうに思いましたね。

発話資料8　【長田：ケース3「職員室での談笑」_1回目_参加】

　確かに、その、社会的な制度とかの話になったら、教師のできる範囲っていうのを超えてしまうので、やっぱり一番できることとしては、Bさんの話をまずは聞いてあげること？
　大人のはずなのに、何でそうやって子どもみたいな、こう扱いをするかって言われたら、たぶんその、さっきおっしゃられたように、日本での年相応のって言ったらあれなんですけど、学生としての在り方を知ってほしいじゃないけど、そういうふうになってほしいっていう、先生たちの期待があって、それが結局、そういう大声で怒鳴ったりとか、登下校の飲食を禁止したりだとか、につながってくるのかなっていうのは意見を聞いて思いました。

　他の参加学生からはこうした内容の発話は見られず、その背景には事

前作文の「8つの問い」の活用もありながら、長田の情報収集力によるものであると考えられる。長田はすでに留学生の経済事情といった実情をすでに把握しており、他の参加学生とスタートラインですでに情報差があった。「7-3-1. 長田のバックグラウンド」でも触れたとおり、長田の力量や日本語教育に対する熱意が、長田の発話内容が多岐にわたり、量と質ともに他に突出する所以であろう。

7.3.2.4　長田の分析④　省察の過程

図23（p.152）は長田のたどった省察の過程である。長田が参加した対話セッションで対話の階層が高かったものは、ケース3「職員室での談笑」、次にケース4「ここは日本だから」で、低かったものはケース6「何のために働くのか」であった。

谷口の分析では、ケース・メソッド課題を進めるにつれ、深い省察ができるようになるといったことはなく、計6回のセッションでは省察力を右肩上がりに上げていくほどの回数ではないと考えた。今回の長田の場合も同様で、ケースごとに大きなばらつきが見られた。対話の階層が低かった最大の要因に、長田の発話量の偏りが挙げられる。対話セッションでは、12回のうち3回が長田の発話過多があった。他の参加学生の話を引き出すことや、意見を交わらせる対話を形成することに苦心したあとがうかがえた。

谷口と長田の省察の違いは、ゲシュタルト想起の相違であろう。谷口は過去の経験を中心とした省察を繰り返した。当該ケースと自分自身の過去を照らすことで省察を深めるというスタイルを形成していった。しかし、長田は自分自身の過去を詳細に語る対話セッションはあまり見られなかった。ゲシュタルト想起の不足とは、自分に引き付けることが少ないことを意味する。特に、過去の自分自身や経験を照らすことには、感情が伴うことは不可避である。こうしたプロセスを伴っていないことは、ケースに対して真に自己を重ねていないことになるのか。

図25（p.154）はALACTモデルに筆者が加筆したものである。加筆箇所は、点線部「避けるべき短絡」と「ゲシュタルト形成」の2つである。「避けるべき短絡」は、コルトハーヘン（2001/2011）が省察において主観と感情に向き合うことに重きを置いていることから追加した。コルトハ

		省察の変容過程(全体)	日本語学習者に対する考察	自己に対する省察	学校や周囲の教師に対する省察	日本語教育全体に対する省察	共感的省察	批判的省察
日本の女性は媚びている?	1-1	双方の立場で考えたほうがいい	Aさんは課題をとらえきれていたに過ぎない／Aさんは間違っていない	自分が日本人女性だからもやもやとする	理解を示すべき。そのうえで訂正する			
	1-2	自分のおしゃれ観		男性の前だからといっておしゃれを変えたりしない		インタビューを行い、多様な意見を聞く機会を持つと良い		
疲れている学生	2-1	授業活動の見直し	Bさんは気が緩んでいる／Bさんへの反発		アルバイトをやめるように簡単に言う授業は教師の介入なども考えたほうが良い	アルバイトを長時間しないと成り立たない構造が問題		
	2-2	アルバイトが必須の構造自体が間違っている／授業活動の見直し			生活が大変だからといってアルバイトをやめろとは言えない／学習者の気がゆるんだ授業を教師が放置するとしまうのか、伝わってしまうもの／学習者を馴発するのは、ストレスを抱えているからかも／教師の期待を寄せすぎて子どもと言いたくから広がるのかもしれない／間違っても良いという学習者に言っておきながら広がらない／違和感があるばうよくあしらうは〜／成人学習者に怒鳴る必要はない			
職員室での談笑	3-1	教師のふるまい／教師のストレス／子どもを扱いすする理由						
	3-2	新人もうまく立ち回った方が良い						
ここは日本だから	4-1	多文化共生に必要なこと				マジョリティが変わっていく必要		
	4-2	多文化共生に必要なこと				日本語教育社会と学習者の橋渡し役／Dさんの文化を大切にしたい		
主導権は誰にある?	5-1							
	5-2	レベル別クラス編成の直要性			レベルチェックを頻繁に確実にすべき			
何のために働くのか?	6-1	悩むこと=ステップアップ			悩むだけで行動できない			
	6-2	悩みを授業改善につなげる			現状を嘆く意味がない			

ーヘン（2001/2010）が主観と感情に向き合うことを重視するのは、徹底した社会構成主義に立脚しているためである。社会構成主義とは「現実や真実は、個人の中、あるいは人間を超えたところに存在するのではなく、人間関係の中にあり、言語を通して構成される」というもので、コルトハーヘン自身、省察、自己との対話の先に答えを探るプロセスを重視している。

　長田の省察は「避けるべき短絡」に陥り、第3局面を経ることなく、コルトハーヘンの指す〈大文字の理論〉に基づき、第4局面に一足飛びをしたとも考えられる。このようにゲシュタルトの想起が起こらないことで、長田のなかでは安心感がもたらされ、自分を守ることができることが考えられる。コルトハーヘンの表現である〈大文字の理論〉、すなわち公式の知識、一般論、過去の研究から導き出された理論といったものはある程度のお墨付き与えられたものであるので、照らし合わせる際には安心感が得られる。同時に、自身のゲシュタルトに向き合うという過程の負担や煩わしさも避けることができている。では、そのように考えた場合、長田の省察とは不十分なものと判断するべきなのだろうか。

　長田はゲシュタルトの代わりに、たとえばケース3「職員室での談笑」で「叱るとは何か」といったそもそも論という原初に立ち返る対話を展開することが多々見られた。それに加え、社会の制度や日本語教育全体の課題といった俯瞰的視野で省察を行う場合が多かった。さらに長田の

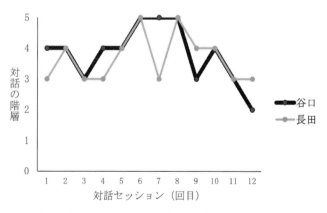

図24　谷口・長田の対話セッションごとの対話の階層

省察には複眼的視点が特徴ではないだろうか。長田は、どのケースでも誰か一方が悪いというより、双方に原因があるのではないかと考える傾向を持っており、状況や環境、仕組みが原因であるといったことを考察するように努めていた。この点は、他の参加学生とは大きく異なる点であった。

　このように長田の省察は、長田自身が収集した豊富な情報を手掛かりに、ケースを俯瞰的視野で検討するという特質を持っていた。そのため、どちらかといえば解決策を見つけ出そうとする傾向が出ていた[7]。以下はフォローアップインタビューにて、どのようなケースが考え易いと思ったかという問いに対する答えであった。

> 現実的に考えたときに、解決策として具体的なものが浮かんでくるかどうかっていうところが、自分のなかでは考えやすい・考えにくいっていうのの判断基準になった。
>
> （長田；フォローアップインタビュー（5）、2021年2月）

　このようにみていくと、長田の省察の過程は、第4章の「4.3　本研究における「省察の深化」とは」で掲げた、図8「ALACTモデル」（p. 52）の「避けるべき短絡」に陥っている部分もある。究極的に何を用いて省

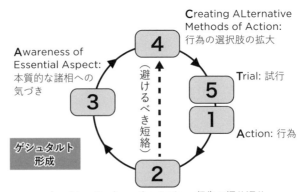

図25　ALACTモデル（コルトハーヘン 2001/2010）筆者加筆

察を行うかという時、それが情報であるなら、大文字の理論からの脱却ができないということになる。すなわち、長田の省察は情報のみで行う時には、それは第3局面の「本質的な諸相への気づき」を通過できなかったことになる。

ただ、長田の省察は持っている情報にのみ頼ることなく、ケースから自己の過去の経験や感情、どうありたいかという希望も十分にあったため、完全に不備があったということではない。

表43（p.156）は長田の事後省察文である。各ケースにどう対処すればよいのかという視点が一貫している。解決策を決めること自体は誤りではないが、そこまでの十分な省察により第3局面を経たうえでというのがあるとより望ましいと考える。以上が長田のたどった省察の過程に関する考察である。

7.3.3 長田の省察に関する小括

谷口とは別に長田を分析対象としたのは、長田の発話量からもわかる積極性はもちろんであったが、将来にすぐに日本語教師を志望していた点がより大きい。そのような日本語教師が〈心的に近い〉ところにある参加学生はどのようなものだったかを分析する必要性があると考えた。

これまでの長田の分析から、長田にとり日本語教師や日本語教育界全体は「切実」という表現が過言ではないほど、身近なものであった。他の参加学生は日本語教師や日本語教育界が自分から距離のあるものと捉える傾向にあったが、長田はそうではなかった。そのような将来すぐに日本語教師を志望するという、いわば属性を持つ長田の省察は谷口同様、優れたものであった。長田の省察に関し、以下のことが考えられる。

長田は日本語教育界全体の情報収集をすでに行っていたため、ケースに対し俯瞰的視野を持つことができていたことが最大の特質であった。谷口がケースの登場人物の立場に立ち共感をすることで省察を深めていたのに対し、長田は前提条件を疑う省察をする傾向が見られた。一方で、対話の階層の平均は谷口と比較し高くはなかった。情報を多く持ち合わせていたぶん、省察の幅も広がりを見せ、発話量の少ない参加学生を圧倒する発話量となってしまい、著しい偏重に陥ったセッションがあったためである。これは参加学生の力量の差に起因するもので、長田だ

表43　長田の事後省察文

1	私は話し合いをしたとき、メディアがAさんの日本人女性に対する見方に大きな影響を及ぼしているという考えに出会い、自分とは異なる考え方に出会うことができたから。 　私はAさんの原稿には表現上の配慮が欠けている部分はあれど、彼女がこれまでメディアを主に通じて知りえた「日本の姿」を素直に表現しており、教師が頭ごなしにとまでは言わないが、<u>彼女の原稿を「違う」と否定してしまうのは少し間違っている</u>と考えた。Aさんの原稿に足りなかったのはメディアの外にある「例外」の存在であり、そのことをAさんと共に教師が補っていくことが必要なのではないかと考えた。
2	教師側にも課題があるとする考え方がまさに目から鱗でした。ついBさんの話す先輩からの助言や、先生には理解してもらえないという突き放されたような言い方に目が行きがちですが、なぜBさんは授業中に眠ってしまうのかを考えたときに<u>教師の行う授業に問題点があるという見方</u>ができると知ることができ、そういった観点からもこの問題は考えていかなければいけないと考えさせられました。 したがって、教師がこの場合できることはまずBさんの気持ちに寄り添い、話を聞き、なぜBさんが来日してまで日本語を勉強しようと思ったのか、目標をともに整理し、モチベーションを立て直してあげることだと思います。また、Bさんだけでなく自分自身の授業の仕方に問題がなかったかを省みて、授業の仕方を改善してしまい、Bさんを含め、学習者がよりやる気をもって取り組んでくれる授業を作っていくことが大切だと思います。さらに可能であれば、アルバイトの状況をより詳しく聞いたうえで、時間を有効に使うことができているかなど、生活面でのサポートや支援をしていくことが必要かと思います。
3	色々悩みましたが、やはり私は一回目の作文で述べたように、教師としてこのような内容の談笑は禁止はせずとも、慎むべきであると思います。「壁に耳あり障子に目あり」という言葉に目もくれていただきましたが、やはり職員室での談笑はいつ誰の耳に入るかわからない内容であり、話題に上がっている学習者本人でなくてもその友達や先輩などがそれを耳にし、学習者に伝えてしまう可能性は完全に否定できないからです。また、自分が話題に挙がっていないとしても学習者の立場からすると、このように教師が学習者の失敗や克服などを面白おかしく話しているのを見ると、他者のことでもいい気はしないだろうし、むしろ教師に対して不信感を抱いてしまうのではないかと思います。また、学習者と教師は立場は違えど、お互いに成人した立派な大人であり、その学習者を日本語が未熟がゆえに子供のように扱うのも私は違和感を覚えます。<u>子供扱いをするのと、日本語が未熟な学習者にたいし、いわゆる「やさしい日本語」を使って接することは似ているようで全く違うものだと思います</u>。学習者も自分が子供のように扱われていることを気持ちがいいものだとは考えにくいのではないかと思います。学習者がマナーを守ったり、風紀を乱さないために、ある程度の指導は必要ですが、その指導はあくまで大人という対等な立場の人に対して行うものであるべきだと考えます。
4	ピアスがダメな理由について、小さな子供たちが危険性をあまり認識できないからという意見には非常に納得した。しかし、1回目の作文で書いたように、多文化共生社会が進む現代においても、日本古来の考え方に執着し、それにいわば同化することを求める考え方には最後まで納得がいかなかった。特に少子高齢化が進み、外国人の手を借りる必要のある現場が介護の場面を中心に増える今、「郷に入っては郷に従え」という考えがどこまで通用するのか（通用していいのか）については見直す必要があると感じ、私は保育園側にDさんの訴えるような文化や慣習の違いを理解し、受け入れてもらいたいと感じた。 また、先生が途中話題に挙げてくださった「市民性教育」において言えば、保護者や先生だけにDさんの事情を理解してもらうのではなく、幼い周りの子供たちにも同時に文化や慣習の違いを受け入れ、尊重していく考えや態度を教えていくことは、日本人の子供たちにとっても非常に有意義なものになるのではないかと考えた。
5	話し合いを終えても、やはり私はこの問題には教師が少しAさんを気にしすぎるがあまり、他の学習者に対する意識が欠けてしまって起こった問題なのではないかと考えました。そのため解決するにはAさんだけでなく他の学習者の理解度をもう一度見つめなおし、授業の仕方を改めて考え直すことが一番の 解決策 なのではないかと思いました。
6	私はこの教師はまず<u>一人で抱え込んでしまっている</u>からこのように先が見えない不安に陥っているのではないかと思います。そして最初の作文でも述べたように、こういった場合は周囲の信頼できる人に相談し、その状況を言葉にして客観的に分析していきながら、具体的な解決策を見出していくことが大切なのではないかと思います。 また日本語教師という仕事は勤続年数・経験が長く多いほど、大学講師や海外での常勤講師としての勤務ができるなど更にステップアップしていくことができる仕事であると私は思います。1年半というまだ短い期間しか仕事をしていないので給与がなかなか上がらないことなどは正直仕方のないことかと思いますし、そこで踏ん張ることができればこの給与に関する問題も 解決する のではないかと思いました。

けに問題があったものではない。長田は対話セッションにおいて、問題提起をする役割を多く担った。以下の表44は長田が問題提起した際に、前提条件を疑う発話である。

表44 長田の出した「前提条件を疑う発話」

ケース	前提条件を疑う発話
ケース1 日本の女性は媚びている？	①教師の課題設定への疑問： 　Aさんは教師の指示通りに課題をこなしたに過ぎない。 ②そもそも日本の女性はなぜ化粧をするのか： 　時と場合により使い分けているのではないか。
ケース2 疲れている学生	③勉強しなくても入れる専門学校は本当にあるのか： 　Bさんの先輩の助言は正しいのか。 ④日本の奨学金制度への疑問： 　金銭的に困窮する学生を救う制度が不足している。現状は、本末転倒である。 ⑤教師は相談に乗るべき
ケース3 職員室での談笑	⑥ストレスを抱える教師： 　ストレスのはけ口で学習者の悪口を言うのは良くない ⑦子ども扱いをする人は愛情の裏返しか ⑧叱り方： 　大声か、静かにか ⑨語学の授業での「間違えても良いよ」とは 　どこまで間違えていいの？ ⑩先輩への反対行動はどこまでできるか 　自分が場でいちばん下だった時のふるまい方
ケース4 ここは日本だから	⑪保育園の対応が問題 　理由を説明できない決まりはなくすべき ⑫多様性尊重の重要性： 　マジョリティ側が意識を変えていくべきところ ⑬日本在住の外国人は情報収集が困難
ケース5 主導権は誰にある？	⑭レベルわけの重要性： 　柔軟性をもってレベルわけをしていく方が良い。
ケース6 何のために働くのか	⑯夢と現実の違い： 　自分自身、ふわふわしたところから入っている

ただ、コルトハーヘン（2001/2010）はゲシュタルトの重要性を主張していた。「教えることについて学ぶことは、適切なゲシュタルトを発達させるプロセスであって、学術書から学んだ理論を実践に適用する方法を身につけるものではない」（コルトハーヘン、2001/2010、p.231）と述べていることから、単に理論を持ち出し、それを解決策とすることをよしとできないのである。実情や理論ではこのようになっているからと、そこで終わりになっていることが問題なのであって、そこから限界に気づき、不安を覚えることでゲシュタルトが発達される。

このことから、長田は自身で調べ、得た情報を引き合いにケースの省察を行っていたが、それは自分自身のことには真に引き付けられていないということになる。そのように考えると、ケース6「何のために働くのか」では、「わたし」に対し厳しい意見を続け、「わたし」の不安や心の揺らぎに共感をすることはなかった。これは情報を十分に持っているからこそ、理論的に問題点を見つけたと考えてしまい考察が止まり、実は本質を得たとはいえない状態であることも考えられよう。
　このような省察の型を持つ長田であるが、事後アンケートでの記述では自身の過去の省察を後日、疑う内容が見られた。この内容は、事前・事後省察と対話セッションの意見とはまったく逆で、「案外簡単に転職の道を選んでしまいそう」というものである。注目するべきは「実際自分がこの教師の立場に立った時」と冒頭に書いており、それまではあまり自分事として実は考えられていなかったのだということが見えてくる。

> 実際自分がこの教師の立場に立った時、作文では「ステップアップの機会だと捉えて踏ん張る」と主張しましたが、本当にそう考えられるだろうかと後になって考えてみました。実際に直面すると、なかなか簡単には上を向けない問題なのかと改めて考えました。特に現代は転職がしやすい世の中になっているので、待遇がなかなか改善されないと、案外簡単に転職の道を選んでしまいそうな気もしました。
> 　　　　（事後アンケート、考え難かったケースに「何のために働くのか」を選択した理由）

　「8つの問い」といったもので、なるべくケースの登場人物の心情や立場に近づくよう促していたが、長田においては情報が優先されていたことがうかがえる。
　ただ、このようにケース・メソッド課題の成果は即時的なものではなく、この場で引き合いに出した情報やそれに対し出した自分の意見といったものを、今後検証する機会も訪れる。その時に、真のゲシュタルトに触れることになり、省察が一段深まることになるのではないだろうか。逆に言えば、今回のように省察を経験しなければ、立ち止まり考える機会を逸する可能性も高い。そのように考えると、後日、改めて考え

直したりというふうに、ケース・メソッド課題がスパイラル的に参加学生の思考に再度現れることがあり、その時にはまた異なる省察が行われることも期待できる。

以上のことから、谷口とはまた異なる省察の様相を見せた長田の省察もまた、望ましいものであると考える。他方、情報がかえって阻害要因となり、それ以降の思考が止まってしまい、深い省察に至らなかった可能性もあるものと考える。もし、より自分事としケースに向き合っていれば、異なる結果になっていた可能性もある。ただし、現時点ではこれを可能性でとどめ、この点の分析と考察は今後の課題としたい。

7.4 発話量の少ない参加学生の省察

第7章では、研究課題（2）を明らかにするべく、実証的分析を実施した。ここでケース・メソッド課題において参加学生の省察の過程はどのようなものか、という問いにおいて、残された課題として［発話量が少ない×思考変容が大きい］参加学生について詳述したい。

表45　全参加学生のケースごとの思考変容

	ケース1（日本の女性）	ケース2（疲れている）	ケース3（職員室）	ケース4（ここは日本）	ケース5（主導権）	ケース6（何のために）	
川崎	3	4	2	2	3	3	2.8
中村	3	4	3		4	3	3.4
谷口	2	2	2	0	2	2	1.7
長田	3	4	2	2	2	2	2.5
宮本	3	3	2	2	4	2	2.7
重田	3	3	2		3	3	2.8
溝辺	3	1	3	2	2	1	2.0
中井	3	3	3	4	3	3	3.2
星	3	3	3	3	3	4	3.2
大澤	3	4	3		3		3.3
（平均）	2.9	3.1	2.5	2.1	2.9	2.6	2.7

4 大きく変わった　　3 少し変わった　　2 あまり変わっていない
1 まったく変わっていない　　0 わからない

本章では、発話量の多い、相対的に積極的にケース・メソッド課題に取り組んだ参加学生を分析の対象とした。一方で、分析対象とはならなかった発話量の少ない参加学生についての考察が残されたままである。

表38「参加学生の発話量・思考変容・対話の階層（平均）」（p.127）を見ると、発話量が少なく、対話の階層が低い参加学生は、川崎、中井、星、大澤であった。4名の共通点は、思考変容は平均より大きかった。つまり対話セッションでのふるまいは発話量が少なく、対話スキルも発揮できなかったが、思考変容はあったということになる。逆を言うと、対話セッションで発話を多くし、対話スキルも発揮できたが、思考変容はそれほどないと自認する群もあり、谷口、長田、溝辺がそれに該当する。このことから、3名が他者との省察である対話セッションの部分をリードし、4名がリードされる形ではあったが、影響を受けながら省察を行ったということが見えてくる。

　また、対話セッションでは、1回の発話量の平均は1090.44語であったが、中井は502.3語、川崎は674.2語と極端に口数が少なかった。筆者がオブザーバーとして対話セッションを観察していても、非常に発話量に偏りのあるセッションとなっているのが一目でわかるような状況であり、一部参加学生もそれを気にして懸命にバランスを取ろうとする場面も多々あった。その点をフォローアップインタビューで引き出そうと試みたが、中井自身はそれほど気にしておらず、以下のような前向きな意見を表出した。

> 話す順番決まってないので、例えば、誰かの意見にこう思っていま、言う人いるかなあってこう、うかがったりとかは結構ありました。[8]
> 　　　　　　　（中井；フォローアップインタビュー（2）、2021年2月）

> 回を追って話し合いをみんなでして、いろんな他の人の意見とかを聞くと、あ、こういう方向からも考えたりするんだなあみたいな感じで。テーマの捉え方が何となく分かるようになりました。
> 　　　　　　　（長田；フォローアップインタビュー（6）、2021年2月）

中井は特に焦ったり、気後れを感じていたりといった発言はなく、他者からの学びについて笑顔で語った。沈黙をしている参加学生に対し、周囲の参加学生がやりにくさを感じているのではないだろうかと筆者が考える場面も少なからずあった。

全ケースの対話セッションの分析メモ（表25ほか：p.79, 86, pp.184-192）には、中井の発話量の極端な少なさが繰り返し記されている。4名ないし3名のグループのなかで1名だけが沈黙の時間が長いと、対話のバランスが崩れてしまい、他の学生が気を遣うなど影響を受けているのではないかという場面も少なくなかった。しかし、フォローアップインタビューによれば、本人の内面は省察を繰り返しており、自分では思いつかなかったような考えや視点を注意深く聞いていたということが見えてきた。とはいえ、詳細には分析が追い付いておらず、中井のような発話量の少ない学生の分析は今後の課題としたい。

　そうしたことから、研究課題（2）の実証的分析における残された課題とは、発話量が少なく、対話の階層が低い参加学生の省察の過程を明らかにすることである。この点を明らかにする意義は、ケース・メソッドを授業として実践する際に、「一見、積極的で、対話セッションをリードする参加学生」と「一見、消極的で対話スキルが発揮できない参加学生」の相互交流を促す、教師の介入の解があると思われるためである。本研究の最終的な目標は、ケース・メソッドを日本語教員養成課程の授業実践に取り入れ、有機的に活用することであることから、この残された課題は大変重要なものであると位置付けたい。

7.5 実践に向けての提言：「参加学生の成長を支える」とは何か

　ここでは参加学生の省察の分析にもとづき、実践に向けての提言を行う。
　「7.3　長田：分析型の参加学生の省察」で焦点とした長田は、大学入学前から日本語教師になりたいと考え、進路を決めていた。本研究の10名の参加学生もそれぞれ日本語教師になりたいという希望を持っていたが、希望に濃淡もあった。新型コロナウイルスの影響で日本語教師の就職活動が難しそうであると知ると、進路を早々に変更する学生が大部分であり、濃淡の「淡」の参加学生が大勢を占めるようになった。そのようななか、希望を曲げずにいたのは長田のみであった。長田の意志の固さはこれで察することができる。

　しかしながら、谷口と比較しても長田の省察は自身の知識や集めた情報を元に解決策を探すことが先行していた。谷口との比較において、長

田の省察は、登場人物の立場や置かれている状況を一つ一つ点検し、心情を考えたり、長田自身の過去の経験を引き出したりすることで深い省察に至ることが十分であったとはいえない。

そこで実践に向けての提言とし、参加学生にマインド・マップ[9]といった思考の可視化ツールを利用することを一つの方法として挙げる。それにより思考変容の過程が鮮明になり、「本質的な諸相への気づき」の有無が自他ともに判断できるようになることが予見される。コルトハーヘンの述べた、ゲシュタルト形成のとして十分にケースへの主観（過去の経験、既存の価値観、理想）を喚起する熟考が行えることが重要であるため、この部分は最も慎重にデザインすることが求められよう。

本研究の目的に立ち戻ると、長田のような日本語教師を第一進路に目指す学生の成長を支えることがそれであった。第1章の「1-2.研究の目的」では、「日本語教員養成の場で学生の省察力を育てることで、卒業後、適切な省察を経ながら長く日本語教育に従事することができるようになることを切望し研究を進めたい」と述べた。希望が叶い日本語教師になれたは良いが、さまざまな理由で早期に離職する卒業生が継続的に現れ、それは養成側としては残念なことであった。養成段階で何をすれば、何をしておけば、その人が長くのびのびと日本語教師を続けられるだろうかという問いに、自分の教育観、すなわち〈小文字の理論〉を取得する方法を身につけることなのではないかと考えた。老子のことばに「魚を与えるのではなく、魚の釣り方を教えよ」とあるが、まさにそれにあたる。

さまざまなコンフリクト場面、ここではケースに直面した時、解決のマニュアルを教えることが魚を与えることである。そうではなく、どのように考えたら良いのか、具体的にはケースを分解し、問題を発見し、さらにどのように考察するのかという「考える（悩む）方法」を身につけさせることが魚の釣り方を教えることである。

第2章でも触れた、舘岡（2021）もこれと同様で、多様な現場で多様なコンフリクト場面に対峙することで、自分なりの方法を見つけ出し、それが自分だけの日本語教育観を形成していくという考え方である。決して、フィールドごとの最適解を示し、それを習得していくのが教員養成であるという捉え方ではないのである。

ショーン（1983/2017）で指摘された技術的合理性モデルが厳密性と適切性の間でジレンマを抱えるという点もここに通じる。技術的合理性モデルでは、専門的知識の厳密性を強調し、そのカテゴリに収まらない事柄を意図的に避ける傾向がみられる。日本語教師が専門的知識の範疇に一方的に日本語学習者や同僚教師をあてはめ、一つの正解のみに固執することに繋がる。このことは省察的実践家たる日本語教師養成から遠ざかる。

　日本語教員養成段階や、新任日本語教師にこうしたことを意識付けさせることは、キャリア形成という長い目で見た際に、大変有効的であることは自明である。しかしながら、自らの省察によって獲得していくことは時間と労力を要すことから、まだそこまで考えられない、何が正解かを教えて欲しいという思考になってしまうことは自然のことである。そのような時でも、養成段階では安易に教員養成教師自身の日本語教育観を拠り所とする「正解」を示してはならない。それは、教員養成教師自身のなかだけの「正解」であるにもかかわらず、いったん提示されてしまうと、学生はそれが「正解」であると捉えることが往々にしてあり、そのことにより「考える（悩む）方法」を身につける機会を失ってしまうのである。したがって、日本語教員養成の実践の場において「学生の成長を支える」ことは、すなわち長い目で見て、学生が自分だけの日本語教育観を形成できる「考える（悩む）方法」、ここでは省察力を根気よく身につけさせることである。いったん現場に出てしまうと、日々の業務

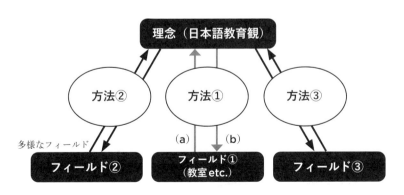

図4　専門性の三位一体モデル（舘岡 2019, p.170）（再掲）

に追われてしまい省察が物理的に難しくなることが考えられる。よって、大学の日本語教師養成でいえば、3～4年間という長い時間をかけ、答えのない問いにどのように向き合うのかという省察力を少しずつ身につけていくことが望ましいと考える。その際には、本研究で行った、リアリスティック・アプローチを基盤とする省察が一つの手法であろう。教育現場で起こりうる種々雑多なできごとから、ゲシュタルトに迫る省察をし、本質的な諸相を見出す。そのことで自身の教育観を形成していくというものである。

7.6 まとめ

　本研究で解決すべき課題の2点目は、日本語教員養成段階の学生の省察を深めるためのケース・メソッド課題において、参加学生の省察の過程を明らかにすることであった。全6ケースで、どのような省察が起こるかを事前・事後省察と対話セッションのデータをもとに分析した。

　谷口と長田という発話量が多く積極性を発揮した2名の参加学生の省察の過程には2通りの特質が確認された。谷口はゲシュタルトに深く迫る省察により〈大文字の理論〉に到達しようとするコルトハーヘン（2001/2010）のリアリスティック・アプローチに近いもので、長田は俯瞰的視野による省察で、日本語教師志望であるぶん豊富な事前情報に依拠する省察の過程であった。

　最終的には、研究課題（2）では谷口と長田のどちらかが望ましいということではなく、参加学生同士の対話の重要性が示され、双方に影響を与え合うことで初めて完結する。そのためには教師の適切な介入が不可欠であるという提言を行った。

7.6.1 大学生ならではの省察と「今誰が弱い立場にあるのか」について

　本研究では、第7章の「7.2　谷口：リーダーシップを発揮した参加学生の省察」において、谷口の省察の実証的分析を行った。そこでは、次の特質が明らかになった：

（1）他の参加学生の意見を引き出す努力があった

（2）ゲシュタルト想起の省察の頻度が高い
（3）「8つの問い」を有効利用することで、多様な視点での省察ができた

　本研究では、大学における日本語教員養成の文脈によるものであった。そのため、参加学生が大学生ならではの省察を大いに繰り広げた。ケースに登場する教師側というより、日本語学習者へのストレートな共感や、共感ができない時には立場や苦しさを主とする心情を理解しようと努める姿勢が、発話と省察文から多々見られた。
　このことは、たとえば谷口が卒業後、大学生ではなくなり、別の立場になることで、日本語学習者への共感が難しくなったり、反対に教師側への共感が強まったりすることも予想される。または、「弱者は誰か」という視点も同様の理由で失われる可能性がある。以下は谷口が事後アンケートで書いたものである。

　　言い方悪いですが誰を守るのかという選択が難しいと思いました。もちろん日本人に多文化であることを受け入れてもらい誰もが生活しやすい環境がいいのですが、現実意見がわれるように今の日本にベストなことを考え出すことができず難しかったです。
　　　（事後アンケート、考え難かったケースに「ここは日本だから」を選択した理由）

　　先生はBさんを含めて担任を務める学生が同じ環境で生活している訳ではないので気にする必要があると思います。これは学生の年齢性別関係ありません。学生は海外から来日しているわけですから、コミュニケーションをとり、学生が話しやすい環境をつくるべきです。
　　　（事後省察、ケース2「疲れている学生」）

　これらに代表される谷口の省察は、当該ケースのなかで「今誰が弱い立場にあるのか」を読み取り、見つけようとする姿勢が見られる。谷口は学生であるから学生に寄り添う、とも考えられるが、このなかで「今誰が弱い立場にあるのか」という目もあったのではないだろうか。上記のように「誰を守るのか」や「傷つく」[10]という表現を多用したことからそれが見えてくる。なおかつ、この事後アンケートの記述にあるよう

に、弱い立場なら弱い立場で、その人だけが救われる結果ではなく、双方が納得するような結果となるようバランスを取ろうとする姿勢も、着目に値する。

　この点は、谷口の意図について確認が取れていない部分であるが、このような谷口の記述は着目すべき箇所であろう。そして、「今誰が弱い立場にあるのか」を読み取ろうとする視点があれば、卒業後、谷口自身が大学生という立場ではなくなった時も、省察の根底は変化しないことが考えられる。

7.6.2　ゲシュタルトか俯瞰的視野か

　第7章では谷口と長田の2名を取り上げ、参加学生の省察の過程を分析した。谷口も長田も発話量が多いという共通点があった。相違点は、谷口が他者との省察の場である対話セッションを通しても思考変容がほとんどなかったとしたと認識していたのに対し、長田はやや思考変容があったという点であった。また、今すぐ日本語教師を目指すかという志向においては、長田が強く今すぐ日本語教師になりたいと考え行動をしていたのに対し、谷口は進路の候補の一つとしていたという部分であった。

　次の図26と図27（p.168）に2人の省察を対照させるため、ALACTモデルを下敷きとした省察の過程をケース2「疲れている学生」で図示した。対話セッションで谷口と長田は同じグループになっている。長田は、日本人を含む学生の奨学金を始めとする経済的困窮を話題にし、問題提起をした。谷口はそれを聞き、「日本の社会のあり方にまで発展し自分は狭い所で考えていたので、話を聞いてそういう広い所で考えることもできるのだと感心し、幅が広がりました」（事後省察の「対話セッションの最中に考えていたこと」の項目）と感じていた。反対に、長田は教師の側の課題という別の視点を対話セッションのなかで得て「目から鱗だった」という表現をしている。

　谷口は過去の経験に照らし合わせたゲシュタルト想起を伴う省察を行い、長田は制度に疑問を持つといった俯瞰的視野を伴う省察を行うという傾向を持っていた。コルトハーヘン（2001/2010）では省察においては、何よりもゲシュタルトが重要であるとされている。ゲシュタルトに付随

する過去の経験、そしてその時の自身がどう感じたか、どうしたかったのかという感情の想起が本質への気づきを引き出すという考え方である。

　以上のことから2人の異なる省察の視点が対話セッションのなかで交わることで、相互に影響を与えたことがわかる。谷口は本ケースにおいて丁寧に各立場に立ち、「その人はどうしたいのか」（望み）であったり、「その人はどう感じていたか」（感情）であったりを1つ1つ考えていくというゲシュタルトに迫る省察の過程であった。他方で、長田は毎回問題提起の姿勢を持ち、ケースの背景にある社会的背景や社会課題について目を向けた。ケースはあくまで個人の物語であったが、ケースの全体と裏側を俯瞰的視野によって引きで捉える省察の過程であった。

　ここで言えることは、谷口と長田のどちらかが正しいということではないということである。2人ともが他者から影響を受けることで省察を深めていることから、対話セッションの重要性は決定的であった。

　ここで改めて、本章において実証的分析を行った研究課題（2）に対する回答を出すこととする。

研究課題（2）：省察の質に関する研究
ケース・メソッド課題において、参加学生はどのような省察の過程をたどるか。

　研究課題（2）の実証分析の結果：

　本ケース・メソッド課題において、参加学生は発話量の多寡に差が見られた。発話量の多い参加学生は積極的に自己の意見を開示するといった傾向が共通していた。そのため、発話量の少ない参加学生に影響を与える役割も担っていた。同時に、発話量の多かった参加学生は自己の思考変容は少なかったという認識も持つという傾向もあったが、対話セッションを通じ、自身の事前省察での考えを変えるのではなく確信を深めたということも考えられる。

　発話量が多く積極性を発揮した2名の参加学生の省察の過程には2通りの特質が確認された。1つはゲシュタルトに深く迫る省察で、コルトハーヘン（2001/2010）の示す〈大文字の理論〉に至る省察の型であった。もう1つは日本語教師志望の参加学生による俯瞰的視野による省察で、

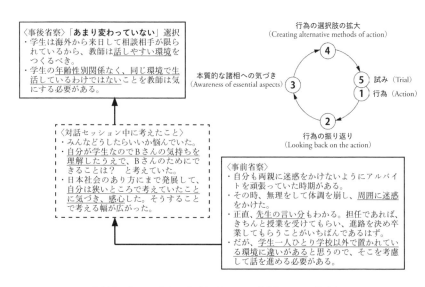

図26 谷口の省察の過程 ケース2「疲れている学生」

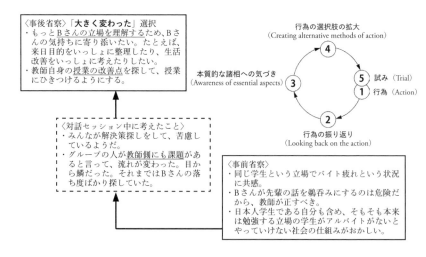

図27 長田の省察の過程 ケース2「疲れている学生」

豊富な事前情報に依拠する省察の過程であった。どちらも深い省察であるように見えたが、〈大文字の理論〉に頼る省察はゲシュタルト発達に到達するまでの深い省察とならない限り、思考の限界があることが考えられる。本研究の到達目標は、両者のどちらかが良いと決めることではないが、少なくとも十分にケースの内容を自己に引き付けることでゲシュタルト想起を伴う省察が望ましいことは自明であり、そのためには情報収集も助けになると考えられる。したがって、2名の参加学生のそれぞれの省察の特質を混合した過程が良いとすることを、第7章の結論としたい。

これを教育実践に還元するならば、教師の介入を十分に行うことである。本ケース・メソッド課題はすべての参加学生の自主に任せ、情報収集活動の指南といったものはほとんどが手つかずであった。ただ、長田は個人的に情報収集を以前からしており、情報収集を行うことで、「語りたいこと」が生まれていた。参加学生のなかには、発話量の極端に少なった者がおり、そのことで対話セッションの発話の質、量ともに均衡を欠く場面も多々見られた。そうした発話量の少ない参加学生へのケアという側面でも教師の介入はさらに必要となってくる。

注		
[1]		対話セッション1回あたりの平均は、谷口は1819.4語（SD＝639.9）、長田は1535.4語（SD＝469.6）であった。2人の発話量の平均の差が統計的に有意かを確かめるために、有意水準 5％で両側検定のt検定を行ったところ、$t(20)=1.18$, $p=.24$ であり、谷口と長田の平均点の差に有意差は見られなかった。
[2]		ケース4「ここは日本だから」より。
[3]		バディとは、留学生との交流を希望する日本人学生と留学生とが留学期間中にペアになり、ともに学び合うという谷口の大学の取り組みである。
[4]		参加希望者が多かったため選抜のうえ参加。本研究の参加学生である川崎も参加していた。
[5]		グループ内の発話量の偏りの指標は、グループが3名編成の際は50％以上、4名編成の際は38％以上を占めることで発話量過多とする。

[6]	冒頭、筆者がアイスブレイクの際に、考えたことをお互いによく聞き合い、リラックスした気持ちで臨むよう、「カフェにいるような感覚で」と伝えていた。
[7]	「初回に受容的雰囲気づくりに留意すること、メンバーの意見と自分の意見を対照させること、それに加え、解決策を決めることが目的ではないといったことを伝達した。また対話セッション後、各グループの報告は実施していない。」(第5章、1.2「ケース・メソッド課題の概要」参照)。
[8]	原文ママ。
[9]	トニー・ブザンによるもので、白紙の中心に主題を書き、連想される語を枝先に放射線状に描いていく手法で、思考整理に利用される。
[10]	発話資料1「日本の女性は媚びている?」。

第8章 本研究の結論と意義

本研究においては、日本語教師にとり必要な資質・能力の一つを省察力と位置付けている。日本語養成段階の学生を対象に省察力涵養のためのケース・メソッド課題を行い、その省察の様相を明らかにし、実践に活かすことを最終目標としていた。

具体的な研究課題として2点を設定した。

研究課題（1）は、ケース・メソッド課題において、どのようなケースが参加学生の省察を深めるか、というケースの質に関する究明である。ケース・メソッドを授業形態として採用する際、どのようなケースがふさわしいのか。参加学生が深い省察に至るケースにはどのような共通点があるのか。そうした手がかりがあれば、養成段階の教授法に関し示唆を与えることができると考えた。

研究課題（2）は、ケース・メソッド課題において、参加学生はどのような省察の過程をたどるか、という省察の質を解明することである。ケースに向き合い、自己との省察（事前・事後の2回省察文を書くこと）、他者との省察（対話セッション）でどのような省察が行われるのか。その質の部分を解明することが第2の研究課題であった。

第1節と第2節では、本研究の結論と意義を研究目的に呼応させるかたちで提示する。第3節においては、本研究の限界と今後の課題について述べ、本論文全体を締めくくる。

8.1 本研究の結論

本研究は、日本語教員養成の段階において省察力涵養のあり方と参加学生の省察の様相を解明することを目指したものである。本研究の結論

として4点述べていく。

　1点目は、ケース・メソッド授業によって日本語教師の省察力を涵養するためには、省察の深まるケースとそうではないケースがあることを念頭に置く必要があるということである。省察の深まるケースとは、参加学生がケースの背景にある知識を有し、また当事者になった経験のある内容であるものである。換言すると、ケース・メソッド課題では、ケースの遠近が参加学生の省察の深さを決定する。背景知識と経験が重要と考えられ、そのうち背景知識のほうがより重きがあるという仮説が立てられた。その理由は、経験の度合いは同程度のケースのなかで、背景知識のあるケース群（ケース1、2）が背景知識のないケース群（ケース4、5、6）よりも省察が深まったからである。

　2点目は、1点目の研究結果を受け、ケース・メソッド授業を実践に落とし込む際には、ケースに対する情報収集活動を丁寧にすることである。疑似体験の役割の大きいケース・メソッドであるが、その経緯や背景を十分に整理し、参加学生に理解させたうえで、ケースに向き合うことが肝要である。

　3点目は、本研究ではポジショニング・マップによりケースの質を検討した。ケースの質は【良くわかっている領域】、【省察の材料を持ち合わせている領域】、【未知の領域】、【無批判・無意識の領域】に大別された。【未知の領域】（背景知識も経験もない）が最も多く、ここではまさに疑似体験の性質が強く、ケース・メソッドそのものの利点を活かす領域である。この部分は参加学生にとり、今まで考えたことのないような新しい体験（疑似体験）をもたらすため、日本語教育の現場の現実を伝えるためにも活かせる領域である。他方で、今回のケース・メソッド課題で1つも該当しなかった【無批判・無意識の領域】も重要であると第6章において提言した。今まで疑いもしなかった事柄をいま一度見直すことが自文化の相対化に繋がると考えると、この【無批判・無意識の領域】を十分に経ておく必要性があると考える。

　4点目は、養成段階の学生の省察の過程は、ゲシュタルトに迫る省察や俯瞰的視野によるものが見られたという点である。ゲシュタルトに迫る省察の場合は、ケースの登場人物に対し共感しようと努めたり、自分がその立場ならどうかということを掘り下げたりといった省察が見られ

た。また、ケースのなかの「今誰が弱い立場にあるのか」を注意深く読み取ろうとする視点も見せた。研究対象である大学生は、まだ教師という権威性を有さない立場で日常を送っていることもこうした結果に繋がったのではないかと考える。一方、俯瞰的視野による省察の場合は、日本語教師を強く志望する参加学生であったこともあり、情報収集がしっかりとされており、ケースに合う情報を適宜引用しながら、情報を省察に存分に活用していた。ただ、どうしてもALACTモデルの第3局面「本質的な諸相への気づき」を経ることなく、第4局面の「行為の選択肢の拡大」へ急ぎ、解決策のみを出そうとしたり、一方向に登場人物や状況自体を断罪したりする場面も見られた。ただ、情報を十分に収集していると多様な視点、多様な解決への道筋が見えてくることも明らかである。したがって、谷口のようなゲシュタルトに迫る省察と長田のような情報を用いて俯瞰的視野による省察を行う省察の両方の型を組み合わせることが、より深い省察へ至る方法であると提言したい。

8.2 本研究の意義

本研究の意義は大きく2つ挙げられる。

まず1つは、日本語教員養成における省察力涵養の手法の一端を示せたことである。先行研究では教師の実践に対する省察の研究は多くあるが、省察するとは何かといった省察の活動自体と学生の省察の道筋を主眼に据えたものは多くはない。教師の熟達化に省察が不可欠とするならば、省察力涵養のための道筋を追究する研究が必要となる。本研究は「ALACTモデル」を基盤とした省察の道筋を参加学生に示し、その省察の内容を分析した。その結果をもとにすることで、省察力を備えた日本語教師の養成が可能となる。さらにリアリスティック・アプローチを始めとする経験学習は、その名のとおり、「経験」が前提になっているが、疑似体験であっても「ALACTモデル」はある程度回せることがわかった。換言するなら、疑似体験でも省察は促すことができることを明らかにしたことは本研究の意義である。

もう1点は、表6（p.25）に代表される、日本語教師の職能の柱である「態度」に切り込んだ点である。文化審議会国語分科会（2019）の「態度」

の項目に準拠させることで新規性を加え、ケースの内容を限りなく今日の現場に即したものになるように努めた。事後アンケートによると、参加学生は概ね満足し、省察力を身につけたと感じていることなどが明らかになった。特に、日本語教育関連の講義や模擬授業では得られない意義を見出していたことがわかった。それは新任日本語教員への聞き取りから、近年の日本語教育現場の実情を反映したケース・ライティングが行えたことが根底にある。現役日本語教師が実際に経験したコンフリクト場面に対し省察を行うため、日本語教師としての心構え、態度を築く一助となりえていた。

本研究は以上2つの意義を有し、なおかつ実践に還元することのできる実際的な研究であったと考えることができよう。

8.3　今後の課題

日本語教師の省察力涵養のためのケース・メソッド授業は十分に意義あるものとみなすことができる反面、研究課題はまだ山積している。

本研究の限界は多くあるが、ここでは次の3点を今後の課題としたい。

第一に、ALACTモデルの各局面を踏んだことの線引きについてである。特に、第3局面の「本質的な諸相への気づき」の有無をどう線引きするかを改めて明確にすることが本研究の限界として残された。本研究では事後作文を分析対象としたが、「本質的な諸相への気づき」における、概念の抽出といったことが作文に現れていない可能性が見られた。特に、長田の省察は情報収集が十分であるぶん、解決策とはこれであるというふうに回答を出すかのような省察過程になることがあった。これはそのケースの本質を隈なく十全に観察し考慮したうえでのこととは言えない。本研究では、参加学生にマインド・マップといった思考の可視化ツールを利用することを一つの方法として挙げた。それにより思考変容の過程が鮮明になり、「本質的な諸相への気づき」の有無が自他ともに判断できるようになることが予見される。コルトハーヘンは、十分にケースへの主観（過去の経験、既存の価値観、理想）を喚起する熟考が行えることが重要であるとしたため、この部分は最も慎重にデザインすることが

求められよう。さらには、ALACTモデルの各局面を一方向に進むことを前提に論を進めたが、必ずしもそうではない例もあることが考えられる。一度は第3局面の「本質的な諸相への気づき」に至りながら、別の視点を得ることで、第2局面へ後退し、再度、第3局面に進むといった、行きつ戻りつすることもあるのではないか。こうした点も今後の課題として詳細に分析を行う。

　第二に、発話量の少ない学生の分析についてである。今回は谷口と長田という2名の参加学生にのみ絞り、分析を行った。いずれも積極性を備え、対話セッションでは他のメンバーをリードする役割を担っていた。一方で、外見的には積極的ではなく発話量の少ない学生も3名いた。こうした参加学生の内面を詳細に分析することで、全体を見通すことができるであろうし、ケース・メソッド授業を実践として行う際の留意すべきことも明確になってくる。

　第三に、「理論と実践の乖離」の問題の解明である。本研究はケース・メソッドのメリットである、疑似体験の場を作り出すという利点を活かし進めた。その結果、疑似体験であってもALACTモデルをたどることは可能であることが見いだせた。ただしそれが、疑似体験は疑似体験にすぎないという状況でもあったことは否めない。たとえば、ケース6「何のために働くのか」では、2年目の日本語教師が自身の仕事の意義といったものを見失い悩むという内容であった。それに対し、目標があれば悩むことはないはずといった一方向的な省察が展開されていった。これは、実際に自分がその立場になった時に、本当にこのように実践できるだろうか。目標を持って仕事をするべき、キャリアを見通しながら成長していくことが是といった〈大文字の理論〉をそのままに考え、対話セッションでも一点の疑いもなくそのように言っていた参加学生もあったであろうし、実際はどうだろうかと思うことはありながら言った学生もあったであろうし、内面は未確認であるため、不明である。このように、ケース・メソッド課題では、現実の行動変容を伴うことを見据え意見表明をし、実行に移す・移した場合と、実際はどうするかまで熟考せずに意見表明をする場合とがある。この点を今後の研究課題とし究明をしていきたい。

参考文献

青木直子（2001）「教師の役割」青木直子・尾崎明人・土岐哲（編）『日本語教育学を学ぶ人のために』世界思想社、182-197.

青木直子（2006）「教師オートノミー」春原憲一郎・横溝紳一郎（編）『日本語教師の成長と自己研修——新たな教師研修ストラテジーの可能性をめざして』凡人社、138-157.

秋田喜代美（2021）『これからの教師研究　20の事例にみる教師研究方法論』東京図書

赤井悟（2014）『教師力を鍛えるケースメソッド123　学校現場で生じる事例とその対応』ミネルヴァ書房

足高智恵子・池上摩希子（1985）「理科系の学生のための読解教材に関する一考察」『日本語教育論集』（国立国語研究所）、2, 14-28.

足立祐子（2012）「日本語教員等の養成に関する一考察」『新潟大学国際センター紀要』8, 1-10.

荒木寿友（2015）「教員養成におけるリフレクション——自身の『在り方』をも探求できる教師の育成に向けて」『立命館教職教育研究』2, 5-14.

有森丈太郎・青山令二郎・佐野香織・瀬尾匡輝・山口悠希子・米本和弘（2013）「「あの子」問題から「教師 - 学習者」の関係について考える」『言語文化教育研究会2013年度研究集会大会「実践研究の新しい地平」予稿集』2-9.

安藤俊介（2019）『マンガでわかる介護職のためのアンガーマネジメント　イライラ、ムカムカ、ブチッ！　をスッキリ解消。怒りに振り回されないための30の技術』誠文堂新光社

池田広子（2006）「『内省モデルに基づく日本語教育実習プログラム』における教師の成長の可能性——問題解決型決定プロセスの観点から」『言語文化と日本語教育』32, 10-19.

池田広子（2007）『日本語教師教育の方法 - 生涯発達を支えるデザイン』鳳書房

池田広子・宇津木奈美子・守内映子（2021）「ベトナムにおける『実践を省察するラウンドテーブル型教師研修』の可能性と日本語教師の学び——参加者の語りの分析から」『目白大学高等教育研究』27, 1-10.

池田広子・朱桂栄（2008）「批判的ふり返りによる意識変容の学習の可能性—日本語教師の場合—」『お茶の水女子大学生涯学習実践研究』7, 12-22.

池田玲子・舘岡洋子（2007）『ピア・ラーニング入門——創造的な学びのデザインのために』ひつじ書房

石井恵理子（1989）「学習のとらえ方と教室活動」『日本語教育論集』（国立国語研究所）6, 1-18.

市嶋典子・長嶺倫子（2008）「『進学動機の自覚を促す』日本語教育実践の意義——レポート分析とエピソード・インタビューを基に」『日本語教育論集』（国立国語研究所）24, 65-79.

岩田昌太郎・久保研二・嘉数健悟・竹内俊介・二宮亜紀子(2010)「教員養成における体育科目の模擬授業の方法論に関する検討」『広島大学大学院教育学研究科紀要』59, 329-336.

印道緑・岡野ひさの（1995）「学習者主体の授業への手がかり——学習者の意識調査をもとに」『日本語教育論集』（国立国語研究所）12, 40-60.

宇佐美洋（2022）「育成可能性からみる『態度』概念の再整理——『日本語教育人材に必要な態度』をめぐって」『日本語教育』181, 96-110.

ヴァン＝マーネン、マックス（著）村井尚子（訳）（2011）『生きられた経験の探究 人間科学がひらく感受性豊かな〈教育〉の世界』ゆみる出版. Max, van Manen（1997）*Researching lived experience*、*second edition.* Routledge

エドモンドソン、エイミー・C（著）野津智子（訳）（2021）『恐れのない組織——「心理的安全性」が学習・イノベーション・成長をもたらす』英治出版. Edmondson, Amy, C. (2018)*The fearless organization: Creating psychological safety in the workplace for learning*、*innovation*、*and growth.* New Jersey: Wiley.

岡崎敏雄・岡崎眸（1997）『日本語教育の実習—理論と実践』アルク

沖裕子（2002）「日本語教員とは何か：戦後の日本語教員養成政策の観点から」『信大日本語教育研究』2, 166-180

奥田純子（2010）「民間日本語教育機関での現職者研修（特集 今、日本語教師に求められるもの—教師教育の課題と展望—）」『日本語教育』144, 49-60.

小澤伊久美・嶽肩志江・坪根由香里(2006)「日本語教育における教師の実践的思考に関する研究 (2)——新人・ベテラン教師の授業観察時のプロトコルと観察後のレポートの比較より」『ICU 日本語教育研究』2, 3-21.

香月裕介（2022）『日本語教師の省察的実践——語りの現象学的分析とその記述を読む経験』春風社

金井壽宏・楠見孝 (2012)『実践知：エキスパートの知性』有斐閣

金谷治（訳注）（1961）『荀子（上）』岩波文庫

金田智子（1989）「日本語教育における学習者と教師の相互交渉について」『日本語教育論集』（国立国語研究所）6, 39-75.

上條晴夫（2012）「教師教育におけるリフレクション養成の具体的技法の開発研究：F・コルトハーヘンの「省察モデル」を中心に」『東

北福祉大学研究紀要』36, 179-192.

神吉宇一（2017）「日本語教師教育・教師養成のエピステモロジーの多角的考察——研究や実践を超えていく日本語教育者像「アドバイザー」という日本語教育者の仕事」『2017年度日本語教育学会秋季大会予稿集、34-36.

鷹野恵（2016）「大学における日本語教員養成副専攻課程の学びの様相に関する考察：模擬授業のふりかえりシートの抽出語分析」『筑紫女学園大学・筑紫女学園大学短期大学部紀要』11, 1-13.

鷹野恵（2018）「適応的熟達者たる日本語教員を目指す実践訓練とは：省察活動の分析から見えること」『筑紫女学園大学研究紀要』13, 11-20.

鷹野恵（2021）「日本語教員の「態度」を身につけるケース学習とは：受講生のアンケートによる検討」『2021年度日本語教育学会春季大会予稿集』128-133.

鷹野恵・佐々木良造・香月裕介（2021）「日本語教員養成におけるティーチング.ポートフォリオの可能性——省察を促すツールとしての検討」『日本語教育研究』（韓国日語教育学会）57, 5-20.

鷹野恵（2022）「養成段階で日本語教員としての「態度」はいかに涵養できるか——ケース・メソッド授業による実践の分析」『日本語教育研究』（韓国日語教育学会）59, 67-84.

川上郁雄（2001）『越境する家族　在日ベトナム系住民の生活世界』明石書店

川岸睦美（1990）「学習者間の相互交渉——学習者間の相互交渉を活発なディスカッションとする為の教師のストラテジー」『日本語教育論集』（国立国語研究所）7, 59-76.

川野司（2012）『教師のためのケースメソッドで学ぶ実践力』昭和堂

金孝卿・近藤彩・池田玲子（2020）『日本人も外国人も ケース学習で学ぼう ビジネスコミュニケーション "異文化"トラブル解決のヒント！』日経HR

教育思想史学会（2017）『教育思想事典 増補改訂版』勁草書房

小出詞子（1987）「『日本語教師養成』遍歴」『日本語教育』63, 41-52.

小泉匡弘（2020）「教師役として模擬授業を実践する学生のリフレクションの内容と意味構造：教員養成課程の教科教育法に関する講義を事例として」『北海道大学大学院教育学研究院紀要』137, 97-112.

公益社団法人国際厚生事業団（2022）「2023年度受入れ版　EPAに基づく外国人看護師・介護士候補者受入れパンフレット」https://jicwels.or.jp/wp-content/uploads/2022/03/2023%E5%B9%B4%E5%BA%A6%E7%89%88%E5%8F%97%E5%85%A5%E3%82%8C%E

3%83%91%E3%83%B3%E3%83%95%E3%83%AC%E3%83%83%E3%83%88.pdf（2022年5月21日確認）
小林浩明・若杉美穂（2022）「初任期日本語教師の感じる「面白くなさ」と日本語教師の資質・能力――TAEリフレクションによる分析からの考察」『北九州市立大学国際論集』3, 101-116.
小林浩明（2008）「教師教育と教師の成長」『北九州市立大学国際論集』6, 47-58.
コルトハーヘン、A. J. フレット（編著）武田信子（監訳）今泉友里・鈴木悠太・山辺恵理子（訳）（2010）「教師教育学――理論と実践をつなぐリアリスティック・アプローチ」学文社. Korthagen, F. A. J. (2001) Linking practice and theory: The pedagogy of realistic teacher education. Lawrence Erlbaum Associates
坂田哲人・中田正弘・村井尚子・矢野博之・山辺恵理子（2019）『リフレクション入門』学文社
齋藤千景・竹鼻ゆかり・岡田加奈子・鎌塚優子(2013)「ケースメソッド教育における学校用ケースライティング・チェックシートの開発と評価」『十文字学園女子大学人間生活学部紀要』11, 101-112.
佐伯胖（監修）、渡部信一（編集）（2010）『「学び」の認知科学事典』大修館書店
榊原禎宏・嵯峨根早紀（2018）「教員の職能開発にとってのリフレクション論の意味――1990年以降の小学校教員を対象にした文献の分析を通じて」『京都教育大学紀要』133, 131-147.
佐々木正昭（2021）「「なすことによって学ぶ」という用語についての考察」『日本特別活動学会紀要』29, 1-8.
佐藤学・岩川直樹・秋田喜代美（1990）「教師の実践的思考様式に関する研究(1)――熟練教師と初任教師のモニタリングの比較を中心に」『東京大学教育学部紀要』30, 177-198.
才田いずみ（2003）「日本語教育実習生の授業への態度――現職教師との比較」『日本語教育論集』（国立国語研究所）19, 1-15.
佐野享子（2003）「大学院における高度専門職業人養成のための経営教育の授業法に関する実証的研究――ケース・メソッド授業がめざす経営能力の育成とその方法に焦点を当てて」『大学研究』（筑波大学大学研究センター）26, 93-116
佐野享子（2005）「職業人を対象としたケース・メソッド授業における学習過程の理念モデル―― D. コルブの経験学習論を手がかりとして」『筑波大学教育学系論集』29, 39-51.
佐野享子（2013）「ケースメソッド学習の効果を高める原理」『Rcus Working Paper』5, 1-22.
柴田好章（2007）「教育学研究における知的生産としての授業分析の

可能性：重松鷹泰・日比裕の授業分析の方法を手がかりに＜特集＞教育現場の多様化と教育学の課題」『教育学研究』74(2), 189-202.

ショーン、ドナルド A.（著）佐藤学・秋田喜代美（訳）（2001）『専門家の知恵——反省的実践家は行為しながら考える』ゆみる出版．The reflective practitioner: How professionals think in action. Basic books.

ショーン、ドナルド A.（著）柳沢昌一・三輪建二（訳）（2007）『省察的実践とは何か——プロフェッショナルの行為と思考』鳳書房．Schön, D. A. (1983). The reflective practitioner: How professionals think in action. Basic books.

ショーン、ドナルド A.（著）柳沢昌一・村田晶子（訳）（2017）『省察的実践者の教育——プロフェッショナル・スクールの実践と理論』鳳書房．Schön, D. A. (1987) Educating the reflective practitioner: Toward a new design for teaching and learning in the professions. Jossey-Bass.

新保淳・野津一浩・高根信吾（2015）「体育教員における授業リフレクションの可視化の方法とそれらのアーカイブ化の意義に関する研究」『静岡大学教育学部研究報告（教科教育学篇）』46, 193-203.

末吉朋美（2013）「教師の悩みはどこから来るのか？——日本語教師たちとのナラティヴ探究を通して」『阪大日本語研究』25, 75-104.

杉山雅俊（2012）「教員養成における省察の視点のメタ認知に関する研究：小学校理科の模擬授業を事例として」『広島大学大学院教育学研究科紀要（第一部学習開発関連領域）』61, 141-150.

政策研究・研修機構（JILPT）（2017）「若年者の離職状況と離職後のキャリア形成（若年者の能力開発と職場への定着に関する調査）」https://www.jil.go.jp/institute/research/2017/documents/164_05.pdf（2022年8月13日確認）

セルディン、ピーター（著）大学評価・学位授与機構（監訳）栗田佳代子（訳）（2007）『大学教育を変える教育業績記録』玉川大学出版部．Seldin, P., Miller, J. E., & Seldin, C. A. (1997). The teaching portfolio: A practical guide to improved performance and promotion/tenure decisions. John Wiley & Sons.

田井健太郎・河合史菜・元嶋菜美香・久保田もか・高橋浩二・宮良俊行（2018）「教員養成課程における模擬授業の省察に関する研究」『長崎国際大学論叢』18, 31-46.

髙木晴夫（2001）「ケース・メソッドによる討論授業のやり方」『経

営行動科学』14(3), 161-167.
髙木晴夫・竹内伸一（2010）『ケース・メソッド教授法入門　理論・技法・演習・ココロ』慶応義塾大学出版会
多田孝志（2018）『対話型授業の理論と実践―深い思考を生起させる12の要件』教育出版
多田孝志（2013）「グローバル社会における『人間形成と深い対話』」『学校教育研究』（目白大学）28, 8-19.
苫野一徳（2022）『学問としての教育学』日本評論社
舘岡洋子（2019）「日本語教師の専門性を考える：「専門性の三位一体モデル」の提案と活用」『早稲田日本語教育学』26、167-177.
舘岡洋子（2021）『日本語教師の専門性を考える』ココ出版
田中望（1985）「日本語教育のためのコースデザイン法」『日本語教育論集』（国立国語研究所）2, 1-13.
田中望（1988）『日本語教育の方法――コース・デザインの実際』大修館書店
田中望・斎藤里美（1993）『日本語教育の理論と実際――学習支援システムの開発』大修館書店
田中里佳（2014）「教師における実践的思考の変容的発達に関する一考察　変容的学習論の視点からの事例分析」『立教大学教育学科研究年報』57, 91-106.
谷塚光典・東原義訓（2009）「教員養成初期段階の学生のティーチング・ポートフォリオのテキストマイニング分析：INTASC　観点「コミュニケーション」に関するリフレクションの記述から」『日本教育工学会論文誌』33, 153-156.
デューイ、ジョン（著）市村尚久（訳）（2004）『経験と教育』講談社．Dewey, J. (1938) Experience and education. The Macmillan Company.
中川麻衣子・藤原有子（2017）「教員養成における保健の模擬授業の実態と課題の検討」『川崎医療福祉学会誌』27(1), 105-113.
永井健夫（2020）「省察的実践における批判的自己省察の契機：「看護的思考の探究」（吉浜文洋）を手掛かりとする試論」『大学改革と生涯学習：山梨学院生涯学習センター紀要』85-94.
長嶺健・本多壮太郎（2019）「大学における体育の模擬授業の在り方に関する研究：受講生の相互評価及びリフレクションシートへの記述分析を通して」『九州共立大学研究紀要』9(2), 9-19.
西原鈴子（2019）「国内外の日本語学習・教育と日本語教師養成・研修の課題――公的認証（アクレディテーション）をめぐって」『日本語教育』172, 62-72
二通信子・大井裕子・喜多村喜美江（1998）「地域におけるボランティア日本語教室の現状と課題――インタビュー調査及び二つの

グループの事例を通して」『日本語教育論集』(国立国語研究所) 14, 58-78.

日本語教育能力検定試験　http://www.jees.or.jp/jltct/ (2022年7月19日確認)

縫部義憲 (2010)「日本語教師が基本的に備えるべき力量・専門性とは何か」『日本語教育』144, 4-14.

ネットワーク編集委員会 (2019)『リフレクション大全』学事出版

ネットワーク編集委員会 (2021)『若手教員とどう歩んでいくか』学事出版

野山広 (1995)「JFL場面における『ビリーフス』調査の重要性と活用に関する一考察――豪州・メルボルン地区の高校生の場合を事例として」『日本語教育論集』(国立国語研究所) 12、61-90.

バーンズ、ルイス・クリステンセン、ローランド・ハンセン、アビー (編著) 髙木晴夫 (訳) (2010)『ケース・メソッド教授法――世界のビジネス・スクールで採用されている』ダイヤモンド社. Louis B. Barnes, C. Roland Christensen, Abby J. Hansen, (1994) *Teaching and the Case Method: Text, Cases, and Readings.* Harvard Business Review Press

波多野誼余夫 (2001)「適応的熟達化の理論をめざして」『教育心理学年報』40、45-47.

春原憲一郎 (2006)「教師研修と教師の社会的役割」春原憲一郎・横溝紳一郎 (編)『日本語教師の成長と自己研修――新たな教師研修ストラテジーの可能性をめざして-』凡人社、180-197.

樋口耕一 (2020)『社会調査のための計量テキスト分析――内容分析の継承と発展を目指して【第2版】KH Coder オフィシャルブック』ナカニシヤ出版

平山允子・中川健司・浦由実 (2019)「日本語教員が『教える』以外に抱える仕事――日本語教員の管理運営業務に関する調査」『日本語教育方法研究会誌』25(2)、60-61.

ブザン、バリー・ブザン、バリー (著) 田中孝顕 (訳) (2000)『人生に奇跡を起こすノート術――マインド・マップ放射思考』きこ書房. Buzan, T.、& Buzan, B. (1996). *The mind map book: How to use radiant thinking to maximize your brain's untapped potential.* New York City: Plume.

古屋憲章・古賀万紀子・孫雪嬌・小畑美奈恵 (2018)「日本語教師の役割とあり方をめぐる言説の変遷―日本語教師の専門性を考えるための基礎資料として」『アカデミック・ジャパニーズ・ジャーナル』10, 63-71.

文野峯子 (2010)「教師の成長と授業分析」『日本語教育』144, 15-25.

文化庁（2019）『日本語教育の推進に関する法律について（条文）』https://www.bunka.go.jp/seisaku/kokugo_nihongo/kyoiku/index.html（2022年5月22日確認）

文化庁国語課（2022）『令和4年度　日本語教育実態調査報告書　国内の日本語教育の概要』https://www.bunka.go.jp/tokei_hakusho_shuppan/tokeichosa/nihongokyoiku_jittai/r04/pdf/93991501_01.pdf（2024年11月26日確認）

文化庁文化審議会国語分科会（2019）『日本語教育人材の養成・研修の在り方について（報告）改訂版』https://www.bunka.go.jp/seisaku/bunkashingikai/kokugo/kokugo_70/pdf/r1414272_04.pdf（2022年5月22日確認）

細川英雄（2007）「総合活動型日本語教育は何をめざすか」細川英雄（編著）『考えるための日本語【実践編】――総合活動型コミュニケーション能力育成のために』明石書店、185-193.

松下佳代（2021）『対話型論証による学びのデザイン　学校で身につけてほしいたった一つのこと』勁草書房

丸山敬介（2008）「日本語教育において「教科書で教える」が意味するもの」『日本語教育論集』（国立国語研究所）24, 3-18.

水谷修（1974）「理想的日本語教師像を求めて――日本語を教えるための知識と技能を中心として」『日本語教育』25, 9-18.

村井尚子（2015）「教師教育における「省察」の意義の再検討：教師の専門性としての教育的タクトを身につけるために」『大阪樟蔭女子大学研究紀要』5, 175-183.

村田和代・水上悦雄・森本郁代（2020）「話し合いの可能性――異質な他者との対話を通した学習とは」『社会言語科学』23(1), 37-52.

メジロー、ジャック（著）金澤睦・三輪健二（監訳）（2012）『おとなの学びと変容 変容的学習とは何か』鳳書房. Mezirow, J. (1991) *Transformative dimensions of adult learning*. Jossey-Bass.

山田泉（1996）『異文化適応教育と日本語教育2　社会派日本語教育のすすめ』凡人社

山本一成・中山美佐・濱谷佳奈・小野寺香・村井尚子・坂田哲人（2016）「教員養成課程におけるリアリスティック・アプローチを導入した授業実践」『大阪樟蔭女子大学研究紀要』6, 187-198.

百合田真樹人（2018）「職業としての教員―「教師」というレトリック（1）教員と教師の意味」『教育新聞』https://www.kyobun.co.jp/management/m20181212/（2022年8月31日確認）

横溝紳一郎（2006）「学習者の多様性と日本語教師の役割：『学習者中心の日本語教育』の観点から」縫部義憲（監修）・倉地曉美（編）『講座日本語教育学　第5巻　多文化間の教育と近接領域』スリー

エーネットワーク、2-12.

横溝紳一郎（2000）『日本語教師のためのアクションリサーチ』凡人社

梁恵（2014）「日本語学校に在籍する中国人留学生のストレスとメンタルヘルス――社会環境ストレスに焦点を当てて」『立教大学臨床心理学研究』8, 33-44.

渡辺貴裕・岩瀬直樹（2017）「より深い省察の促進を目指す対話型模擬授業検討会を軸とした教師教育の取り組み」『日本教師教育学会年報』26, 136-146.

Costantino, P. M.、& De Lorenzo, M. N. (2002). *Developing a professional teaching portfolio: A guide for success*. Prentice Hall.

Kolb, D. A. (1984). *Experiential learning: Experience as the source of learning and development*. Prentice Hall.

Savaya, R.、& Gardner, F. (2012). Critical reflection to identify gaps between espoused theory and theory-in-use. *Social work*, 57(2), 145-154.

Schein, Edgar H., & Warren Bennis (1965). P*ersonal and organizational change via group methods*. New York: Wiley.

Van Manen, M. (1991). Reflectivity and the pedagogical moment: The normativity of pedagogical thinking and acting. *Journal of Curriculum Studies*, 23(6), 507-536.

巻末資料

表46 対話セッションの録画データ（グループ編成、実施日）[1]

動画通し番号	ケース番号	ケースタイトル	回目	グループ名	メンバー			実施日
1	1	日本の女性は媚びている？	1	Aグループ	谷口	中井	星	20200824
2	1	日本の女性は媚びている？	2	Aグループ	谷口	長田	大澤	20200824
3	1	日本の女性は媚びている？	1	Bグループ	中村	宮本	中井	20200824
4	1	日本の女性は媚びている？	2	Bグループ	中村	重田	溝辺	20200824
5	1	日本の女性は媚びている？	1	Cグループ	川崎	長田	宮本	大澤	20200824
6	1	日本の女性は媚びている？	2	Cグループ	川崎	重田	星	20200824
7	2	疲れている学生	1	Aグループ	長田	谷口	中井	大澤	20200914
8	2	疲れている学生	2	Aグループ	長田	川崎	溝辺	20200914
9	2	疲れている学生	1	Bグループ	重田	川崎	溝辺	20200914
10	2	疲れている学生	2	Bグループ	重田	中村	谷口	宮本	20200914
11	2	疲れている学生	1	Cグループ	星	中井	大澤	20200914
12	2	疲れている学生	2	Cグループ	星	中村	宮本	20200914
13	3	職員室での談笑	1	Aグループ	大澤	川崎	中村	20201009
14	3	職員室での談笑	2	Aグループ	大澤	川崎	谷口	長田	20201009
15	3	職員室での談笑	1	Bグループ	中井	長田	星	20201009
16	3	職員室での談笑	2	Bグループ	溝辺	中村	重田	20201009
17	3	職員室での談笑	1	Cグループ	宮本	中井	星	20201009
18	3	職員室での談笑	2	Cグループ	宮本	中井	星	20201009
19	4	ここは日本だから	1	Aグループ	谷口	長田	星	20201120
20	4	ここは日本だから	2	Aグループ	谷口	中井	星	20201120
21	4	ここは日本だから	1	Cグループ	谷口	溝辺	中井	20201120
22	4	ここは日本だから	2	Cグループ	谷口	中村	長田	20201120
23	5	主導権は誰にある？	1	Aグループ	星	谷口	宮本	20201218
24	5	主導権は誰にある？	2	Aグループ	星	谷口	長田	溝辺	20201218
25	5	主導権は誰にある？	1	Bグループ	中井	川崎	長田	重田	20201218
26	5	主導権は誰にある？	2	Bグループ	中井	川崎	中村	20201218
27	5	主導権は誰にある？	1	Cグループ	大澤	中村	宮本	20201218
28	5	主導権は誰にある？	2	Cグループ	大澤	宮本	重田	20201218
29	6	何のために働くのか	1	Aグループ	宮本	中村	大澤	20210115
30	6	何のために働くのか	2	Aグループ	宮本	川崎	中井	20210115
31	6	何のために働くのか	1	Bグループ	長田	川崎	星	20210115
32	6	何のために働くのか	2	Bグループ	長田	中村	重田	20210115
33	6	何のために働くのか	1	Cグループ	溝辺	谷口	重田	中井	20210115
34	6	何のために働くのか	2	Cグループ	溝辺	谷口	星	大澤	20210115

表47 事後アンケート結果①「積極性に対する自己評価」[2]

（質問）6回を通して、あなたはケース・メソッド課題にどのぐらい積極的に参加しましたか	人数
7：非常に積極的に参加した	0人
6：かなり積極的に参加した	7人
5：やや積極的に参加した	3人
4：どちらでもない	0人
3：あまり積極的に参加していない	0人
2：ほとんど積極的に参加していない	0人
1：まったく積極的に参加していない	0人

表48 事後アンケート結果②「積極性に対する自由記述」[3]
設問2「設問1の選択理由を自由に書いてください」

川崎	事前に自分で話題について考え、毎回のディスカッションに参加することができたが、ディスカッション中は話し始めが分からなかったり、相手の顔色を窺ってしまったりしたから。
中村	課題の提出し忘れ、参加できなかったことがあったから。
谷口	やはり最初は緊張していて積極的とは言い難いと思います。ですが4年生同士が一緒になることが少なかった分、先輩として後輩のみんなが話しやすいように自分が積極的に話すようにはしていました。 また話に対してみんな同じように聞こえて微妙に内容が違うなと思う点もあったので、相手の意見が知りたいという思いから積極的に参加していました。
長田	毎回の話し合いで自分の意見を必ず述べることを心掛けました。また他者の意見を聞き、自分の意見と照らし合わせて客観的に問題を分析していくことを心掛けてきました。時には意見を否定？されることもありましたが、そういうときは自分がなぜそう思ったのかを根拠をもって論理的に説明していくように努めました。
宮本	事前に問題を考えていた時に「どう思っていたか」「自分だったらどうするか」に軸を置いて考えていた。話し合いでは積極的に考えを話しつつ、他の人の意見で自分の参考になるようなものがないかと真剣に取り組んだと考えているから。
重田	みんなで話し合うなかで、自分から意見を話したり、話題を振ってみたり、みんなが意見を言えるようにまだ話せていない人に話を振ってみたりと、主に話を回したり、話題を見つけたり、みんなが話しやすいように自分から発言したりすることが積極的にできたと思うからです。
溝辺	非常に積極的に参加したと言いたいところですが、1度時間を勘違いしたことが自分の中でひっかかりかなりにしました。しかし、話し合いには積極的に参加し、自分の意見をしっかり発表しつつも他の人の意見も聞き、刺激をお互いに受けられる話し合いができたと思ったためこの回答にしました。
中井	ディスカッションを含む活動が大学に入ってほぼ初めてだったので、もっとうまく自分から発言したり、相手に問うことが出来たのではないかと思い、5を選びました。
星	1回目も2回目も自分の考えや話し合いで手に入れた新しい考えを丁寧に書き記す、話し合いの前は直前に1回めを読み返す、話し合い中は積極的に意見交換をしながらメモをとるといったことを毎回行っていたため、6「かなり積極的に参加した」を選択した。
大澤	参加出来なかったディスカッションもありましたが、それ以外は積極的にがんばった。初めてこのような形で先輩方と一緒に活動することで、先輩方は自分の意見を持ちそれをハキハキとほかのメンバーと共有することが出来ていた。その姿を見ていてとにかく思ったことは何でも共有した方がいいしたくさんの意見をしっかり聞くことで、自分もそのディスカッションも深い内容になっていくと思った。なので回数を重ねる度に前のディスカッションで反省したことなどを振り返りながら積極的に取り組むよう努力した。

表49　事後アンケート結果③「ケース・メソッド授業の満足度」[4]

（質問）あなたはケース・メソッド課題にどのぐらい満足していますか。	人数
7：非常に満足している	6人
6：かなり満足している	4人
5：やや満足している	0人
4：どちらでもない	0人
3：あまり満足していない	0人
2：ほとんど満足していない	0人
1：まったく満足していない	0人

表50　事後アンケート結果④「満足度に対する自由記述」[5]
設問4「設問3の選択理由を自由に書いてください」

川崎	ディスカッションを通して自分では考えつかなかった新しい意見を知り、自分の考えが深まっていくのがおもしろかった。実際に働き始めてテーマと同じような場面に直面した時、この活動のように他の人の意見を聞く機会はあまりないと思う。そのため、今回この活動に参加して良かったと感じる。
中村	自分が持っていない考えが出てきたり、教えてもらえたから。自分の知識にもなったから。
谷口	とにかく楽しかったです。日頃他人の意見をこのような形で聞くことはあるようでなかったでの、聞けること自体楽しかったです。学科によって着目点？が違って、自分にはない意見がでてきて勉強にもなりました。 日本語教育を4年間勉強していますが、それでも得られなかった知識がありよかったです。
長田	毎回の活動でいろいろな発見があったと思います。時には1回目の作文で書いたことが解決策に近かったり、時には周りの人と意見が全く違っていたりと、各回で様々な意見に触れて自分の考え方をより深めることができたと思いました。またカフェのようにリラックスして話す環境を与えてもらえたことで、最後のほうの話し合いでは遠慮せずに自分の意見を述べることができたと思います。
宮本	現場の問題を取り扱ったものなので、日本語教師の現実も一部分とはいえ把握することができたと思うから。また、自分で考える時間と話し合う時間と振り返りの時間という三段階に分けられて進められていたので考えをまとめやすい形だったと感じたから。
重田	初めて話す人たちと話し合いをすると言う経験が今までありませんでしたが、話し合っていくなかで徐々にみんなが思っていることを言えたりリラックスすることができ、初めて顔を合わせた人たちでもこんなに楽しく話すことができると言ういい経験をさせて貰いました。
溝辺	この活動を通して自分が思った以上に多くのことを考えるきっかけになりましたし、他の人の意見を聞くことでこういう考え方があるんだななどの発見もできました。さらには日本語教師というところに重点を置くことで自分がその立場だったらと考えることが出来刺激になったためこの回答にしました。
中井	日本語教育の授業だけでは、客観的にしか日本語教師に触れることができていない気がしたので、今回のように様々なあるあるをもとに、解決策や日本語教師の立ち回りを具体的に知ることができたからです。日本語教師の内面的な部分を知ることができてよかったです。
星	一つのケースについて皆で話し合うことで毎回自分自身だけでは思いつかなかった新たな視点から取り入れることが出来たと共に、日本語教師が体験する様々な問題を知ることが出来たから。また、リモートで行うことによってコロナ渦でのインターンシップや面接に活かせる力を手に入れたから。

巻末資料

| 大澤 | この活動を通して1つの課題に対してたくさんの意見を知ることが出来たから。そして私の意見が未熟だなと思うことが出来たし大人の意見を沢山聞くことが出来たから。私が提案した意見が話し合うにつれどんどんより良く具体的になっていく事があったりしてとても楽しかった。 |

表51　事後アンケート結果⑤「活動中の印象に残ったできごと」[6]
設問5「印象に残ったできごと、印象に残った発言を書いてください。どの回かも覚えていたら書いてください。」

川崎	第5回の「主導権は誰に」で自分たちの学生生活と照らし合わせて話し合ったことが良かった。自分だけでは、自分のような学習者の気持ちしか理解できず、学習者の気持ちに気付きにくかったり、対応に差が出てしまうこともあると考えた。
中村	第2回目の疲れている学生のテーマで、自分たちにとってわかりやすいテーマで、また、高校生の時にバイトをしながら学校にも通っていたので疲れてしまう気持ちがよくわかりました。 でも、自分が勉強したくて日本に来ているので覚悟が必要なのではという意見が出たときに、確かにそうだよなと思い印象的でした。
谷口	どの内容もどちらかというと同じような内容で学生ないしは自分がどうするのか考えていた印象なのですが、4回目の「ここは日本だから」だけは結構意見が合わないなと思い印象に残っています。日本のルールだし他の人のことも考えると学生の子どもにも我慢が必要という意見、日本のルール自体を変え多文化に順応出来る状況を作るべきという意見。どちらも誰かのためではあるがその誰かが違うのかなと思いました。
長田	Dさんという学習者が出てきた回です。日本ではみんなが平等であることが正しいと考えられていますが、そこで異文化の環境で育ってきたDさんとその子供の事情を考慮するべきだというのが私の主張でした。しかし、話し合いに参加したほかの方々がDさんの子供だけ贔屓している形になると答えていらっしゃったことが話し合い全体を通じても、皆さんと大きく意見が違っていた印象深い回になりました。
宮本	「ここは日本だから」の「園児のズボンが半ズボンな訳」と「そもそもAさんの言い方がどうだったか」の二点が強く印象に残っている。
重田	谷口がいつもテキパキ話したり自分の意見を話したりすることがとても上手いと思いました。谷口がいたらずっと話が続くし、話が広がったり深いところまで話し合えるような気がしました。自分の意見をあそこまでまとめて人に分かりやすいように伝えることができることがすごいと思いました。
溝辺	私は日本にどこまで自国の文化を取り入れていくかという回の話し合いは様々な意見が出て面白かったという印象があります。特にこの発言などはありませんでしたが話し合いの内容が濃かったように思います。
中井	園の先生と学習者の意見が対立していた回で、私自身は解決策として、日本語教師である自分が間に入ることや学習者の言葉遣いを指導することしか思いつかなかったのですが、「園の先生たちに、講習会を受けてもらう」という意見を聞いて、自分が考えなかった視点からの意見だったのですごく驚きました。
星	私が印象に残ったことはケース4での鷹野先生の「5歳下でも教育方針が異なり、世の中は変わりつつある。」というお言葉だ。私は20歳で若い世代に入る、今の若者の流行が自分の世代に当てはまるなどし、ジェネレーションギャップを感じることは年上以外なかった。しかし、世の中の流れは早いと実感していても自分が10も離れていない年下にジェネレーションギャップを感じることはなかったため、世の中の流れの速さに圧倒されたと共に日本語教師の副専攻取得を目指す身、これから社会人なる身としても年齢が近くても環境を変化することを念頭に置いて生活をしたいと思った。
大澤	主導権は誰にある？の回で、私はBさんが言う意見は自己中心的なものだと思った。でも話し合いの中で自然と先生がAさんに合わせてしまっていてクラス全体のレベルが下がっているかもしれないという意見を聞いて、もっと自分の行動を振り返らないといけないと思ったし原因をしっかりと考える大切さに気がつけたので1番印象に残った。

表52　事後アンケート結果⑥「日本語教師の態度涵養に対する自己評価」[7]

(設問6)　ケース・メソッド課題に参加して、日本語教師としての心構えが身についたと思いますか。	人数
7：非常に身についた	1人
6：かなり身についた	6人
5：やや身についた	2人
4：どちらでもない	1人
3：あまり身についていない	0人
2：ほとんど身についていない	0人
1：まったく身についていない	0人

表53　事後アンケート結果⑦「日本語教員の態度涵養に対する自己評価」[8]
設問7「設問6の選択理由について書いてください」

川崎	日本語教師として働く人が書いたエッセイをもとに、自分だったらどのように対処するか考えたり話し合ったりしたことで、実際に問題に直面した時にも活かせる心構えを学ぶことができたと思う。
中村	このアルバイトをしていなかったら、この壁にぶち当たっている気がすると思うから。また、自分だけでなく他の人の意見を聞くことでそういう意見もあるのかと考えさせられたから。
谷口	これに関しては今回参加を決めた時は日本語教師になりたいという気持ちが強かったですが、活動とは関係ないご時世で日本語教師を今回は諦めたのでなんとも言えないのが本音ではあります。 ですが自分の考えていた日本語教師よりも厳しいものだなと心構え的なものは身につきました。将来日本語教師になったとしてこの活動は思い出して身が引き締まると思います。
長田	日本語教師という仕事のいいところだけでなく、問題を冷静に見つめることができ、理想と現実のギャップが埋められたように感じます。また主観で問題を解決するのではなく、様々な意見をもとに客観的に問題を解決していく方法を知ることができて自分のためになったと思います。この経験（アルバイト）を終えた後、あらためて日本語教師を目指したいか考えてみましたが、やっぱり継続して日本語教育に関して勉強していきたいと思いました。
宮本	勉強や調べるだけでは分からない、知る機会の少ない現場の声を早めに知ることができて良かったと感じているから。問題点の中にはいまだ自分も教師になったらこの問題にぶつかるのかという実感はわかないが、事前に知っていて心構えができるだけ対策が取ることが出来ると考える。
重田	この話し合いをするまで日本語教師の悩みや問題点などは生徒の立場から想像できる部分でしかしていませんでしたが、今回の内容を読むと意外とこういったことで悩んでいるんだなと思ったり、先生の立場になって考えてみて初めて気づいたことがあったので勉強になりました。
溝辺	私は日本語教師志望であるとはっきり断言はできません。そのため自信を持ってかなり身についた、非常に身についたとは言えないなと感じました。しかし、この話し合いを通して私は日本語教師という職業についてじっくり話ができたり、自分の意見をまとめたりすることで今まで以上には身についたと思っているのでこの回答にしました。
中井	この活動を受ける前に講義だけを受けていたときは、日本語教師は日本語を教えることだけなく、日本での暮らし方、文化や社会のルールも教えないといけないということは頭の中では分かっていました。しかしこの活動で、様々なリアルなケースに触れたことで、お仕事体験とまではいかないですが、自分が日本語教師であると想像して解決策を考えたことで日本語教師を深く知れたからです。

星	日本語教師に立ちふさがる様々な問題に触れることでどのような問題があるのかを理解することが出来たと共に、その解決策を模索することで心構えをすることが出来たと思う。後は実際に日本語教育の現場に足を踏み入れることでかなり身につけることが出来ると思う。
大澤	今まではぼんやりと日本語教師というものを理解していたつもりだったが、たくさんの日本語教師が抱える問題について話し合っていくうちに当たり前だが楽しいだけでは無いと思った。責任を伴い思うように教えられないことがあっても教え続けないといけないし、そんな面を受け止める心構えは身についたと思う。

表54 事後アンケート結果⑧「省察力涵養に対する自己評価」[9]

（設問8）ケース・メソッド課題に参加して、省察力が身についたと思いますか。	人数
7：非常に身についた	2人
6：かなり身についた	4人
5：やや身についた	4人
4：どちらでもない	0人
3：あまり身についていない	0人
2：ほとんど身についていない	0人
1：まったく身についていない	0人

表55 事後アンケート結果⑨「省察力涵養に対する自由記述」[10]
設問9「設問8の選択理由について書いてください」

川崎	自分一人で考えた後に、話し合いで他の人と意見交換をしたことで、考えを深めることができた。これを繰り返していくうちに、自分一人でも課題をさまざま面から考えることができるようになったと感じる。
中村	他の人の意見を取り入れて考えることもできるようになったし、課題を取り組むうえで自分でしっかり考えることが出来た。
谷口	あの多くはない文章の中から自分で状況を読み取り、自分で何がいけないのか・どうしていくべきなのかを考えることはやはりまだまだ難しいというのが本音ではあります。ですが活動を始める前よりもものごと一つ一つを深く考えるようになり、少しは身についたのではないかと自分では思っています。
長田	もともと一人で問題についてあれこれ考える癖があるので、この活動を通して身についたというよりはもともと身についていたものがさらに向上したと感じています。しかし、省察力に関しては今後も継続して伸ばしていきたい力の一つです。
宮本	箇条書きのように、細かくまとめることで自分がどう感じているかを客観的に見ることができた。また完全な答えがなく自分に置き換えて解決策を考えたため普段の自分に比べたらかなり熟考したと考える。
重田	私は話し合いで他の人の意見を聞いて自分の考えを見つめ直すという方に力を入れていましたが、最初に自分の意見を考えておがないといけないので、そういう部分で省察力は以前より身についたと思います。
溝辺	この活動で私自身を振り返るきっかけにもなりましたし、自分と向き合う時間も増えました。日本語教師の問題にとどまらず様々なことを考える時間ともなったためこの回答にしました。
中井	普段の大学生活でレポートや何か考えないといけないとき、友達と話し合ったり確かめ合ったりするのですが、この活動では通用しなかったので省察力が身に着いたと思います。ズームでみんなと話し合うまで、誰かと共有することが出来なかったので、その分一人で考えを出さないといけないことが難しかったです。

星	私は研究協力に参加させていただく前、こうと考えると頭では分かっていても周りが見えなくなり、後で後悔することが多かった。しかし、今回の経験で一度冷静に考え、行動することが出来るようになったため、6を選択した。
大澤	ほかの先輩方がとてもしっかりしていて意見の交換をしている姿を見た事で、私もしっかりしなくては自分の意見を人から見られた時におかしくないか深く考えるようになった。

表56　事後アンケート結果⑩「ケース・メソッド授業を大学の授業で行う妥当性」[11]

（設問10）ケース・メソッド課題を大学の授業のなかで行うことはふさわしいと思いますか。	人数
7：非常にふさわしい	3人
6：かなりふさわしい	6人
5：ややふさわしい	0人
4：どちらでもない	0人
3：あまりふさわしくない	1人
2：ほとんどふさわしくない	0人
1：まったくふさわしくない	0人

表57　事後アンケート結果⑪「ケース・メソッド授業を大学の授業で行うことに対する自由記述」[12]

設問11「設問10の選択理由について書いてください」

川崎	日本語教師という仕事は海外への憧れなど、言い方は悪いですが「綺麗な動機」から目指し始める人が多いと思います。でも、このように実際に起こりうる問題を知り、それを冷静に受け止め自分ならどうするかを考えていくことはすべての仕事でもいえると思いますが、理想と現実のギャップを埋めるうえで大切なことではないかと思います。
中村	この活動は自分の意見を考えるきっかけともなり、さらに自分以外の人の意見を聞き取り入れることで、自分とは違う価値観や考え方に触れ、今後の自分にいい影響を与えてくれると感じたからです。
谷口	この活動があれば、日本語教師を目指している人も、想像しやすくなると思うから。
長田	大学に通っていて自分の考えだけでなく人の意見を聞きながら自分の考えを固めていくことが大切だと思っています。この活動だったら私の思っている大切なことは学べると思います。また座学だけでは得られない日本語教育の事情をみることができていいです。しかし受講生が多いと難しそうだなという印象もあります。
宮本	実際に日本語教師にはだかる問題を知ることができ、話し合いを行うことで新たな視野が広がると共に同じ日本語教師の副専攻取得を目指す仲間との交流を深める事が出来るため。
重田	今まで受けたことのない活動で、自分が何かであることを想定し問題の解決策を考えるということは学校生活で一度は経験すべきだと思いました。
溝辺	授業前の準備にかなり時間がかかることや、授業で行うと任意参加とは違い参加者の取り組みに対する熱意に大きな差が出る可能性があると考える。その場合話し合いの質が下がってしまうかもしれないと感じた。
中井	この活動をしないと分からないこともあるし、私自身初めて分かったこともあるし、これから日本語教師を目指している人にとってはとても勉強になる良い機会だと思うからです。
星	日本語教師として働いている人が書いたエッセイをもとに課題について考えたことで、日本語教師に必要な心構えを学ぶことができたと思うため。

大澤	出される課題がどれも日本語教師が直面する内容で、日本語教師を目指していてもそうでなくても1度でも解決策を考えるということは、省察力が身につき将来絶対に役に立つと思うから。

表58　事後アンケート結果⑫「全体の感想」[13]
設問12「その他、この活動全体のことで自由に書いてください」

川崎	私はあまりこの活動を苦しく感じることはありませんでした。実際、自分で日ごろから日本語教師についていろいろ調べており、それぞれのケースもある程度問題として起こり得ることが想像できました。それでも、いろんな人の意見を聞きながら自分の主観で問題を捉えていくのではなく、客観的に問題を見つめて解決策を見つけていくことはとても楽しかったし、自分一人では思いつかなかった考え方に触れることもできたので非常に貴重な機会になったと思います。
中村	この活動に参加して私自身新しい友人ができたこと、とても嬉しく思います。みんないい人で話し合いもしやすかったですし、色々な意見をきくことができたことが私にとっては財産だったと思います。このような活動に参加出来たこととても嬉しかったです。今後日本語教師になるとならなくてもこの活動は役に立つとおもっています。ありがとうございました。
谷口	今回このアルバイトに参加して、自分にない意見をたくさん知ることが出来ました。日本語教師の仕事は楽しいことばかりではないと思いますが、この経験で社会に出て、この先ぶつかるであろう壁も乗り越える糧になればなと思いました。
長田	とにかく楽しかったです！コロナということもあって人と話す機会がなくなっていたので、この活動でリフレッシュしながら勉強する事ができました。日本語教育の道に進まなくとも自分で深く考えその意見を人に伝えることは日常生活で必要なことなのでよかったです。
宮本	大学が規定している日本語教師の副専攻取得のための講義だけではなく、今回の経験をすることで日本語教師の副専攻取得のために益々頑張りたいと思う！！
重田	日本語教師という職業に興味はあったのですが、自分に向いているのかどうか確かめることが出来なかったので、この活動に参加することが出来てよかったです。
溝辺	今回の教師の省察に参加できて本当に良かったと思います。日本語教育法の講義で学ぶこととはまた違う視点で日本語教師がどのようなものなのかということを知ることができたと感じています。問題というだけあり、日本語教師の仕事で出てくるマイナスな部分を知り、自分がどう感じたかというのにも注目し内面を知ることができたと思います。とても楽しかったです。
中井	最初は不安もありましたが、話してみるとその不安はみんなも同じようで、初めての人と話すこと(特にリモートで)はやはりみんな緊張することなんだなと思いました。みんなで話すことができてとても勉強になりましたし、楽しかったです。ありがとうございました。
星	活動に参加してディスカッションを行い、教師としてどのようにあるべきか深く考えることができて良かったです。ディスカッションで積極的に発言できなかったことが反省点です。
大澤	私自身話し合いやたまにリーダーをやらせて頂いてとてもいい経験をさせて頂きました。かっこいい先輩方のお手本があったのでそれに近ずけるよう今後頑張っていきたいです。大切なことは省察力を鍛えることとたくさん自分の意見を発信することだと思ったのでずっとその2つを忘れないようにしていこうと思います。

表59　ケース2「疲れている学生」分析メモ[14]
★印：50%以上（発話量過多）、☆印：20%以下（発話量過少）…3名の場合、
★印：38%以上（発話量過多）、☆印：15%以下（発話量過少）…4名の場合

		Aグループ	Bグループ	Cグループ
1回目	参加者	長田・谷口・中井・大澤	重田・川崎・溝辺	星・中村・宮本
	対話スキル	前半は意見の出し合い、後半はそれを受けて長田・谷口のディスカッションへ	発話量が理想的。3人が均等に話した	リーダーを任されていた星がいささか空回りか。ただ、中村が経験談から言えることを次々に言語化した
	発話量	全体　5,095 ★長田_50.7% 谷口_28.9% ☆大澤_14.4% ☆中井_6.0%	全体　4,847 重田_43.7% 溝辺_33.3% 川崎_23.0%	全体　4,205 ★星_50.3% 中村_30.9% ☆宮本_18.8%
	流れ	1.Bさんへの反対意見 2.わたしへの理解を示す 3.日本語学校の留学制度自体の問題点 4.教師はどうするべきか？	1.Bさんへの同情、理解 2.わたしの苦労を想像する 3.本末転倒になっているBさん 4.Bさんへの反対意見。理解不能 5.留学生のアルバイト事情	1.教師としての対応 2.中村の留学経験 3.自分の学生としてのふりかえり 4.叱る・怒るとは何か
	観察メモ	・各自がこの問題について熟考しているのがうかがえる。 ・1人のターンが長め ・前半は全員が意見を出し合うかたち。後半は長田と谷口の2人がそれまでの意見を踏まえて対話を広げた ・特に中井は冒頭意見を出したきり	・話題に多様な視点があった ・Bさんを非難するだけではなく、同情するところから入った ・ただ、自分と置き換えたら、開き直るBさんの態度は理解できないといった流れもあった ・経験談（居眠りするクラスメイトのことやアルバイト先のこと）を引き合いにしていた	・過去の自分や教わった教師、留学時代のことというふうに過去のことに焦点を当てた話題が続いた ・そこから叱られ、真に反省した時がどんなときかを思い起こす ・しかしながら、この件から外れ、Bさんに対してどうするのが良いかといったことに対するところへは至らなかった
	階層	階層3	階層4	階層3
2回目	参加者	長田・川崎・溝辺	中村・谷口・重田・宮本	星・中井・大澤
	対話スキル	大部分が長田の発話。長田はBさんと教師双方の立場で解を探そうとした	宮本以外、均等に話した。3人のあいだでは有意義な対話が構成された。	星の空回りがさらに強くなった。1人で長く話す。ただ、中井と大澤の口数が余りにも少ないためか

巻末資料

発話量	全体 4,316 ★長田_56.1% 　溝辺_37.7% ☆川崎_6.2%	全体 6,722 　中村_33.5% 　谷口_27.5% 　重田_27.2% ☆宮本_11.7%	全体 5,562 ★星_59.5% 　中井_22.2% ☆大澤_18.3%
流れ	1.各人1回目のふりかえり 2.日本語学校の留学制度自体の問題点 3.Bさんの問題点 4.教師はどうするべきか？ 5.学生をしながら勉強することの大変さ 6.改めて、教師にできること	1.Bさんへの同情・理解 2.各人1回目のふりかえり 3.自分が教師なら傷つく 4.「叱る」とは何か 5.教師と学習者のコミュニケーションで信頼関係を築く 6.学生が寝るのは教師の責任も少しはある	1.居眠りさせない授業の雰囲気とは 2.教師の対応 3.雑談（日本語教師になりたい）
観察メモ	・長田のターンが長い。1回目のセッションで話した留学生の置かれている立場の大変さについて深く考えていた ・溝辺は英語を専攻し、短期研修にも参加するなどした経験から、外国語を学ぶことそのものについて考察した ・川崎は大変口数が少ない。	・中村は自分の経験と照らし合わせた。コロナによる遠隔のつらさなど。 ・谷口の意見に重田（後輩）が反論。谷口は教師が叱ることを意味あることと言い、重田は何のために校則があるのかわからない。ストレスのはけ口なのでは ・宮本、冒頭に意見を言ったきり発言なし	・星のターンが長い。 ・概ね、授業の雰囲気づくりや居眠りを誘発しない授業がどのようなことかを星が中心になり話す
階層	階層3	階層4	階層2

表60　ケース3「職員室での談笑」分析メモ[15]
★印：50%以上（発話量過多）、☆印：20%以下（発話量過少）…3名の場合、
★印：38%以上（発話量過多）、☆印：15%以下（発話量過少）…4名の場合

		Aグループ	Bグループ	Cグループ
1回目	参加者	長田・谷口・中井・大澤	重田・川崎・溝辺	星・中村・宮本
	対話スキル	前半は意見の出し合い、後半はそれを受けて長田・谷口のディスカッションへ	発話量が理想的。3人が均等に話した	リーダーを任されていた星がいささか空回りか。ただ、中村が経験談から言えることを次々に言語化した
	発話量	全体　5,095 ★長田_50.7% 　谷口_28.9% ☆大澤_14.4% ☆中井_6.0%	全体　4,847 　重田_43.7% 　溝辺_33.3% 　川崎_23.0%	全体　4,205 ★星_50.3% 　中村_30.9% ☆宮本_18.8%
	流れ	1.Bさんへの反対意見 2.わたしへの理解を示す 3.日本語学校の留学制度自体の問題点 4.教師はどうするべきか？	1.Bさんへの同情、理解 2.わたしの苦労を想像する 3.本末転倒になっているBさん 4.Bさんへの反対意見。理解不能 5.留学生のアルバイト事情	1.教師としての対応 2.中村の留学経験 3.自分の学生としてのふりかえり 4.叱る・怒るとは何か
	観察メモ	・各自がこの問題について熟考しているのがうかがえる。 ・1人のターンが長め ・前半は全員が意見を出し合うかたち。後半は長田と谷口の2人がそれまでの意見を踏まえて対話を広げた ・特に中井は冒頭意見を出したきり	・話題に多様な視点があった ・Bさんを非難するだけではなく、同情するところから入った ・ただ、自分と置き換えたら、開き直るBさんの態度は理解できないといった流れもあった ・経験談（居眠りするクラスメイトのことやアルバイト先のこと）を引き合いにしていた	・過去の自分や教わった教師、留学時代のことというふうに過去のことに焦点を当てた話題が続いた ・そこから叱られ、真に反省した時がどんなときかを思い起こす ・しかしながら、この件から外れ、Bさんに対してどうするのが良いかといったことに対するところへは至らなかった
	階層	階層3	階層4	階層3
2回目	参加者	長田・川崎・溝辺	中村・谷口・重田・宮本	星・中井・大澤
	対話スキル	大部分が長田の発話。長田はBさんと教師双方の立場で解を探そうとした	宮本以外、均等に話した。3人のあいだでは有意義な対話が構成された。	星の空回りがさらに強くなった。1人で長く話す。ただ、中井と大澤の口数が余りにも少ないためか

発話量	全体 4,316 ★長田_56.1% 溝辺_37.7% ☆川崎_6.2%	全体 6,722 中村_33.5% 谷口_27.5% 重田_27.2% ☆宮本_11.7%	全体 5,562 ★星_59.5% 中井_22.2% ☆大澤_18.3%
流れ	1.各人1回目のふりかえり 2.日本語学校の留学制度自体の問題点 3.Bさんの問題点 4.教師はどうするべきか？ 5.学生をしながら勉強することの大変さ 6.改めて、教師にできること	1.Bさんへの同情・理解 2.各人1回目のふりかえり 3.自分が教師なら傷つく 4.「叱る」とは何か 5.教師と学習者のコミュニケーションで信頼関係を築く 6.学生が寝るのは教師の責任も少しはある	1.居眠りさせない授業の雰囲気とは 2.教師の対応 3.雑談（日本語教師になりたい）
観察メモ	・長田のターンが長い。1回目のセッションで話した留学生の置かれている立場の大変さについて深く考えていた ・溝辺は英語を専攻し、短期研修にも参加するなどした経験から、外国語を学ぶことそのものについて考察した ・川崎は大変口数が少ない。	・中村は自分の経験と照らし合わせた。コロナによる遠隔のつらさなど。 ・谷口の意見に重田（後輩）が反論。谷口は教師が叱ることを意味あることと言い、重田は何のために校則があるのかわからない。ストレスのはけ口なのでは ・宮本、冒頭に意見を言ったきり発言なし	・星のターンが長い。 ・概ね、授業の雰囲気づくりや居眠りを誘発しない授業がどのようなことかを星が中心になり話す
階層	階層3	階層4	階層2

表61　ケース4「ここは日本だから」分析メモ[16]
★印：50%以上（発話量過多）、☆印：20%以下（発話量過少）…3名の場合、
★印：38%以上（発話量過多）、☆印：15%以下（発話量過少）…4名の場合

		Aグループ	Cグループ
1回目	参加者	谷口・溝辺・中井・星	川崎・長田・宮本
	対話スキル	中井以外、均等に話せた	各自均等に意見を言うものの意見には相反するものもあるにもかかわらず、そこの交差は見られない
	発話量	全体　4,250 　★谷口_39.8% 　　星_39.5% 　　溝辺_24.3% 　☆中井_8.9%	全体　2,966 　長田_39.6% 　川崎_32.5% 　宮本_28.0%
	流れ	1.Dさんのふるまいの問題点 2.保育園の対応の問題点 3.「わたし」（日本語教師）が介入できる範囲とは 4.自国の習慣をどこまで持ち込むか 5.現実は難しい 6.まとめ	1.保育園の対応の問題点 2.保育園への理解 3.多様性尊重の重要性 4.わたし（日本語教師）が今回のことでできることとは 5.理不尽と思われる規則は変えるよう働きかけるべき
	観察メモ	・だれか1人と一方的に悪いと断定せず話せた ・現実問題難しいということにも気づいた ・自分の習慣と所属先の規則の折り合いの付け方について考察できた	・各自が意見を言えていたが、それを受けての発言が見られない ・他のセッションではふだん口数の少ない川崎と宮本の発話が多かった
	階層	階層5	階層3
2回目	参加者	谷口・長田・星	川崎・宮本・溝辺・中井
	対話スキル	有意義な対話の構成 星が少ないが意見は出せていた	発話に大きな偏り 溝辺が焦った印象があった
	発話量	全体　4,680 　　谷口_41.9% 　　長田_41.1% 　☆星_17.0%	全体　3,409 　★溝辺_46.1% 　　川崎_25.2% 　　宮本_19.7% 　☆中井_9.1%

流れ	1. 各人1回目のふりかえり 2. Dさんがすべきだったこと 3. 多文化共生に必要なこととは 4. 多文化理解に対する世代間の差 5. 異文化に触れることの意義 6. 外国人の情報収集の難しさ	1.「わたし」(日本語教師)が介入できる範囲とは 2. Dさんと保育園のやりとりの何が問題だったのか 3. Dさんがうまくやっていくには 4. 日本の校則 5. 自分の経験
観察メモ	・「とは」という抽象化したところへ収束していくようになってきた ・Dさんにも不十分な点があったことに気づいた ・受け入れ側(マジョリティ側)の心構えについても考察が至った	・溝辺は保育園が一方的にかたくなであるとは考えないという意見を前面に出した ・溝辺の主張に3人がうまく絡めていない ・主張された意見に対し、どう自分の意見を重ね、対話を有益にしていくかがまだ洗練されていないのではないか
階層	階層5	階層3

表62 ケース5「主導権は誰にある？」分析メモ[17]
★印：50%以上（発話量過多）、☆印：20%以下（発話量過少）…3名の場合、
★印：38%以上（発話量過多）、☆印：15%以下（発話量過少）…4名の場合

		Aグループ	Bグループ	Cグループ
1回目	参加者	谷口・宮本・星	重川崎・長田・重田・中井	星・中村・宮本
	対話スキル	谷口が良い意見を次々と話すようになった。反面、話さない宮本はそのままに。	ふだん発話の少ない川崎と中井が多く話したが、全体としては少ない	溝辺と中村が積極的に意見を出す
	発話量	全体　3,136 　谷口_42.8% 　星_39.5% ☆宮本_16.8%	全体　2,445 　長田_27.1% 　川崎_26.8% 　重田_23.2% 　中井_22.9%	全体　2,699 　溝辺_45.3% 　中村_32.8% 　大澤_21.9%
	流れ	1.Bさんが満足する授業とは 2.協働学習 3.クラスの雰囲気の重要性 4.全員が納得いく授業とは	1.レベル分けの重要性 2.教師の工夫 3.わたしはAさんに気をとられた 4.どこにレベルを合わせるか	1.学習経験 2.Aさんと教師の良好な関係性 3.何かのせいにしない姿勢
	観察メモ	・谷口は自分の経験に基づき考察した ・どんな授業や勉強方法だったら効果があるかという点で話し合えた ・谷口が言うことにただ納得するだけで深まりは見られない	・沈黙が挟まれ、全体的に発話量が多くはない ・教職課程をとる川崎が教師の意図を説明し、全員が頷いた ・1人の発話が長めで各自が意見を出し合う格好になっている	・勉強嫌いだった自分の話を引き合いにするなど、大澤も経験を下敷きに考えるようになった ・溝辺と中村は確固たる自分の意見をもっている ・特に溝辺に関しては、確固たる意見があるぶん、他者との交差が少ない場合が見られる
	階層	階層3	階層4	階層3
2回目	参加者	谷口・長田・溝辺・星	川崎・中村・中井	宮本・重田・大澤
	対話スキル	全員が均等に話し、とても良い雰囲気であった	中村が圧倒的に意見を言う	全員が均等に話し、合理的にむだなく対話を進めた
	発話量	全体　4,362 　谷口_26.8% 　星_25.4% 　長田_25.3% 　溝辺_22.5%	全体　2,899 ★中村_63.7% 　川崎_22.8% ☆中井_13.5%	全体　3,032 　大澤_44.4% 　重田_34.7% 　宮本_20.9%

流れ	1. クラスの雰囲気の重要性 2. 「わたし」への疑問 3. レベル分けの重要性 4. クラス替えを柔軟にするべき 5. レベルをどこに合わせるか	1. 各人1回目のふりかえり 2. 留学時代の経験 3. クラスは同じ目標（N2合格など）があるといい 4. 学習者の声を大切にするべき 5. 教師に意見をするのは気が引ける	1. 自分の経験 2. わたしの対応への理解 3. おとなしいAさんが溶け込めるようにすべき 4. Aさんは教師ではなくクラスメイトを頼ると良い 5. 解決策:Bさんへ別課題
観察メモ	・全員がそれぞれ対等に意見を出し合い、心理的安全性が担保されていた ・ただ、各自が言いたいことを言うことにとどまる ・批判的考察、意見の交わりなどが今一歩のところで薄い	・外国語学習経験、留学経験という点で、中村は語るべきポイントを掴んできた ・ただ、グループのなかにそれを受け止めるメンバーがいない場合は、ただ意見を出してお終いということになってしまっており、意見が活かされていない	・対話が中心から逸れない ・自身の学習歴をふりかえり、「できない」時の自分を引き合いにした ・Aさんの消極的な態度にも着目した ・最終的にはBさんへ別課題を渡すといった解決策に話が及んだ
階層	階層4	階層2	階層5

表63 ケース6「何のために働くのか」分析メモ[18]
★印：50%以上（発話量過多）、☆印：20%以下（発話量過少）…3名の場合、
★印：38%以上（発話量過多）、☆印：15%以下（発話量過少）…4名の場合

		Aグループ	Bグループ	Cグループ
1回目	参加者	中村・宮本・中井	川崎・長田・星	谷口・重田・溝辺
	対話スキル	中井の発話量が極端に少ない 宮本と中村のかけあい中心	長田中心に進む	全員、まんべんなくよく話す 「わたし」に全員が否定的
	発話量	全体　2,665 　宮本_49.0% 　中村_43.2% ☆中井_7.8%	全体　3,034 　長田_48.8% 　星_28.0% 　川崎_23.2%	全体　4,931 　谷口_49.9% 　溝辺_26.6% 　重田_23.5%
	流れ	1.「わたし」は焦っている 2. 持ち帰りの仕事 3. 授業スキルの向上 4. 新任教師の相談相手	1.「わたし」の悩みに共感 2. 悩むだけで行動がない 3. 日本語教師のやりがい 4. 初心にかえるといい 5. 仕事とお金の関係	1. 各自の働くモチベーションについて 2. 同じところで長く／短く働くことについて 3. 各自のコロナ禍での就職活動経験談 4. 行動に移せない「わたし」への疑問・反発 5. 理想と現実のギャップ 6. 学習者が寝るのは授業がつまらないから
	観察メモ	・中村と宮本がやりとりを続ける ・それぞれが自分の意見を言う ・相互の意見の交わりが少ない ・とはいえ、各発言は「わたし」の置かれている状況を深く観察し、新任教師のジレンマに心を寄せることができていた	・長田が「わたし」に対して厳しい発言 ・悩むことより具体的な行動に移した方が良いという意見が主流 ・どの意見も正論 ・一方で「わたし」はそれほどだめなのかという弱さに目を向けられていない	・3人とも、特に重田が「わたし」に対して厳しい ・困ったことがある時、即行動することで解決する溝辺には理解に苦しむ ・「悪口大会」という表現あり ・一方的に「わたし」のジレンマを理解できないという点で一致
	階層	階層3	階層3	階層3
2回目	参加者	中村・長田・重田	川崎・宮本・中井	谷口・溝辺・星
	対話スキル	均等に話せていた 若干、正論一辺倒に傾いていた	川崎と宮本のやりとり 全員、「わたし」に同情的、肯定的	谷口と溝辺が強気 星は少し引いて話した

発話量	全体 4,359 長田_43.5% 重田_29.1% 中村_27.4%	全体 3,060 川崎_40.3% 宮本_39.9% ☆中井_19.8%	全体 5,780 ★谷口_55.7% 溝辺_25.7% ☆星_18.6%
流れ	1.各人1回目のふりかえり 2.「わたし」の仕事に対する動機 3.仕事の理想と現実 4.授業の工夫：組み立て方 5.新任教師の相談相手	1.各人1回目のふりかえり 2.「わたし」の置かれている状況 3.新任教師の相談相手 4.仕事の目標を立てること 5.頼りになる先輩がいてすごい 6.社会のなかでの日本語教育の立場	1.各人1回目のふりかえり 2.日本語学校でのインターンシップ経験 3.日本語教師の理想と現実 4.1年目は辞めないようにするのが目標
観察メモ	・なぜその職業を選んだかという点で疑問を投げかけていた ・正論に走りがち ・「わたし」の弱さや置かれた立場、焦りなどへの共感は薄い ・後半、雑談になってしまっていた	・「わたし」に対して肯定的な意見が多い ・「わたし」が1年目でありながら社会情勢のことも考えられている、先輩とも良い関係を築けている点に感心していた ・中井が少ししか話さないことが惜しい ・川崎は卒論のテーマである外国人児童の日本語教育に関連付けて考察できた	・日本語教師の大変な部分に対して谷口がインターンシップの経験を話す ・正論に流れた ・「わたし」の弱さや置かれた立場、焦りなどへの共感が薄い ・ただ、星は「わたし」の弱さにも目を向けつつ、自分自身は少なくとも1年は辞めずにがんばりたい、といった発言 ・後半、雑談になってしまった
階層	階層3	階層4	階層2

表64　ケース2「疲れている学生」省察文[19]

川崎	授業中に寝てしまう学生の姿は、日本語学校に限らず、学校現場では見られるものだと思う。その場合、多くの学生は、眠りたくて寝ているわけではなく、起きていたくても眠気に負けて寝てしまうと考える。そのため、<u>授業中に寝ている学生がいた場合、教師は起こすべき</u>だと考えた。 また、中級に入ると、勉強へのモチベーションの維持が難しいと思うので、初心に戻って、なぜ日本語を勉強しているのか目標を見直すことが大事だと考えた。
中村	確かにバイトで疲れているのはわかるが、すべてをBさんに合わせることはできないし、Bさんと同じような状況の学習者も少なくないと思う。しかし、日本に勉強しに来ている限り、勉強に集中する必要があると考える。<u>今回は先生の対応は間違っていないと思う。</u> 進路支援課等がある場合、そこに相談してみてバイトを見直してみるのも一つの手かなと思った。また、専門学校に行くので勉強しなくていいというのは間違えだと思う。専門学校に行くからこそ勉強しなくてはいけないと思うし、ここで勉強しなかったらもっとわからなくなってしまうと思う。専門学校で本当にいいのかも検討すべき点だと感じた。
谷口	授業中寝たりしていた訳ではないですが、<u>私自身も奨学金を借りながら両親に迷惑をかけないようにアルバイトを頑張っていた時期があります。その時私は体調を崩してしまって周りに迷惑をかけてしまいました。</u>なのでBさんの気持ちも分かりましたが、これを続けるとどちらも続けられないと思いながら読んでいました。 正直担任の先生の言い分も分かります。担任で学生にきちんと授業を受けてもらい、しっかりと進路を決めてもらい卒業させる。担任であれば絶対に考えるはずです。ですが<u>学生1人1人学校以外置かれている環境に違いがあると思うのでそこに考慮しながら話を進めるべき</u>だと思いました。
長田	Bさんがアルバイトに追われ、授業中に眠ってしまうというのは、同じ学生（学習者）という立場ではすごく共感できた。またアルバイトもBさんにとってはお小遣い稼ぎのような気楽なものではなく、日本での学費と生活費を賄うためのマストなものであり、そのために必死になっていることについては教師側も理解を示すことが大切だと思った。しかし、先輩から聞いた「絶対に入れる専門学校があるから勉強しなくても大丈夫」という言葉を鵜呑みにしてしまっている現状はあまり芳しくないとも思った。その言葉を信じてしまうと正直なぜ日本に来てまで日本語を勉強するのか、その意味がなくなってしまい本末転倒だと思った。したがって、その情報については<u>教師側がもう少し追及し、Bさんとなぜ日本で勉強しようと思ったのかその動機を一緒に見直したり、あるいは実際にその学校の過去問などが手に入るならそれを解いてったりして、勉強の大切さやなぜ日本に来てまで日本語が勉強したかったのかという初心を思い出してもらう</u>ことがBさんのモチベーションをあげることにつながるのではないかと思った。
宮本	今回は難しいものでした。正直、これはどう答えるべきだろうと悩みます。
重田	Bさんが授業中に寝ることは仕方ないと言えば仕方ないけど、先生に呼び出された際に理由を伝えるだけでなく、理解を求めているところが<u>不快に感じました。</u>また、その後に、勉強しなくても専門学校に行けるから問題ないなどと先生に対して失礼なことを言っていると思います。Bさんが中心の世界ではないのでなんでもBさんの都合で物事を考えるのはやめてほしいと思いました。
溝辺	<u>大変な状況にもあるのは理解</u>しつつ、学習者にもう少しやる気を持たせることも大切であると考えた。入れる学校があれば良いではなく、この学校に入りたいから時間を有効活用できるように努めるという考え方に変えてあげるのも一つの方法ではないか。その学習者の目標と照らし合わせながらおすすめの学校を進めるなど授業をしっかり受けてくれるように促す。 また、あまりに改善されない場合はアルバイト先を変えるなどが必要になると私は考えた。

中井	<u>私もアルバイトをしながら大学の課題や授業に追われる日々を過ごしたことがあるの</u>で、きついことは<u>理解できる</u>が、Bさんのように生活費や学費などすべて自分だけで背負っていないので、どのように答えたらいいのか分かりませんでした。しかし、せっかく母国を離れて勉強する機会があるのにもかかわらず、その時間を無駄にしているのはもったいないと感じました。卒業後は専門学校に入学できたとしても、今学校で学ばないといけないことを、そのときにもう一度学び直さないといけなくなることを伝えたいと思いました。授業中に寝てしまうことで、Bさんが夜通しでアルバイトをして得たお金が無駄になっていないかなど、Bさんを傷つけないように、ゆっくり話すことが大切であると考えました。
星	Bさんのひっ迫した状況から日本の留学生に対する制度の不十分さを改めて感じた。それと共に、私もBさんの立場であれば、同じような状況になりかねないと思った。とはいっても、Bさんに課せられた年月を考えるとその制度を改善しようと動く時間はない。解決策を考えることは難しい、いったい、日本の日本語教師のみなさんはどのような解決策があるのだろうかと疑問を思った。 また、わたしに対しては理解していると伝えつつもなぜ、持論をひけらかすようなカタチになってしまったのかと思った。Bさんの反論は一部疑念があるが、全く理解できないわけではない。わたしはもう少しBさんの立場に歩み寄る必要があると感じた。
大澤	とても難しい内容だと思いました。<u>私自身も授業中眠くなってうっかり寝てしまっていたことはあった</u>のですが、あまり先生側のことを考えておらず、注意する意味を考えたら寝るのは<u>とても申し訳なくなりました</u>。Bさんはとりあえず専門学校に入れればいいと思っていますが、先生側からしたらお金をもらって授業をしていてきちんと教える義務があるし、Bさんの将来を考えての注意なので私もBさんにはわかってもらいたいと思いました。 正直私はきれいごとしか言えませんでした。ここで注意しても今後のことは生徒の考え次第だし、私自身あまりいい意見を考えることができなかったので話し合いで他の方の意見を聞くのが楽しみです。

表65　ケース3「職員室での談笑」省察文[20]

川崎	日本語学校の先生は、生活のサポートなどを通して学生に親身に寄り添うため、学生に子どものように接してしまうことも多いのではないかと考えた。どこまでサポートしなければならず、どこから学生自身に考え行動させるべきかの線引きが難しいと思った。また、先生同士の会話で学生の話が出てくることは多いと思う。その中で、どれだけ美味しい話題でも学生の失敗を笑うのは良くないと思った。<u>教師としての立場をわきまえ、自身の発言にも責任を持たなければいけない</u>と考えた。
中村	学習者との接し方は、難しいと思う。最初から上手く関係を作るにはコミュニケーションをとることが大切だと思う。先生と学習者という関係性を作るためにも、簡単な敬語を使わせるようにする。学習者は子供ではないので、先輩後輩くらいの接し方でいいと思う。 先生同士の問題は、あまり深入りしたくないなと思った。自分もその中の一人になるようなことはしたくないので、少し距離を置きつつ、必要な時に話す程度でいいと思った。<u>学生の頑張りや、ここミスしていたから次気を付けてねのような会話と馬鹿にするのは違うと思う</u>ので、職員室内だけであってもしてはいけないと思う。
谷口	登下校中の飲食禁止って高校生でもこんな規則よくないと思いました。<u>私自身高校の下校時に友だちとコンビニでお菓子を買って公園で話をしたり、夕食を食べたりしていました。これもコミュニケーションの一環でした</u>。大人をルールで縛ることは却って良くないと思います。 登場人物の「わたし」が職員室の状況に違和感を覚えることが出来るだけいいと思いました。日本語の間違いや発音のミスを面白がることは絶対にだめです。自分だって外国語話してミスすることくらいあるじゃないか！　と思いました。<u>もし自分が笑われているかもと思うと悲しくなりました</u>。きっと学生が聞いたらショックです。絶対に<u>「わたし」には他の先生のようにならないでほしい</u>とすら思いました。 今誹謗中傷が問題視されている世の中ですから、職員室の状況が改善され、いいことが話題になればいいなと思いました。

長田	学習者に大声で注意したり、登下校中の飲食を禁止したりするというのは、学習者が成人しているからこそ、教師側を言い方は悪いが学習者がなめてかからないためには多少必要なのではないかと考える。また、飲食を禁止するのはその飲食で出たごみを学習者がポイ捨てするなどのリスクを事前に回避するためのものであれば、理解を促し、呼びかけていく必要があるのではないかと思った。しかし、学習者の失敗や服装を談笑の話題にし、なおかつ面白がるというのは<u>正直教師の人間性を疑ってしまう</u>。学習者がふざけて失敗をしたというならまだしも、真剣に勉強をしている中での間違いだったとしたら、教師がそれを面白がり周りと語り合うのはその学生の名誉を傷つけてしまいかねないし、何より方が一学習者本人に教師たちがそうして笑いの種にしていることが伝われば、学習者からの信頼を失ってしまうのではないかと考える。(ちなみに私は「<u>壁に耳あり障子に目あり</u>」ということわざが好き？<u>だ</u>)実際、私がアメリカに語学研修をしに行ったとき、売店の店員や学校のスタッフが私たちの日本語訛りを面白がって真似したりしたことがよくあった。正直、こちらは努力して英語を話しているのに、その努力をないがしろにされたような気がして気分が悪かったのをよく覚えており、今回の例は逆の立場に立っているような状態だと思う。自分がこの新任教師の立場なら、談笑に無理に加わらないか、談笑の中でその学生の失敗に関する話題が出てきてもうまくスルーしたり、「それはよくない」というのをダイレクトにではなくても、教師に伝える努力をしたいと思う。教師間でコミュニケーションを図っていくのは日本語学校ではもちろん必要不可欠なことだとは思うが、それが<u>学習者を馬鹿にしているような内容にはなってはいけない</u>と思う。 しかし、1点気になるのは違和感を覚えながらもこの新任教師は談笑中は明るい気持ちになると言っている点である。だとすると、どこか違和感を覚えながらも、教師たちが話題にあげる失敗などに共感できる部分があるのではないかと思ったため、それをうまく解決策についての話題などに持っていくことができれば、この談笑は有意義なものに少しでも変化するのと考えた。
宮本	話題の内容は場合によっては、学生の様子をほかの人から見聞きし「このようなケース」もある、またはこういう学生もいるということを把握することができるのではないかと思う。だが、「わたし」さんが言うように学生の様子をおしゃべりだけでなく面白がったりしていうのであれば、もしかしたら良い見聞を得られるかもしれない話題が悪いものになってしまうと感じました。 注意や禁止事項には、分別ある大人も所属するだろう学校には逆にふさわしくないものではないかと感じている。
重田	まず、この文を読んだときに怒りがありました。人にものを教える立場の人がこのように教えている人を馬鹿にするような人がいることに<u>ショックを受けました</u>。日本語学校の生徒もこのことを知ったらショックだと思うし、日本語学校だけでなく、<u>私たちが通っていた中学や高校でもこのようなことがあったのだろうか</u>と思うと、やっぱりこの世に良い人というのは少ないのではないかと思いました。私は、<u>生徒の失敗談などを話題にするような人は先生になってほしくない</u>し、そもそも、頑張っている人を馬鹿にするような人は自分が教育を受け直したほうがいいと思います。
溝辺	大楽しく談笑といっても少しでも悪意などが含まれているのであればあってはならないと思います。実際どのような談笑なのか分からないのでなんとも言えませんが自分も楽しくその会話に参加できるものであれば何も言わないと思いますがあまりにおかしいと感じたときには私は自分の意見を言うと思います。 さらに注意に関しても言い方は考えて行うと思います。 仲良くすることに関してはしっかり線引きが必要だと思います。将来、学習者が社会に出たときに困るような仲の良さはあまりよくないと思うので。
中井	私が学習者の立場で、もし教えてくれている先生たちが私のいないところで笑い話にしていたら…と考えるとものすごく<u>嫌な気持ち</u>になります。裏切られたような、複雑な気持ちと信頼までもなくなるかもしれません。学習者にとって先生は大きな存在であるので、やってはいけないことだなと感じました。つたない日本語を話す外国人は可愛いと思うので、その流れで先生たちは談笑しているつもりかもしれませんが、<u>本人は真面目に勉強しているはずなので、失敗やその人自身、文化を笑うことはしてはいけない</u>と感じました。 ただ、働くうえで人間関係は大切で、自分からすると上司の先生に、簡単に自分の気持ちは伝えられないので、難しい問題だと思いました。

星	**先生たちは自分勝手**だと感じた。先生たちは良いかもしれないが、生徒にとってはとてもつらく、教師や日本人に対して拒否反応が出たり、日本を学ぶ活力が失われかねないと思った。
大澤	とても難しいと思った。**大人としてこのような話題で盛り上がるのは幼稚だと思うし正直あほらしい**と思うが、その職場での人付き合いもあるし否定して空気を悪くしてしまうのも悪いので、私だったら先生と同じようにどうすればいいかわからなくなると思う。でも私が生徒の立場ならそんな話題しないでほしいしそんな先生がいたら嫌いになると思う。だからうまく話をそらして違う話題にしていくのが一番いいと思った。

表66　ケース4「ここは日本だから」省察文[21]

川崎	この文章を読んで、Dさんの言い分ではなく、保育園の先生の伝え方に問題があると考えた。Dさんが事情を説明した際に、保育園からも少しは理由を出せたのかもしれないが、要望を認めず「ここは日本だから日本の決まりに従わないと」と言えば、納得できないのも当然である。**要望を認めないのであれば、なぜ認められないのか正当な理由を説明しなければならない**と思った。
中村	
谷口	私自身あまり日光に強くないので高校の時に夏でもカーディガンを着ていました。でもその時に先生に本当は1人を特別扱いすると事情を知らない人から見ると私がよく思われない可能性があるのできちんと申請書を出して欲しいと言われました。反面中学の体育の先生にはめちゃめちゃ揉めました。結局体育祭のダンスに出ない所まで発展しました。今考えると言葉足らずだったように感じます。なので高校ではきちんと説明した記憶があります。Dさんがどのように説明したのかな？と思いました。 個人を尊重することは大切でも特別扱いすると「私も私も」と主張する人が多くなりそうで怖いですが。
長田	正直、日本社会に根付く「郷に入っては郷に従え」という考え方がDさんの国での大切な考え方や慣習をないがしろにしてしまっていると感じました。確かに、日本では小さい頃から制服をまとい、みんなと同じように行動するというのが正しいとされる風潮があり、それから外れてしまった人などは「出る杭は打たれる」というように、社会から冷たい視線を浴びせられたり、ひどい場合にはいじめの対象になったりすることもあります。ですが、私は「これは仕方がないからみんなに静かに従うべきだ」という考えは持っていませんし、むしろこれらは**悪しき風潮**のようにも思えます。特に昨今、日本でも多文化社会への移行の動きが見られ、外国籍の子供たちが日本の学校や保育園に通うことも増えてきたため、違う文化の国で育った子供にはその国で大切にされている文化があることを、日本の子供たちにも理解してもらうためにも、そういったDさんのように**国の慣習を守る人**たちの気持ち及びそれらの考え方等を尊重することが大切なのではないかと思いました。
宮本	半ズボンなどは日本人でも出ている不満が出てくるのは当然かなと感じました。**実際「冬場に女子生徒はタイツ禁止」という謎のルールを所属校に出され不満を持っていた友人がいた**ので納得しました。 一方で難しい問題だと感じたのはピアスです。自国の習慣といえばそうですが、だからなんでも相手の故郷の文化を優先します、というのは違うと思いますし、特に「ピアス」の認識が「おしゃれ」と捉えている人が多いだろう日本人の中で「文化」だからでピアスをつけている人がいたら逆に日本人に納得できない人がでて来ると思います。この問題は海外との異文化交流の問題でよく取り上げられる印象がありますが、自分はどう捉えるべきか悩んでいるものでもあるのでかなり難しい問いであると感じました。

重田	日本の非常に**無駄な**ルールの1例がここに挙げられていると思いました。真冬なのに半そでを着ないときけない理由も全く分からないし、ピアスも別に日本人も中学でも高校でもしていいと思います。ピアスが勉強にどんな影響を及ぼすか分からないし、真冬に半袖を着て風邪を引いたらどうするんだって話ですよね。子どもでもないくせに子どもなら大丈夫と勝手な決めつけをして、そんなに体を強くさせたいなら、自分の体を強くしてほしいですね。そもそも自分たちはぬくぬくと長袖を着ているくせに、判断力が未熟で、大人の言うことを聞く子どもたちに半袖を着させるのはおかしいですね。このルールに日本の偏見や決めつけが現れていると思います。この話とは関係ないですが、入れ墨もその一つだと思います。早くその偏見がなくなってほしいです。
溝辺	この問題は正直起こりうるものだと思いました。保育園側も一人の子を特別に許可したとなればほかの保護者も認めてほしいという声が上がるだろうし、いくら文化といえども許可を出すことは難しいのではないかと思います。 しかしDさんの気持ちも分かります。日本といえども自分の国の文化や習慣は大切にしたいでしょうし、自分も留学した際日本の文化や習慣は大切にしていたと思うからです。 この問題はとても難しいと思いますがまずは保育園側と話す必要があると思います。<u>今は日本にも外国の人が生活しているのも増えてきましたし、今後子供たちに異国の文化を学んでもらうにも良いきっかけになる可能性もある</u>ので話すことで少しは解決策が見つかるのではないかと考えました。
中井	日本の保育園で園児の中にハーフの子供が混ざっている場面を<u>想像しました</u>。子供がハーフなのかどうかは不明ですが、ピアスを付けている子がいると目立つなぁ…。と感じました。また、保育園に通っているぐらいの子供たちは自分と他人を比べ、少しでも違う外見や遊びをしている子に敏感になってしまうのではないかと考えました。最悪の場合、その見た目のことをいじってしまったりしてしまうのではないかとも考えました。<u>私が小学生のとき、同じ学年にブラジル人とのハーフの子がいました。背も鼻も高く、ブロンドヘアで瞳の色も違いました。ピアスの穴も開いていたことを覚えています。しかし、ピアスをつけてきたことは一度もなく、特に自分たちと違うルールが適応されていたことはなく外見を言われたことも無かったと思います。それは自分たちと同じ決まりの中生活していたことが関係していたのかなと思いました。</u> ここからは文章を読んでからの偏見ですが、dさんは意見をはっきり言い、他の学習者からも信頼があるというところから、自分の考えを否定されることが他と比べ嫌なのかなと思いました。 でも、これからdさんの子供が日本で育っていくのなら日本の決まりに従うほうがいいのかなと思いました。小さいころから集団の中で自分だけの特別ルールが存在するのは将来的に不安だと思うので、保育園の先生の言い分を受け入れたほうがいいのかなと思います。
星	何とも言えない難しい内容だと思った。 なぜならば、考えましょうの1で述べたように、ここは日本だから自国の文化や習慣を優先しすぎるのも良くない。かといって、Dさんの自国の文化や習慣を大切にしたいという気持ちや心の支えとも言える部分を否定するべきではないからだ。 また、この問題の要因の一つとして園の先生もDさんもお互いのことをあまり理解しようとしていないことが挙げられると思う。園の先生はここは日本であるのにも関わらず、なぜDさんはそこまで自国の文化や習慣にこだわるのかが分かっていないし、Dさんの自国の文化や習慣について調べようとしていない、Dさんにも尋ねようともしていない。その一方でDさんは自国の文化や習慣にこだわるばかりで日本の文化や習慣を理解しようとしていない。そのため、お互いがお互いの国の文化や習慣を理解し、話し合い、子どもを含めてお互いがWinWinの方法を探るべきだと思う。

| 大澤 | もっと園側が柔軟な対応をしてくれてもいいと思った。**今時強制で短パンをはかせていろんな事情があると思うし、風邪をひいてしまうかもしれないから**である。だがもしどうしてもそうしないといけない時は素直にそのルールをか、他の生徒の親から署名などを集めて少しでも説得させることができるよう努力したほうがいいと思った。 |

表67 ケース5「主導権は誰にある？」省察文[22]

川崎	クラス内の学生に差があるのは、私たちにも共通する学習環境だと思いました。教師がどこにレベルを設定すべきか難しい問題ですが、私は、**授業の内容を学生のレベルより少しチャレンジングなものにすることで学力向上を狙い、上の学生に下の学生が感化されてクラス全体の勉強に向かう姿勢を作りたい**と思いました。
中村	**日本語副専攻の授業の時にクラスのトップの子にレベルを合わせて授業をしていくべきと先生がおっしゃっていた**のを思い出した。また、Aさんは礼儀正しく内向的な性格なのはわかるが、その壁を自分で突破してもらわないと、今以上日本語の上達が見込めないと思う。
谷口	実際に「わたし」の受け持つクラスと同じような状況に**高校数学の授業でなりました。私はもう少しレベルを上げて欲しい、スピードアップしてほしいと思ったのですが、クラスで分かっていない子に合わせるとこのくらいのスピードにあると言われました。このとき私は先生に応用に聞く問題を1問でもいいからプリントでくれれば、その子に教えている時にやりたいとお願いすると出してくれるチャートかなにかの応用を解く時間に教えていました。** こんな状態が日本語という語学の授業に使えるのか分かりませんが、使えればもっと効率よくクラスの成績を上げられると思いながら話を読んでいました。
長田	私は教師がAさんに対して行っている丁寧な指導や解説は決して悪いことではないと思った。しかし、問題はBさんが訴えるようにそれが授業全体に響いてしまっていることだと感じた。教師の関心は今の状態ではAさんに傾いており、Bさんのようにすでに内容を理解し次のステップに進みたい人の思いがないがしろにされてしまっているのではないかと考えた。Aさんに対する指導は個別でも行えることだと思うし、授業はあくまでも全体の理解度を考慮しながら多少難しくてもレベルアップができる方向で進めていかないと、Bさんのように理解できている学生にとっては同じことの繰り返しであったり、「おもしろくない」という感想を抱いてしまう授業になってしまうと思った。また、Aさんに対する教師の授業中の振舞いは学習者によってはAさんを贔屓していると考える人もいるのではないかと思った。 Aさんだけでなく、その日の授業の内容に疑問点や不明点がある学習者のために、**教師は復習ができるプリントを作成するなど、もう少し他の対策の仕方がある**のではないかと感じた。
宮本	Aさんを置いていきぼりにすることも良くないが、Bさんの実力をさらに上げるためには「**退屈させない**」**ことも教師として大切なことだ**と考えます。 判断材料として二人だけでなくクラス全体の様子の把握もしたと思います。 もしAさんが今の状態でギリギリついていけるようならば、そのときはどうすることが最適か悩ましいです。個人授業をするとかかと思っています。
重田	今まで、大人数クラスの先生は人に教えるだけかなと思ったこともあったけど、この文章を読んだときに、生徒一人一人のレベルも考えないといけないし、分からない生徒がいればフォローもしないとけないし、いろんな生徒に対して一気に対応しないといけない為、**想像以上に大変なのだろうなと思いました。**この文章に出てきた私先生は分からない人のためを思って行動していても、**それじゃ満足できない人もいるため、ある程度踏み切りをつけないと授業は成り立たない**と思いました。

溝辺	Aさんばかりを気にかけるのはどうかと思いました。しかしクラスについて行けない学習者を放置することはできません。Bさんのように授業を退屈に思う学習者が出てくるのもいけないと思いいます。(難しいと思いますが)まずはクラス全体のレベルで授業を行い、理解が足りていない学習者には時間を割いて個別に指導するのが良いかと思います。 クラス全体を意識することは難しいことかもしれませんが<u>どちらかと言えばBさんに合わせて授業をすることでクラス全体が学力向上することも可能性としてはあるのでAさんに合わせてばかりというのはいけない</u>と思いました。
中井	Bさんのもどかしいような気持ちも分かりますが、同じクラスで学んでいるAさんにもそれが伝わっているような気がします。自分のせいで授業が止まってしまっている…と考えてしまい、より引け目に感じるのではないかと考えました。
星	生徒に先生は簡単な質問ばかりして面白くない、授業時間が退屈であると言われると<u>ショックだと私は感じる</u>。新任日本語教師でクラス全体が伸びていける授業にできていない可能性があれば、尚更だ。しかし、それと同時に日本語学校や教師は生徒のためにあるため、努力しなければならないと思うだろう。逆を言えば、教師にとって成長できる絶好のチャンスだと感じる。
大澤	授業にうまくついていけていないAさんに対し気に掛ける気持ちはとてもよくわかるので、AさんとBさんにどちらにもいい案を考えるのは大変だと思いました。どちらの気持ちもわかるので、可能であるならばレベルでクラスを分けるのが一番いい案だと思います。でもダメな場合もあるので、やっぱり<u>授業をうまく工夫する方法を見つけなければいけない</u>なと思いました。

表68 ケース6「何のために働くのか」省察文[23]

川崎	私も「わたし」のように、理想はあるものの具体的な課題が分からず行動に移せないことや、理想と現在の自分の差に落ち込むことがある。まずは具体的な理想像を持ち、それに向けてどういった点を改善していけばいいのか明確にすることが重要だと思った。
中村	日本語教師の仕事は、確かに給料は良くないと聞きますがとても良い仕事だと感じます。<u>自分が教えた日本語を話して活躍する学習者を見れたらうれしいと思いますし、公安留学に来ている友達や留学先で仲良くなった友達に日本語を軽く教えて、少し話せたり、上達したりするのを見ていてとても嬉しかった経験から、日本語教師をしてみたいなと感じたので、もっと自信を持つべき仕事だと思います。</u> 授業中の居眠りなどは授業風景などを少し変えることで、学習者も新鮮に感じると思うので、少しブレイクアウトの時間を設けるなどアクティブにしていくといいと思いました。 誰しもネガティブになってしまう時期はあると思うし、うまくいかないとき私も何でも落ち込んだり焦ったりしてしまうことがありますが、継続は力なりというように続けることに意味があると思います。なので手が届きそうなところからまた努力していけばいいと思います。
谷口	<u>結構どんな職でもあり得そうな悩みだなと思った。先輩の凄さに憧れを抱きながらも自分がどうしたらいいのか分からないことはある。</u>でも「わたし」は自分に必要そうな情報は新聞に出ているのに特になにも出来ていない事は悔しいなと思った。なにか行動に移せたらもっといい授業が出来るだろうし、お仕事自体にも楽しさが出てくるだろう。結局彼女が最後に「どうすればもっと先輩のように輝いた教師になれるのでしょうか。」と書いてあって最終目標は輝いた先生なのだから、行動に移して自分なりに知識を深めていくことが大切。

長田	日本語教育に興味はありながらも、仕事内容の大変さと給料の低さは私自身も正直少し気がかりというか、日本語教師になる上でいつかぶち当たる悩みだと思いました。私は憧れからこの仕事を目指すようになったので、特にこのようなネガティブな面に直面すると、この先生の例のように日本語教師という仕事を簡単に手放してしまいそうな気もします。日本語教師の需要は今後も増えていくと世間では言われていますが、今回のコロナの問題もあり、この先生のような悩みを抱える人は新任の先生だけに限らず多くなるのではないかと思いました。ただ、今回の先生の例なら、給料が低いのはまだ2年目ということもあるだろうし、授業で生徒が寝てしまうのも、自分の授業を見直す機会だと考えてよりステップアップしていく方向に努力することもできそうな気がします。なので今のもやもやとした気持ちを晴らして、少し落ち着いて自分の仕事について見つめていくと解決策が見つかり、良い方向に転じていくのではないかと思いました。
宮本	授業の進行の課題は講義でも取り扱っているので、学生が寝ない飽きないようにどうするのかということを思い出しながら考えました。二年目ということで教科書に慣れてきたと「わたし」さんは言っていっていたので、学生が寝ないで聞いてくれる授業をしたいという気持ちがあるのだなと思いました。 同時にうまくいかない授業に答えられない質問が多くあることで、自信を失くしかけていることがすごく気になります。働き始めてから私たちがいつかはぶつかる問題であると強く認識しました。講義での話や日本語教師をしている人の体験記を読みながら、具体的な案が出せればと思いました。
重田	どの職業でもそうですが、昔から夢である職業につけても理想と現実で違うことはあるのだなと改めて思いました。また、日本語教師はただ人に教えるだけでなく、人が退屈しないように教える工夫をしないといけない為、ただ仕事をこなすだけでなく、人としての個性や工夫も必要だと思いました。
溝辺	日本語教師をしながら自分がなぜこの仕事をしているのかという軸を持つべきだと思いました。これはどの職業に就いても言えることだと思います。仮に自分が思うような職場でなくとも何かしらの目標や自分の中での軸は必要だと私は考えます。 また、的確に答えがでないという事実が分かっているならば日本について、日本語について知識を増やすための努力や、ほかにも授業前にこのような質問がでるかもしれないという準備をしっかり行うなど自分の課題が分かっているならそれを解決しようとする行動をとるべきだと思いました。 更に最後のような問題を話す相手が居ないというのは違うと思いました。身の回りにそういう問題について話す相手がいないのなら自らそういう交流会などに参加するなど、できることはあるはずです。相手がいないと言うより何もしていないだけなのかなと私は捉えました。私は自分がしたいと思うことには積極的に参加するタイプなのでこの文を読んで何もしていない先生は行動力や積極性という面にかけている気がしました。
中井	一年かけて教えた授業内容と全く同じ授業はしてはいけないと思いました。改善点も見つかったのなら、それも踏まえ、先輩教師のような深い質問にも答えられるような授業をしてくべきだと思いました。 慣れてしまって同じ授業の繰り返しよりも、その度に質が上がる授業をした方が、教師としても自分の仕事としてもやりがいを感じることが多くなって、給料の不満も無くなるのではないかと思いました。
星	二年目としては上記の考えましょうの1で挙げた問題点からうん？ということを感じたが、わたしの5月病的現象はある程度仕事に慣れてきた2年目の日本語教師あるあるなのかも知れないとの印象を受けた。 また、日本語教育法Ⅱなどの日本語教員の副専攻の講義で学んだことが今回の問題の解決に大いに活かされたように思う（考えましょうの2）。
大澤	

表69 事後アンケート結果「最も考え易かったケースはどれですか」[24]

◆最も考え易かったのは、ケース1「日本の女性は媚びている？」を選択		
参加学生	選択の理由	カテゴリ化
谷口	私自身外国人の友達に「なんで日本の女性はきちんとメイクをするの？」と聞かれたことがあるので考えやすかったです。私の中で洋服やメイクは「異性に媚びるもの」ではなく「自分自身の気持ちを高め、表現するもの」という明確な考えがあったこともも考えやすかった理由でもあると思います。	・経験がある ・自己のなかに明確な意見が持てた
長田	この回では、みんながそれぞれ問題点と解決策を見つけることが出来ていて、方向性も同じであったため、みんなの意見を組み合わせると良い解決法にたどり着くような印象だったからです。	・対話セッションで解決策が出せた ・他の参加学生と統一見解があった（意見が割れなかった）
溝辺	これは日本語教師、そして学習者のふたつの観点からそれぞれ意見が出せたので比較的話し合いはしやすかったように思います。	・自己のなかに明確な意見が持てた
大澤	私の中で1番これだという答えを持てたから。そして作文を書いた生徒の意見が極端だったから反論を簡単に考えることが出来たから。	・自己のなかに明確な意見が持てた
◆最も考え易かったのは、ケース6「何のために働くのか」を選択		
中井	一番自分に重ね合わせやすかったからです。次に日本の女性は媚びている？のテーマが考えやすかったです。	・自分に置き換えやすかった
星	ケース6の新任教師であるわたしと似たような経験をこれまで何度か経験をしたことがあるため、その解決策を考えることは比較的簡単であった。	・経験がある
◆最も考え易かったのは、ケース2「疲れている学生」を選択		
長田	解決策が最も見つけやすい問題だと思いました。学習者の偏見を正し、生活指導を行うという現実的で具体的な解決策にたどり着けたことも考えやすかった（すっきりした）理由かと思います。また日本語教師になったら最も遭遇しやすい問題かなと日ごろから少し考えていたことなので、それもあって解決策が考えやすかったです。	・解決策が出せた ・背景知識があった
◆最も考え易かったのは、ケース3「職員室での談笑」を選択		
川崎	自身が学生であることから、学習者の立場になって考えることができたため。	・自分に置き換えやすかった
◆最も考え易かったのは、ケース4「ここは日本だから」を選択		
宮本	日本の文化に馴染むことに苦労している外国人の話で、よく例に挙げられるピアスなどの(日本での印象が)おしゃれな小物に関する話と、日本人でも時折出てくる疑問を主軸においていたのである意味一番身近に問題が捉えられ考えやすかった。	・背景知識があった
◆最も考え易かったのは、ケース5「主導権は誰にある？」を選択		
中村	自分がもし日本語教師になった時、こういう状況になったらどうしようと思い難しいなと思っていたが、高校の授業の時どうしていたかなとグループの人と話して、中学や高校の授業と通じるものがあるなと感じたから。	・対話セッションで自己のなかに新しい意見が生まれた

巻末資料

表70 事後アンケート結果「最も考え難かったケースはどれですか」[25]

◆最も考え難かったのは、ケース4「ここは日本だから」を選択

参加学生	選択の理由	カテゴリ化
川崎	異文化を受け入れ共に生きていくべきだと思う一方で、日本人の「郷に入っては郷に従え」といった考えをどのように改善していくべきか日本語教師の立場からできることは何か考えるのが難しかった。	・解決策が出せない
谷口	言い方悪いですがだれを守るのかという選択が難しいと思いました。もちろん日本人に多文化であることを受け入れてもらい誰もが生活しやすい環境がいいのですが、現実意見がわれるように今の日本にベストなことを考え出すことができず難しかったです。	・解決策が出せない
溝辺	どこまで日本のルールに従うか、豪に入れば郷に従えというように日本でもそれを行うべきなのか、日本の今の多文化共生ということに関する現状など多くのことを考えなければならなかったためこれにしました。	・自己のなかで意見の整理ができない
中井	解決策が全く見つかりませんでした。まだ自分が日本の中にあるルールや常識に基準を合わせていて、広い視野を持っていなかったので、難しかったです。	・解決策が出せない
星	アイデンティティを取り扱う問題で保育園という環境もあり、どこまで助言や手伝いをしていいのかが分からなかったため、最も難しかった。	・解決策が出せない

◆最も考え難かったのは、ケース2「疲れている学生」を選択

宮本	学生の生活がかかっている分、安易に授業で寝てしまうならばバイトの量を減らすやら辞めるやらは言えないと思いました。だからこそ学生が寝ないようにバイトと授業の両立をするにはどうするべきかというのを考えるのが大変だったから。	・手詰まりの問題
大澤	生徒が寝る理由に生徒や教師だけではどうしようも出来ないお金や生活が絡んできたから。どんなに頑張って説明してもその部分を言われてしまったら反論しづらいから。	・手詰まりの問題

◆最も考え難かったのは、ケース6「何のために働くか」を選択

長田	実際自分がこの教師の立場に立った時、作文では「ステップアップの機会だと捉えて踏ん張る」と主張しましたが、本当にそう考えられるだろうかと後になって考えてみました。実際に直面すると、なかなか簡単には上を向けない問題なのかと改めて考えました。特に現代は転職がしやすい世の中になっているので、待遇がなかなか改善されないと、案外簡単に転職の道を選んでしまいそうな気もしました。	・理想と現実に自分のぶれを感じる
重田	この回では、私が大きな問題点を見つけることが出来ていなくて、様々な問題点は思い浮かんできましたが、結局どれが1番問題点かというところにたどり着くまで悩んだからです。	・問題の所在がわからない

◆最も考え易かったのは、ケース3「職員室での談笑」を選択

中村	自分たちが無意識に話している内容に、傷つく人もいると思ったし、悪気はなくとも自分もしてしまいそうだなと思ったから。他の先生との関係も大切であるため、どう対処するのが正しいのかわからないので難しいと思った。	・解決策が出せない

注	[1]	「第5章　調査の概要と調査協力者・調査方法　5-1. 調査の概要と調査協力者」資料
	[2]	「第6章　実証的分析(1)：省察を深めるケースとは　6-1.ケース・メソッド課題に対する参加学生の意識」資料
	[3]	「第6章　実証的分析(1)：省察を深めるケースとは　6-1.ケース・メソッド課題に対する参加学生の意識」資料
	[4]	「第6章　実証的分析(1)：省察を深めるケースとは　6-1.ケース・メソッド課題に対する参加学生の意識」資料
	[5]	「第6章　実証的分析(1)：省察を深めるケースとは　6-1.ケース・メソッド課題に対する参加学生の意識」資料
	[6]	「第6章　実証的分析(1)：省察を深めるケースとは　6-1.ケース・メソッド課題に対する参加学生の意識」資料
	[7]	「第6章　実証的分析(1)：省察を深めるケースとは　6-1.ケース・メソッド課題に対する参加学生の意識」資料
	[8]	「第6章　実証的分析(1)：省察を深めるケースとは　6-1.ケース・メソッド課題に対する参加学生の意識」資料
	[9]	「第6章　実証的分析(1)：省察を深めるケースとは　6-1.ケース・メソッド課題に対する参加学生の意識」資料
	[10]	「第6章　実証的分析(1)：省察を深めるケースとは　6-1.ケース・メソッド課題に対する参加学生の意識」資料
	[11]	「第6章　実証的分析(1)：省察を深めるケースとは　6-1.ケース・メソッド課題に対する参加学生の意識」資料
	[12]	「第6章　実証的分析(1)：省察を深めるケースとは　6-1.ケース・メソッド課題に対する参加学生の意識」資料
	[13]	「第6章　実証的分析(1)：省察を深めるケースとは　6-1.ケース・メソッド課題に対する参加学生の意識」資料
	[14]	「第6章　実証的分析(1)：省察を深めるケースとは　6-2.ケース・メソッド課題における省察の観察」資料
	[15]	「第6章　実証的分析(1)：省察を深めるケースとは　6-2.ケース・メソッド課題における省察の観察」資料
	[16]	「第6章　実証的分析(1)：省察を深めるケースとは　6-2.ケース・メソッド課題における省察の観察」資料
	[17]	「第6章　実証的分析(1)：省察を深めるケースとは　6-2.ケース・メソッド課題における省察の観察」資料
	[18]	「第6章　実証的分析(1)：省察を深めるケースとは　6-2.ケース・メソッド課題における省察の観察」資料
	[19]	「第6章　実証的分析(1)：省察を深めるケースとは　6-2.ケース・メソッド課題における省察の観察」資料
	[20]	「第6章　実証的分析(1)：省察を深めるケースとは　6-2.ケース・メソッド課題における省察の観察」資料

[21]	「第6章　実証的分析(1)：省察を深めるケースとは　6-2.ケース・メソッド課題における省察の観察」資料
[22]	「第6章　実証的分析(1)：省察を深めるケースとは　6-2.ケース・メソッド課題における省察の観察」資料
[23]	「第6章　実証的分析(1)：省察を深めるケースとは　6-2.ケース・メソッド課題における省察の観察」資料
[24]	「第6章　実証的分析(1)：省察を深めるケースとは　6-5.ケースの質によるポジショニング・マップ作成の試み」資料
[25]	「第6章　実証的分析(1)：省察を深めるケースとは　6-5.ケースの質によるポジショニング・マップ作成の試み」資料

謝辞

　本博士論文の執筆にあたり、多くの皆さまのご指導とご支援をいただきました。ここに深く感謝を述べさせていただきます。

　博士論文を審査してくださった九州大学の松永典子先生をはじめ、井上奈良彦先生、志水俊広先生、李相穆先生、そして小林浩明先生（北九州市立大学国際教育交流センター教授）には、未熟な論文を大きく変えるご助言をいただきました。単位修得退学をしてから早10年が経っていましたが、快く受け止め、導いてくださり、ここに深くお礼を申し上げます。特に、松永先生におかれましては、退学後も途切れることなく交流をさせていただき、研究者としてなすべきことを学ばせていただきました。このような間柄において、松永先生に対してはどのような感謝のことばも軽薄になり、本当の意を伝えることが困難であるほどです。

　そして、お礼を申し上げるべきは、筑紫女学園大学の教職員の方々、とりわけ深い理解を示してくださった、日本語・日本文学科の先生方と国際交流センターの皆さんです。2013年に専任講師として迎え入れてくださって以降、わたしの探究する日本語教育と日本語教師養成のあり方を尊重し、研究と実践の往還をのびのび行うことを許してくださいました。本研究はまさにその延長線上にあるものです。同時に、データ収集のため、半年以上の長期間、協力をしてくれた筑紫女学園大学の学生の皆さんにも感謝申し上げます。本当にありがとうございました。

　また、日本語教師の省察というテーマで5年間にわたり共同研究をしてきた、佐々木良造さん、香月裕介さんにも感謝の意を伝えます。3人で行うディスカッションから多くの示唆を得るとともに、研究者として立っていくことの道筋を教えていただきました。

　日本語教師養成の実践の面では、守山惠子先生に多大なる導きを受け

ました。日本語教師養成者の手本とし、これからも背中を追いかけていきます。

そして、大切な仲間にもお礼を述べます。2004年に九州大学大学院比較社会文化学府の修士課程で出会った、同期の竹口（麻生）迪子さん、西島絵里子さん、そして故・古谷真希さんは公私ともに伴走者でいてくれました。住む場所がばらばらになってしまいましたが、各地で切磋琢磨する姿は刺激と励みとなっています。

最後に、家族に感謝を述べます。20代から日本語教師として海外で過ごし、いつまでも学生でいるわたしの生き方を、母は認め、長い間温かく見守ってくれました。博士論文が完成したことを報告した時、「あなたという娘がいて誇らしい」というメッセージをくれました。このことは何よりの自分の勲章となりました。

夫と娘の支えに対する感謝の気持ちも、ここではことばにし尽せない大きなものです。ただ元気よく食べて寝て笑っている幼児だったのが、昨年小学校に入学してからは思慮深く、1人でできること・考えられることが増えていきました。その姿に日々接することが、前に進む活力になっていました。そして、夫の背中からは、人を支えるとはどのようなことかを教わるかのような2年間でした。ありとあらゆる面で支えてくれ、そのおかげでめげずにここまでたどり着くことができました。本当にありがとうございました。

本博士論文に本格的に着手したのは、2020年の新型コロナウイルス流行とほぼ同時期でした。社会全体が悩み、岐路に立たされるなか、日本語教育界にも大きな影響が直撃していました。同時に、日本語教育に携わるすべての人々が立ち止まり、教育観を問い直す、深い省察の時期であったと思います。この教師の省察を明らかにする研究を続けることで、これからも起こるであろう困難を乗り越えて、その困難を変化に変えられる教師が生まれることを願っています。

博士論文という道のりはここで一度終わりますが、研究者としての新たなスタートを切った思いで邁進してまいります。また、日本語教師が長くいきいきとその仕事に打ち込めるような社会になるよう、力を尽くしていく所存です。

索引

[A] ALACT モデル……5, 13, 37-38, 49-52, 154
[お] 大文字の理論……104, 112
[か] 過去の経験……9, 35
価値観……9, 11
感情……11, 48, 53, 62, 83, 126
感情（feeling）……53
[き] 疑似体験……5, 11, 39, 44, 105, 110, 172
技能……5, 17, 22-25, 46
[け] ケース・メソッド……41, 61, 121
ケース・ライティング……55
経験……1, 9, 11-13, 26-27, 31-39, 44, 47-54, 81, 96, 98, 110-113, 141, 173
経験学習……31, 43
ゲシュタルト……11, 47, 104
[こ] 行為……33-35, 49-50, 140
行為の選択肢の拡大……50
行為の振り返り……49
行動（doing）……53
試み（trial）……50
小文字の理論……50, 70
コルトハーヘン, フレット．A. J.……9-11, 13, 47-54
[さ] 三位一体モデル……28, 163
[し] 思考（thinking）……53
自己との省察……67, 88
事後作文……62
資質・能力……4, 7, 11, 17, 21, 116
事前作文……62
熟達……1, 26
ショーン, ドナルド．A.……32, 35, 163
省察……9, 23, 95
省察の材料を持ち合わせている領域……112
省察文……66, 69, 88
職能……15
[せ] 専門性……7, 17
[た] 態度……5, 11-13, 21-25, 39, 43, 55, 75-77, 120
対話……35, 61-63, 67-89, 99, 109
対話セッション……38, 61-66, 78, 90

対話の階層……67-71, 81, 99, 109
他者との省察……67, 88
[ち] 知識……5, 11, 22
[て] デューイ, ジョン……32
[な] 内省……9
[に] 日本語教師養成……116, 163
[の] 望み（wanting）……53
[は] 背景知識……110, 112
[ひ] 氷山モデル……53
[ほ] 本質的な諸相への気づき……50, 53
ポジショニング・マップ……108
[み] 未知の領域……112
[む] 無批判・無意識の領域……112
[や] 8つの質問……67, 76
[よ] 養成段階……4, 6, 22, 55, 110
良くわかっている領域……111
[り] リアリスティック……48, 53, 76
リアリスティック・アプローチ……5, 10, 11, 31, 38, 43, 47, 49, 77, 164, 173
リフレクション……9
領域……111

[著者]　鴈野 恵（かりの めぐみ）
筑紫女学園大学文学部准教授。九州大学大学院比較社会文化学府博士後期課程単位修得退学。博士（学術）。国際交流基金日本語専門家（Kazakh National University、国際交流基金クアラルンプール日本文化センター）などを経て、2013年より現職。専門は日本語教育、日本語教師養成。著書に『ケースから学ぶ 知っておきたい日本語教師の心がまえ（日本語教師ハンドブック）』（2024年、アルク）などがある。

日本語教育学の新潮流 38

省察的実践家としての
日本語教師の養成に関する研究
ケース学習による省察の分析から

2025年3月25日　初版第1刷発行

著者………………鴈野 恵
発行者………………吉峰晃一朗・田中哲哉
発行所………………株式会社ココ出版
　　　　　　　　　〒162-0828
　　　　　　　　　東京都新宿区袋町25-30-107
　　　　　　　　　電話　03-3269-5438
　　　　　　　　　ファックス　03-3269-5438

装丁・組版設計………長田年伸
印刷・製本……………モリモト印刷株式会社

ISBN 978-4-86676-080-3

ココ出版の書籍

日本語教育学の新潮流 36
卒業論文と日本語教育
TBLL（Thesis Based Language Learning）の理念と実践
内川かずみ 著　4,400円（税込）　ISBN 978-4-86676-071-1

日本語教育学の新潮流 37
海外中等教育機関派遣日本語アシスタントの存在意義に関する研究
インターアクション能力を促進する人材育成に向けて
古別府ひづる 著　4,400円（税込）　ISBN 978-4-86676-078-0

日本語学校物語
開拓者たちのライフストーリー
三代純平・佐藤正則 編　2,640円（税込）　ISBN 978-4-86676-075-9